Python para todos

Explorando la información con Python 3

Charles R. Severance

Créditos

Soporte Editorial: Elliott Hauser, Sue Blumenberg
Diseño de portada: Toby Koening, Aimee Andrion
Contribuidores: Juan Carlos Perez Castellanos, Juan Dougnac,
Daniel Merino Echeverría, Jaime Bermeo Ramírez y Fernando Tardío.

Historial de impresión

- 02-Abr-2020 Traducción al Español completa de Python 3.0
- 05-Jul-2016 Primera versión completa de Python 3.0
- 20-Dic-2015 Borrador inicial de conversión a Python 3.0

Detalles de Copyright

Prólogo

Remezclando un Libro Libre

Se suele decir de los académicos deben "publicar o perecer" continuamente, de modo que es bastante normal que siempre quieran empezar algo desde cero, para que sea su propia y flamante creación. Este libro es un experimento, ya que no parte desde cero, sino que en vez de eso "remezcla" el libro titulado *Think Python: How to Think Like a Computer Scientist* (Piensa en Python: Cómo pensar como un científico de la computación), escrito por Allen B. Bowney, Jeff Elkner, y otros.

En Diciembre de 2009, yo me estaba preparando para enseñar *SI502 - Programación en Red* en la Universidad de Michigan por quinto semestre consecutivo, y decidí que ya era hora de escribir un libro de texto sobre Python que se centrase en la exploración de datos en lugar de en explicar algoritmos y abstracciones. Mi objetivo en SI502 es enseñar a la gente habilidades permanentes para el manejo de datos usando Python. Pocos de mis estudiantes pretenden llegar a ser programadores de computadoras profesionales. En vez de eso, quieren ser bibliotecarios, gerentes, abogados, biólogos, economistas, etc., que tal vez quieran aplicar el uso de la tecnología en sus respectivos campos.

Parecía que no podría encontrar el libro perfecto para mi curso, que estuviera orientado al manejo de datos en Python, de modo que decidí empezar a escribirlo por mi mismo. Por suerte, en una reunión de profesores tres semanas antes de las vacaciones, que era la fecha en que tenía planeado empezar a escribir mi libro desde cero, el Dr. Atul Prakash me mostró el libro *Think Python* (Piensa en Python), que él había utilizado para impartir su curso de Python ese semestre. Se trata de un texto de Ciencias de la Computación bien escrito, con un enfoque breve, explicaciones directas y fácil de aprender.

La estructura principal del libro se ha cambiado, para empezar a realizar problemas de análisis de datos lo antes posible, y para tener una serie de ejemplos funcionales y de ejercicios sobre el análisis de datos desde el principio.

Los capítulos 2-10 son similares a los del libro *Think Python*, pero ha habido cambios importantes. Los ejemplos orientados a números y los ejercicios se han reemplazado por otros orientados a datos. Los temas se presentan en el orden necesario para ir creando soluciones de análisis de datos cuya complejidad aumente progresivamente. Algunos temas como `try` y `except` (manejo de excepciones) se han adelantado, y se presentan como parte del capítulo de los condicionales. Las funciones se tratan muy por encima hasta que son necesarias para manejar programas complejos, en lugar de introducirlas como abstracción en las primeras lecciones. Casi todas las funciones definidas por el usuario se han eliminado del código de los ejemplos y de los ejercicios excepto en el capítulo 4. La palabra "recursión"[1] no aparece en todo el libro.

Todo el contenido del capítulo 1 y del 11 al 16 es nuevo, centrado en aplicaciones para el mundo real y en ejemplos simples del uso de Python para el análisis de datos, incluyendo expresiones regulares para búsqueda y análisis, automatización de tareas en la computadora, descarga de datos a través de la red, escaneo de páginas web para recuperar datos, programación orientada a objetos, uso de servicios

---

[1]Excepto, por supuesto, en esa línea.

web, análisis de datos en formato XML y JSON, creación y uso de bases de datos usando el Lenguaje de Consultas Estructurado (SQL), y la visualización de datos.

El objetivo final de todos estos cambios es variar la orientación, desde una dirigida a las Ciencias de la Computación hacia otra puramente informática, que trate sólo temas adecuados para una clase de tecnología para principiantes, que puedan resultarles útiles incluso si eligen no ser programadores profesionales.

Los estudiantes que encuentren este libro interesante y quieran ir más allá, deberían echar un vistazo al libro *Think Python* de Allen B. Downey's. Como ambos libros comparten un montón de materia, los estudiantes adquirirán rápidamente habilidades en las áreas adicionales de la programación técnica y pensamiento algorítmico que se tratan en *Think Python*. Y dado que ambos libros comparten un estilo de escritura similar, deberían ser capaces de avanzar rápidamente a través del contenido de *Think Python* con un esfuerzo mínimo.

Como propietario del copyright de *Think Python*, Allen me ha dado permiso para cambiar la licencia del contenido de su libro que se utiliza en éste, y que originalmente poseía una *GNU Free Documentation License* a otra más actual, Creative Commons Attribution — Share Alike license. Así se sigue una tendencia general en las licencias de documentación abierta, que están pasando desde la GFDL a la CC-BY-SA (por ejemplo, Wikipedia). El uso de la licencia CC-BY-SA mantiene la arraigada tradición *copyleft* del libro, a la vez que hacen más sencillo para los autores nuevos la reutilización de ese material a su conveniencia.

Personalmente creo que este libro sirve como ejemplo de por qué los contenidos libres son tan importantes para el futuro de la educación, y quiero agradecer a Allen B. Downey y a la *Cambridge University Press* por su amplitud de miras a la hora de distribuir el libro bajo un copyright abierto. Espero que se sientan satisfechos con el resultado de mis esfuerzos y deseo que tú como lector también te sientas satisfecho de *nuestros* esfuerzos colectivos.

Quiero agradecer a Allen B. Downey y Lauren Cowles su ayuda, paciencia y orientación a la hora de tratar y resolver los problemas de copyright referentes a este libro.

Charles Severance
www.dr-chuck.com
Ann Arbor, MI, USA
9 de Septiembre, 2013

Charles Severance es Profesor Clínico Adjunto en la Escuela de Información (*School of Information*) de la Universidad de Michigan.

Contents

5 Iteración   59

6 Cadenas   69

7 Archivos   81

8 Listas   95

9 Diccionarios   113

10 Tuplas   125

11 Expresiones regulares   137

12 Programas en red   151

16 Visualización de datos   225

A Colaboraciones   237

B Detalles del Copyright   241

Chapter 1

¿Por qué deberías aprender a escribir programas?

Escribir programas (o programar) es una actividad muy creativa y gratificante. Puedes escribir programas por muchas razones, que pueden ir desde mantenerte activo resolviendo un problema de análisis de datos complejo hasta hacerlo por pura diversión ayudando a otros a resolver un enigma. Este libro asume que *todo el mundo* necesita saber programar, y que una vez que aprendas a programar ya encontrarás qué quieres hacer con esas habilidades recién adquiridas.

En nuestra vida diaria estamos rodeados de computadoras, desde equipos portátiles (laptops) hasta teléfonos móviles (celulares). Podemos pensar en esas computadoras como nuestros "asistentes personales", que pueden ocuparse de muchas tareas por nosotros. El hardware en los equipos que usamos cada día está diseñado esencialmente para hacernos la misma pregunta de forma constante, "¿Qué quieres que haga ahora?"

Los programadores suelen añadir un sistema operativo y un conjunto de aplicaciones al hardware y así nos proporcionan un Asistente Digital Personal que es bastante útil y capaz de ayudarnos a realizar una gran variedad de tareas.

Nuestros equipos son rápidos y tienen grandes cantidades de memoria. Podrían resultarnos muy útiles si tan solo supiéramos qué idioma utilizar para explicarle a la computadora qué es lo que queremos que "haga ahora". Si conociéramos ese idioma, podríamos pedirle al aparato que realizase en nuestro lugar, por ejemplo, tareas repetitivas. Precisamente el tipo de cosas que las computadoras saben hacer mejor suelen ser el tipo de cosas que las personas encontramos pesadas y aburridas.

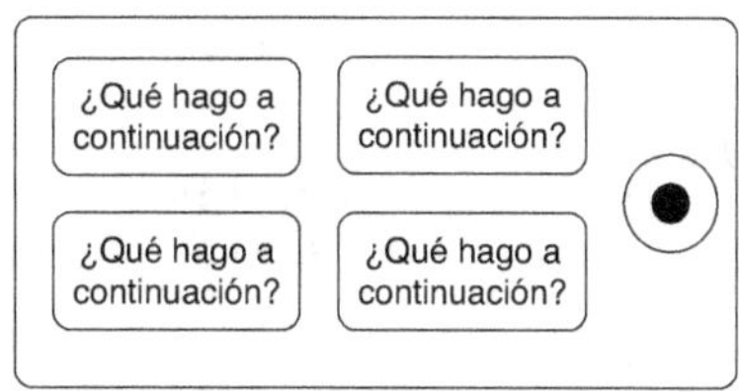

Figure 1.1: Personal Digital Assistant

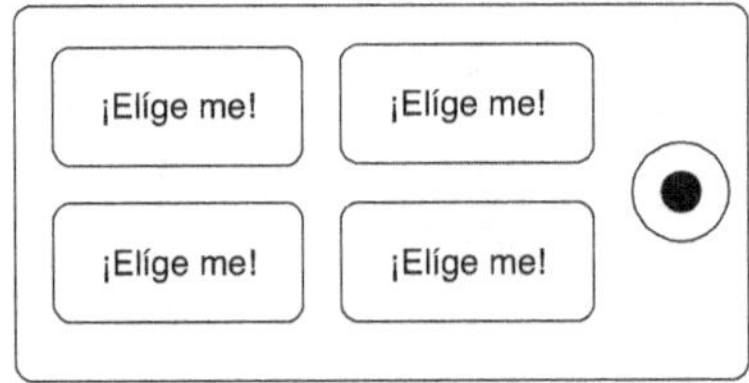

Figure 1.2: Programadores Dirigiéndose a Ti

Por ejemplo, mira los primeros tres párrafos de este capítulos y dime cuál es la palabra que más se repite, y cuántas veces se ha utilizado. Aunque seas capaz de leer y comprender las palabras en pocos segundos, contarlas te resultará casi doloroso, porque la mente humana no fue diseñada para resolver ese tipo de problemas. Para una computadora es justo al revés, leer y comprender texto de un trozo de papel le sería difícil, pero contar las palabras y decirte cuántas veces se ha repetido la más utilizada le resulta muy sencillo:

```
python words.py
Enter file:words.txt
to 16
```

Nuestro "asistente de análisis de información personal" nos dirá enseguida que la palabra "que" se usó nueve veces en los primeros tres párrafos de este capítulo.

El hecho de que los computadores sean buenos en aquellas cosas en las que los humanos no lo son es el motivo por el que necesitas aprender a hablar el "idioma de las computadoras". Una vez que aprendas este nuevo lenguaje, podrás delegar tareas mundanas a tu compañero (la computadora), lo que te dejará más tiempo para ocuparte de las cosas para las que sólo tú estás capacitado. Tú pondrás la creatividad, intuición y el ingenio en esa alianza.

1.1   Creatividad y motivación

A pesar de que este libro no va dirigido a los programadores profesionales, la programación a nivel profesional puede ser un trabajo muy gratificante, tanto a nivel financiero como personal. Crear programas útiles, elegantes e inteligentes para que los usen otros, es una actividad muy creativa. Tu computadora o Asistente Digital Personal (PDA[1]), normalmente contiene muchos programas diferentes pertenecientes a distintos grupos de programadores, cada uno de ellos compitiendo por tu atención e interés. Todos ellos hacen su mejor esfuerzo por adaptarse a tus necesidades y proporcionarte una experiencia de usuario satisfactoria. En ocasiones, cuando elijes un software determinado, sus programadores son directamente recompensados gracias a tu elección.

Si pensamos en los programas como el producto de la creatividad de los programadores, tal vez la figura siguiente sea una versión más acertada de nuestra PDA:

Por ahora, nuestra principal motivación no es conseguir dinero ni complacer a los usuarios finales, sino simplemente conseguir ser más productivos a nivel personal

---

[1]Personal Digital Assistant en inglés (N. del T.).

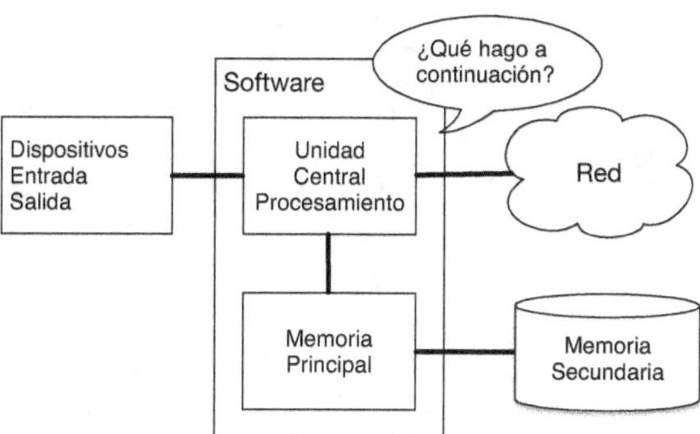

Figure 1.3: Arquitectura Hardware

en el manejo de datos e información que encontremos en nuestras vidas. Cuando se empieza por primera vez, uno es a la vez programador y usuario final de sus propios programas. A medida que se gana habilidad como programador, y la programación se hace más creativa para uno mismo, se puede empezar a pensar en desarrollar programas para los demás.

1.2 Arquitectura hardware de las computadoras

Antes de que empecemos a aprender el lenguaje que deberemos hablar para darle instrucciones a las computadoras para desarrollar software, tendremos que aprender un poco acerca de cómo están construidos esas máquinas. Si desmontaras tu computadora o *smartphone* y mirases dentro con atención, encontrarías los siguientes componentes:

Las definiciones de alto nivel de esos componentes son las siguientes:

- La *Unidad Central de Procesamiento* (o CPU[2]) es el componente de la computadora diseñado para estar obsesionado con el "¿qué hago ahora?". Si tu equipo está dentro de la clasificación de 3.0 Gigahercios, significa que la CPU preguntará "¿Qué hago ahora?" tres mil millones de veces por segundo. Vas a tener que aprender a hablar muy rápido para mantener el ritmo de la CPU.

- La *Memoria Principal* se usa para almacenar la información que la CPU necesita de forma inmediata. La memoria principal es casi tan rápida como la CPU. Pero la información almacenada en la memoria principal desaparece cuando se apaga el equipo.

- La *Memoria Secundaria* también se utiliza para almacenar información, pero es mucho más lenta que la memoria principal. La ventaja de la memoria secundaria es que puede almacenar la información incluso cuando el equipo está apagado. Algunos ejemplos de memoria secundaria serían las unidades de disco o las memorias flash (que suelen encontrarse en los *pendrives* USB y en los reproductores de música portátiles).

---

[2]Central Processing Unit en inglés (N. del T.).

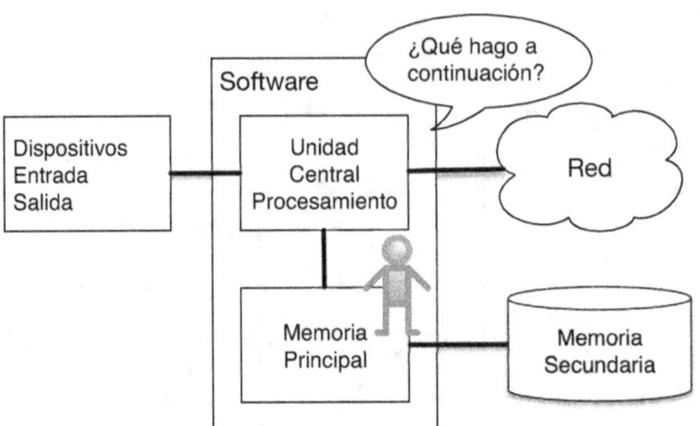

Figure 1.4: ¿Dónde estás?

- Los *Dispositivos de Entrada y Salida* son simplemente la pantalla, teclado, ratón, micrófono, altavoz, *touchpad*, etc. Incluyen cualquier modo de interactuar con una computadora.

- Actualmente, casi todos los equipos tienen una *Conexión de Red* para recibir información dentro de una red. Podemos pensar en una red como en un lugar donde almacenar y recuperar datos de forma muy lenta, que puede no estar siempre "activo". Así que, en cierto sentido, la red no es más que un tipo de *Memoria Secundaria* más lenta y a veces poco fiable.

Aunque la mayoría de los detalles acerca de cómo funcionan estos componentes es mejor dejársela a los constructores de equipos, resulta útil disponer de cierta terminología para poder referirnos a ellos a la hora de escribir nuestros programas.

Como programador, tu trabajo es usar y orquestar cada uno de esos recursos para resolver el problema del que tengas que ocuparte y analizar los datos de los que dispongas para encontrar la solución. Como programador estarás casi siempre "hablando" con la CPU y diciéndole qué es lo siguiente que debe hacer. A veces le tendrás que pedir a la CPU que use la memoria principal, la secundaria, la red, o los dispositivos de entrada/salida.

Tú deberás ser la persona que responda a la pregunta "¿Qué hago ahora?" de la CPU. Pero sería muy incómodo encogerse uno mismo hasta los 5 mm. de altura e introducirse dentro de la computadora sólo para poder dar una orden tres mil millones de veces por segundo. Así que en vez de eso, tendrás que escribir las instrucciones por adelantado. Esas instrucciones almacenadas reciben el nombre de *programa* y el acto de escribirlas y encontrar cuáles son las instrucciones adecuadas, *programar*.

1.3   Comprendiendo la programación

En el resto de este libro, intentaremos convertirte en una persona experta en el arte de programar. Al terminar, te habrás convertido en un *programador* - tal vez no uno profesional, pero al menos tendrás la capacidad de encarar un problema de análisis de datos/información y desarrollar un programa para resolverlo.

En cierto modo, necesitas dos capacidades para ser programador:

- Primero, necesitas saber un lenguaje de programación (Python) - debes conocer su vocabulario y su gramática. Debes ser capaz de deletrear correctamente las palabras en ese nuevo lenguaje y saber construir "frases" bien formadas.

- Segundo, debes "contar una historia". Al escribir un relato, combinas palabras y frases para comunicar una idea al lector. Hay una cierta técnica y arte en la construcción de un relato, y la habilidad para escribir relatos mejora escribiendo y recibiendo cierta respuesta. En programación, nuestro programa es el "relato" y el problema que estás tratando de resolver es la "idea".

Una vez que aprendas un lenguaje de programación como Python, encontrarás mucho más fácil aprender un segundo lenguaje como JavaScript o C++. Cada nuevo lenguaje tiene un vocabulario y gramática muy diferentes, pero la técnica de resolución de problemas será la misma en todos ellos.

Aprenderás el "vocabulario" y "frases" de Python bastante rápido. Te llevará más tiempo el ser capaz de escribir un programa coherente para resolver un problema totalmente nuevo. Se enseña programación de forma muy similar a como se enseña a escribir. Se empieza leyendo y explicando programas, luego se escriben programas sencillos, y a continuación se van escribiendo programas progresivamente más complejos con el tiempo. En algún momento "encuentras tu musa", empiezas a descubrir los patrones por ti mismo y empiezas a ver casi de forma instintiva cómo abordar un problema y escribir un programa para resolverlo. Y una vez alcanzado ese punto, la programación se convierte en un proceso muy placentero y creativo.

Comenzaremos con el vocabulario y la estructura de los programas en Python. Ten paciencia si la simplicidad de los ejemplos te recuerda a cuando aprendiste a leer.

1.4   Palabras y frases

A diferencia de los lenguajes humanos, el vocabulario de Python es en realidad bastante reducido. Llamamos a este "vocabulario" las "palabras reservadas". Se trata de palabras que tienen un significado muy especial para Python. Cuando Python se encuentra estas palabras en un programa, sabe que sólo tienen un único significado para él. Más adelante, cuando escribas programas, podrás usar tus propias palabras con significado, que reciben el nombre de *variables*. Tendrás gran libertad a la hora de elegir los nombres para tus variables, pero no podrás utilizar ninguna de las palabras reservadas de Python como nombre de una variable.

Cuando se entrena a un perro, se utilizan palabras especiales como "siéntate", "quieto" y "tráelo". Cuando te diriges a un perro y no usas ninguna de las palabras reservadas, lo único que consigues es que se te quede mirando con cara extrañada, hasta que le dices una de las palabras que reconoce. Por ejemplo, si dices, "Me gustaría que más gente saliera a caminar para mejorar su salud general", lo que la mayoría de los perros oirían es: "bla bla bla *caminar* bla bla bla bla.". Eso se debe a que "caminar" es una palabra reservada en el lenguaje del perro. Seguramente habrá quien apunte que el lenguaje entre humanos y gatos no dispone de palabras reservadas[3].

---

[3]http://xkcd.com/231/

Las palabras reservadas en el lenguaje que utilizan los humanos para hablar con Python son, entre otras, las siguientes:

```
and       del       global    not       with
as        elif      if        or        yield
assert    else      import    pass
break     except    in        raise
class     finally   is        return
continue  for       lambda    try
def       from      nonlocal  while
```

Es decir, a diferencia de un perro, Python ya está completamente entrenado. Cada vez le digas "inténtalo", Python lo intentará una vez tras otra sin desfallecer[4].

Aprenderemos cuáles son las palabras reservadas y cómo utilizarlas en su momento, pero por ahora nos centraremos en el equivalente en Python de "habla" (en el lenguaje humano-perro). Lo bueno de pedirle a Python que hable es que podemos incluso indicarle lo que debe decir, pasándole un mensaje entre comillas:

```
print('¡Hola, mundo!')
```

Y ya acabamos de escribir nuestra primera oración sintácticamente correcta en Python. La frase comienza con la función *print* seguida de la cadena de texto que hayamos elegido dentro de comillas simples. Las comillas simples y dobles cumplen la misma función; la mayoría de las personas usan las comillas simples, excepto cuando la cadena de texto contiene también una comilla simple (que puede ser un apóstrofo).

1.5 Conversando con Python

Ahora que ya conocemos una palabra y sabemos cómo crear una frase sencilla en Python, necesitamos aprender a iniciar una conversación con él para comprobar nuestras nuevas capacidades con el lenguaje.

Antes de que puedas conversar con Python, deberás instalar el software necesario en tu computadora y aprender a iniciar Python en ella. En este capítulo no entraremos en detalles sobre cómo hacerlo, pero te sugiero que consultes https://es.py4e.com/ , donde encontrarás instrucciones detalladas y capturas sobre cómo configurar e iniciar Python en sistemas Macintosh y Windows. Si sigues los pasos, llegará un momento en que te encuentres ante una ventana de comandos o terminal. Si escribes entonces *python*, el intérprete de Python empezará a ejecutarse en modo interactivo, y aparecerá algo como esto:

```
Python 3.5.1 (v3.5.1:37a07cee5969, Dec  6 2015, 01:54:25)
[MSC v.1900 64 bit (AMD64)] on win32
Type "help", "copyright", "credits" or "license" for more information.
>>>
```

---

[4] En inglés "inténtalo" es "try", que es también una palabra reservada dentro del lenguaje Python (N. del T.).

El indicador >>> es el modo que tiene el intérprete de Python de preguntarte,
"¿Qué quieres que haga ahora?". Python está ya preparado para mantener una
conversación contigo. Todo lo que tienes que saber es cómo hablar en su idioma.

Supongamos por ejemplo que aún no conoces ni las palabras ni frases más sencillas
de Python. Puede que quieras utilizar el método clásico de los astronautas cuando
aterrizan en un planeta lejano e intentan hablar con los habitantes de ese mundo:

```
>>> Vengo en son de paz, por favor llévame ante tu líder
  File "<stdin>", line 1
    Vengo en son de paz, por favor llévame ante tu líder
                ^
SyntaxError: invalid syntax
>>>
```

Esto no se ve bien. A menos que pienses en algo rápidamente, los habitantes del
planeta sacarán sus lanzas, te ensartarán, te asarán sobre el fuego y al final les
servirás de cena.

Por suerte compraste una copia de este libro durante tus viajes, así que lo abres
precisamente por esta página y pruebas de nuevo:

```
>>> print('¡Hola, mundo!')
¡Hola, mundo!
```

Esto tiene mejor aspecto, de modo que intentas comunicarte un poco más:

```
>>> print('Usted debe ser el dios legendario que viene del cielo')
Usted debe ser el dios legendario que viene del cielo
>>> print('Hemos estado esperándole durante mucho tiempo')
Hemos estado esperándole durante mucho tiempo
>>> print('La leyenda dice que debe estar usted muy rico con mostaza')
La leyenda dice que debe estar usted muy rico con mostaza
>>> print 'Tendremos un festín esta noche a menos que diga
  File "<stdin>", line 1
    print 'Tendremos un festín esta noche a menos que diga
                                                          ^
SyntaxError: Missing parentheses in call to 'print'
>>>
```

La conversación fue bien durante un rato, pero en cuanto cometiste el más mínimo
fallo al utilizar el lenguaje Python, Python volvió a sacar las lanzas.

En este momento, te habrás dado cuenta que a pesar de que Python es tremen-
damente complejo y poderoso, y muy estricto en cuanto a la sintaxis que debes
usar para comunicarte con él, Python *no* es inteligente. En realidad estás solamente manteniendo una conversación contigo mismo; eso sí, usando una sintaxis
adecuada.

En cierto modo, cuando utilizas un programa escrito por otra persona, la conversación se mantiene entre tú y el programador, con Python actuando meramente de

intermediario. Python es una herramienta que permite a los creadores de programas expresar el modo en que la conversación supuestamente debe fluir. Y dentro de unos pocos capítulos más, serás uno de esos programadores que utilizan Python para hablar con los usuarios de tu programa.

Antes de que abandonemos nuestra primera conversación con el intérprete de Python, deberías aprender cual es el modo correcto de decir "adiós" al interactuar con los habitantes del Planeta Python:

```
>>> adiós
Traceback (most recent call last):
  File "<stdin>", line 1, in <module>
NameError: name 'adiós' is not defined
>>> if you don't mind, I need to leave
  File "<stdin>", line 1
    if you don't mind, I need to leave
          ^
SyntaxError: invalid syntax
>>> quit()
```

Te habrás fijado en que el error es diferente en cada uno de los dos primeros intentos. El segundo error es diferente porque *if* es una palabra reservada, y cuando Python la ve, cree que estamos intentando decirle algo, pero encuentra la sintaxis de la frase incorrecta.

La forma correcta de decirle "adiós" a Python es introducir *quit()* en el símbolo indicador del sistema **>>>**. Seguramente te hubiera llevado un buen rato adivinarlo, así que tener este libro a mano probablemente te haya resultado útil.

1.6   Terminología: intérprete y compilador

Python es un lenguaje *de alto nivel*, pensado para ser relativamente sencillo de leer y escribir para las personas, y fácil de leer y procesar para las máquinas. Otros lenguajes de alto nivel son Java, C++, PHP, Ruby, Basic, Perl, JavaScript, y muchos más. El hardware real que está dentro de la Unidad Central de Procesamiento (CPU), no entiende ninguno de esos lenguajes de alto nivel.

La CPU entiende únicamente un lenguaje llamado *lenguaje de máquina* o *código máquina*. El código máquina es muy simple y francamente muy pesado de escribir, ya que está representado en su totalidad por solamente ceros y unos:

```
001010001110100100101010000001111
111001100000111010100101011101101
...
```

El código máquina parece bastante sencillo a simple vista, dado que sólo contiene ceros y unos, pero su sintaxis es incluso más compleja y mucho más enrevesada que la de Python, razón por la cual muy pocos programadores escriben en código máquina. En vez de eso, se han creado varios programas traductores para permitir a los programadores escribir en lenguajes de alto nivel como Python o Javascript, y son esos traductores quienes convierten los programas a código máquina, que es lo que ejecuta en realidad la CPU.

Dado que el código máquina está ligado al hardware de la máquina que lo ejecuta, ese código no es *portable* (trasladable) entre equipos de diferente tipo. Los programas escritos en lenguajes de alto nivel pueden ser trasladados entre distintas máquinas usando un intérprete diferente en cada una de ellas, o recompilando el código para crear una versión diferente del código máquina del programa para cada uno de los tipos de equipo.

Esos traductores de lenguajes de programación forman dos categorías generales: (1) intérpretes y (2) compiladores.

Un *intérprete* lee el código fuente de los programas tal y como ha sido escrito por el programador, lo analiza, e interpreta sus instrucciones sobre la marcha. Python es un intérprete y cuando lo estamos ejecutando de forma interactiva, podemos escribir una línea de Python (una frase), y este la procesa de forma inmediata, quedando listo para que podamos escribir otra línea.

Algunas de esas líneas le indican a Python que tú quieres que recuerde cierto valor para utilizarlo más tarde. Tenemos que escoger un nombre para que ese valor sea recordado y usaremos ese nombre simbólico para recuperar el valor más tarde. Utilizamos el término *variable* para denominar las etiquetas que usamos para referirnos a esos datos almacenados.

```
>>> x = 6
>>> print(x)
6
>>> y = x * 7
>>> print(y)
42
>>>
```

En este ejemplo, le pedimos a Python que recuerde el valor seis y use la etiqueta x para que podamos recuperar el valor más tarde. Comprobamos que Python ha guardado de verdad el valor usando *print*. Luego le pedimos a Python que recupere x, lo multiplique por siete y guarde el valor calculado en y. Finalmente, le pedimos a Python que escriba el valor actual de y.

A pesar de que estamos escribiendo estos comandos en Python línea a línea, Python los está tratando como una secuencia ordenada de sentencias, en la cual las últimas frases son capaces de obtener datos creados en las anteriores. Estamos, por tanto, escribiendo nuestro primer párrafo sencillo con cuatro frases en un orden lógico y útil.

La esencia de un *intérprete* consiste en ser capaz de mantener una conversación interactiva como la mostrada más arriba. Un *compilador* necesita que le entreguen el programa completo en un fichero, y luego ejecuta un proceso para traducir el código fuente de alto nivel a código máquina, tras lo cual coloca ese código máquina resultante dentro de otro fichero para su ejecución posterior.

En sistemas Windows, a menudo esos ejecutables en código máquina tienen un sufijo o extensión como ".exe" o ".dll", que significan "ejecutable" y "librería de enlace dinámico" (*dynamic link library*) respectivamente. En Linux y Macintosh, no existe un sufijo que identifique de manera exclusiva a un fichero como ejecutable.

Si abrieras un fichero ejecutable con un editor de texto, verías algo complemente disparatado e ilegible:

```
^?ELF^A^A^A^@^@^@^@^@^@^@^@^@^B^@^C^@^A^@^@^@\xa0\x82
^D^H4^@^@^@\x90^]^@^@^@^@^@^@4^@ ^@^G^@(^@$^@!^@^F^@
^@^@4^@^@^@4\x80^D^H4\x80^D^H\xe0^@^@^@\xe0^@^@^@^E
^@^@^@^D^@^@^@^C^@^@^@^T^A^@^@^T\x81^D^H^T\x81^D^H^S
^@^@^@^S^@^@^@^D^@^@^@^A^@^@^@^A\^D^HQVhT\x83^D^H\xe8
. . . .
```

No resulta fácil leer o escribir código máquina, pero afortunadamente disponemos de *intérpretes* y *compiladores* que nos permiten escribir en lenguajes de alto nivel, como Python o C.

Llegados a este punto en la explicación acerca de los compiladores e intérpretes, seguramente te estarás preguntando algunas cosas acerca del propio intérprete de Python. ¿En qué lenguaje está escrito? ¿Está escrito en un lenguaje compilado? Cuando escribimos "python", ¿qué ocurre exactamente?

El intérprete de Python está escrito en un lenguaje de alto nivel llamado "C". En realidad, puedes ver el código fuente del intérprete de Python acudiendo a www.python.org e incluso modificarlo a tu gusto. Quedamos, pues, en que Python es en sí mismo un programa y que está compilado en código máquina. Cuando instalaste Python en tu computadora (o el vendedor lo instaló), colocaste una copia del código máquina del programa Python traducido para tu sistema. En Windows, el código máquina ejecutable para el intérprete de Python es probablemente un fichero con un nombre como:

```
C:\Python35\python.exe
```

En realidad, eso ya es más de lo que necesitas saber para ser un programador en Python, pero algunas veces vale la pena contestar estas pequeñas dudas recurrentes justo al principio.

1.7   Escribiendo un programa

Escribir comandos en el intérprete de Python es un buen modo de experimentar con las capacidades de Python, pero no es lo más recomendado a la hora de resolver problemas más complejos.

Cuando queremos escribir un programa, usamos un editor de texto para escribir las instrucciones de Python en un fichero, que recibe el nombre de *script*. Por convención, los scripts de Python tienen nombres que terminan en .py.

Para ejecutar el script, hay que indicarle al intérprete de Python el nombre del fichero. En una ventana de comandos de Unix o Windows, escribirías python hola.py, de este modo:

```
csev$ cat hola.py
print('¡Hola, mundo!')
csev$ python hola.py
¡Hola, mundo!
csev$
```

"csev\$" es el indicador (*prompt*) del sistema operativo, y el comando "cat hola.py" nos muestra que el archivo "hola.py" contiene un programa con una única línea de código que imprime en pantalla una cadena de texto.

Llamamos al intérprete de Python y le pedimos que lea el código fuente desde el archivo "hola.py", en vez de esperar a que vayamos introduciendo líneas de código Python de forma interactiva.

Habrás notado que cuando trabajamos con un fichero no necesitamos incluir el comando *quit()* al final del programa Python. Cuando Python va leyendo tu código fuente desde un archivo, sabe que debe parar cuando llega al final del fichero.

1.8   ¿Qué es un programa?

Podemos definir un *programa*, en su forma más básica, como una secuencia de declaraciones o sentencias que han sido diseñadas para hacer algo. Incluso nuestro sencillo script "hola.py" es un programa. Es un programa de una sola línea y no resulta particularmente útil, pero si nos ajustamos estrictamente a la definición, se trata de un programa en Python.

Tal vez resulte más fácil comprender qué es un programa pensando en un problema que pudiera ser resuelto a través de un programa, y luego estudiando cómo sería el programa que solucionaría ese problema.

Supongamos que estás haciendo una investigación de computación o informática social en mensajes de Facebook, y te interesa conocer cual es la palabra más utilizada en un conjunto de mensajes. Podrías imprimir el flujo de mensajes de Facebook y revisar con atención el texto, buscando la palabra más común, pero sería un proceso largo y muy propenso a errores. Sería más inteligente escribir un programa en Python para encargarse de la tarea con rapidez y precisión, y así poder emplear el fin de semana en hacer otras cosas más divertidas.

Por ejemplo, fíjate en el siguiente texto, que trata de un payaso y un coche. Estúdialo y trata de averiguar cual es la palabra más común y cuántas veces se repite.

```
el payaso corrió tras el coche y el coche se metió dentro de la tienda
y la tienda cayó sobre el payaso y el coche
```

Ahora imagina que haces lo mismo pero buscando a través de millones de líneas de texto. Francamente, tardarías menos aprendiendo Python y escribiendo un programa en ese lenguaje para contar las palabras que si tuvieras que ir revisando todas ellas una a una.

Pero hay una noticia aún mejor, y es que se me ha ocurrido un programa sencillo para encontrar cuál es la palabra más común dentro de un fichero de texto. Ya lo escribí, lo probé, y ahora te lo regalo para que lo puedas utilizar y ahorrarte mucho tiempo.

```python
name = input('Enter file:')
handle = open(name, 'r')
counts = dict()

for line in handle:
    words = line.split()
    for word in words:
        counts[word] = counts.get(word, 0) + 1

bigcount = None
bigword = None
for word, count in list(counts.items()):
    if bigcount is None or count > bigcount:
        bigword = word
        bigcount = count

print(bigword, bigcount)

# Código: https://es.py4e.com/code3/words.py
```

No necesitas ni siquiera saber Python para usar este programa. Tendrás que llegar
hasta el capítulo 10 de este libro para entender por completo las impresionantes
técnicas de Python que se han utilizado para crearlo. Ahora eres el usuario final,
sólo tienes que usar el programa y sorprenderte de sus habilidades y de cómo te
permite ahorrar un montón de esfuerzo. Tan sólo tienes que escribir el código
dentro de un fichero llamado *words.py* y ejecutarlo, o puedes descargar el código
fuente directamente desde https://es.py4e.com/code3/ y ejecutarlo.

Este es un buen ejemplo de cómo Python y el lenguaje Python actúan como un
intermediario entre tú (el usuario final) y yo (el programador). Python es un medio
para que intercambiemos secuencias de instrucciones útiles (es decir, programas)
en un lenguaje común que puede ser usado por cualquiera que instale Python en
su computadora. Así que ninguno de nosotros está hablando *con Python*, sino que
estamos comunicándonos uno con el otro *a través de* Python.

1.9   Los bloques de construcción de los programas

En los próximos capítulos, aprenderemos más sobre el vocabulario, la estructura de
las frases y de los párrafos y la estructura de los relatos en Python. Aprenderemos
cuáles son las poderosas capacidades de Python y cómo combinar esas capacidades
entre sí para crear programas útiles.

Hay ciertos patrones conceptuales de bajo nivel que se usan para estructurar los
programas. Esas estructuras no son exclusivas de Python, sino que forman parte de
cualquier lenguaje de programación, desde el código máquina hasta los lenguajes
de alto nivel.

entrada Obtener datos del "mundo exterior". Puede consistir en leer datos desde
un fichero, o incluso desde algún tipo de sensor, como un micrófono o un GPS.

En nuestros primeros programas, las entradas van a provenir del usuario, que introducirá los datos a través del teclado.

salida Mostrar los resultados del programa en una pantalla, almacenarlos en un fichero o incluso es posible enviarlos a un dispositivo como un altavoz para reproducir música o leer un texto.

ejecución secuencial Ejecutar una sentencia tras otra en el mismo orden en que se van encontrando en el *script*.

ejecución condicional Comprobar ciertas condiciones y luego ejecutar u omitir una secuencia de sentencias.

ejecución repetida Ejecutar un conjunto de sentencias varias veces, normalmente con algún tipo de variación.

reutilización Escribir un conjunto de instrucciones una vez, darles un nombre y así poder reutilizarlas luego cuando se necesiten en cualquier punto de tu programa.

Parece demasiado simple para ser cierto, y por supuesto nunca es tan sencillo. Es como si dijéramos que andar es simplemente "poner un pie delante del otro". El "arte" de escribir un programa es componer y entrelazar juntos esos elementos básicos muchas veces hasta conseguir al final algo que resulte útil para sus usuarios.

El programa para contar palabras que vimos antes utiliza al mismo tiempo todos esos patrones excepto uno.

1.10 ¿Qué es posible que vaya mal?

Como vimos en nuestra anterior conversación con Python, debemos comunicarnos con mucha precisión cuando escribimos código Python. El menor error provocará que Python se niegue a hacer funcionar tu programa.

Los programadores novatos a menudo se toman el hecho de que Python no permita cometer errores como la prueba definitiva de que es perverso, odioso y cruel. A pesar de que a Python parece gustarle todos los demás, es capaz de identificar a los novatos en concreto, y les guarda un gran rencor. Debido a ello, toma sus programas perfectamente escritos, y los rechaza, considerándolos como "inservibles", sólo para atormentarlos.

```
>>> primt '¡Hola, mundo!'
  File "<stdin>", line 1
    primt '¡Hola, mundo!'
                        ^
SyntaxError: invalid syntax
>>> primt ('Hola, mundo')
Traceback (most recent call last):
  File "<stdin>", line 1, in <module>
NameError: name 'primt' is not defined

>>> ¡Te odio, Python!
  File "<stdin>", line 1
    ¡Te odio, Python!
    ^
```

```
SyntaxError: invalid syntax
>>> si sales fuera, te daré una lección
  File "<stdin>", line 1
    si sales fuera, te daré una lección
      ^
SyntaxError: invalid syntax
>>>
```

No es mucho lo que se gana discutiendo con Python. Solo es una herramienta. No tiene emociones, es feliz y está preparado para servirte en el momento que lo necesites. Sus mensajes de error parecen crueles, pero simplemente se trata de una petición de ayuda del propio Python. Ha examinado lo que has tecleado, y sencillamente no es capaz de entender lo que has escrito.

Python se parece mucho a un perro, te quiere incondicionalmente, entiende algunas pocas palabras clave, te mira con una mirada dulce en su cara(>>>), y espera que le digas algo que él pueda comprender. Cuando Python dice "SyntaxError: invalid syntax" (Error de sintaxis: sintaxis inválida), tan solo está agitando su cola y diciendo: "Creo que has dicho algo, pero no te entiendo; de todos modos, por favor, sigue hablando conmigo (>>>)."

A medida que tus programas vayan aumentando su complejidad, te encontrarás con tres tipos de errores generales:

Errores de sintaxis (Syntax errors) Estos son los primeros errores que cometerás y también los más fáciles de solucionar. Un error de sintaxis significa que has violado las reglas "gramaticales" de Python. Python hace todo lo que puede para señalar el punto exacto, la línea y el carácter donde ha detectado el fallo. Lo único complicado de los errores de sintaxis es que a veces el error que debe corregirse está en realidad en una línea anterior a la cual Python *detectó* ese fallo. De modo que la línea y el carácter que Python indica en un error de sintaxis pueden ser tan sólo un punto de partida para tu investigación.

Errores lógicos Se produce un error lógico cuando un programa tiene una sintaxis correcta, pero existe un error en el orden de las sentencias o en la forma en que están relacionadas unas con otras. Un buen ejemplo de un error lógico sería: "toma un trago de tu botella de agua, ponla en tu mochila, camina hasta la biblioteca y luego vuelve a enroscar la tapa en la botella."

Errores semánticos Un error semántico ocurre cuando la descripción que has brindado de los pasos a seguir es sintácticamente perfecta y está en el orden correcto, pero sencillamente hay un error en el programa. El programa es correcto, pero no hace lo que tú *pretendías* que hiciera. Un ejemplo podría ser cuando le das indicaciones a alguien sobre cómo llegar a un restaurante, y le dices "...cuando llegues a la intersección con la gasolinera, gira a la izquierda, continúa durante otro kilómetro y el restaurante es el edificio rojo que encontrarás a tu izquierda.". Tu amigo se retrasa y te llama para decirte que está en una granja dando vueltas alrededor de un granero, sin rastro alguno de un restaurante. Entonces le preguntas "¿giraste a la izquierda o la derecha?", y te responde "Seguí tus indicaciones al pie de la letra, dijiste que girara a la izquierda y continuar un kilómetro desde la gasolinera.", entonces le respondes "Lo siento mucho, porque a pesar de que mis indicaciones fueron sintácticamente correctas, tristemente contenían un pequeño pero indetectado error semántico.".

Insisto en que, ante cualquiera de estos tres tipos de errores, Python únicamente hace lo que está a su alcance por seguir al pie de la letra lo que tú le has pedido que haga.

1.11 Depurando los programas

Cuando Python muestra un error, u obtiene un resultado diferente al que esperabas, empieza una intensa búsqueda de la causa del error. Depurar es el proceso de encontrar la causa o el origen de ese error en tu código. Cuando depuras un programa, y especialmente cuando tratas con un *bug* algo difícil de solucionar, existen cuatro cosas por hacer:

leer Revisar tu código, leerlo de nuevo, y asegurarte de que ahí está expresado de forma correcta lo que quieres decir.

ejecutar Prueba haciendo cambios y ejecutando diferentes versiones. Con frecuencia, si muestras en tu programa lo correcto en el lugar indicado, el problema se vuelve obvio, pero en ocasiones debes invertir algo de tiempo hasta conseguirlo.

pensar detenidamente ¡Toma tu tiempo para pensar!, ¿A qué tipo de error corresponde: sintaxis, en tiempo de ejecución, semántico?, ¿Qué información puedes obtener de los mensajes de error, o de la salida del programa?, ¿Qué tipo de errores podría generar el problema que estás abordando?, ¿Cuál fue el último cambio que hiciste, antes de que se presentara el problema?

retroceder En algún momento, lo mejor que podrás hacer es dar marcha atrás, deshacer los cambios recientes hasta obtener de nuevo un programa que funcione y puedas entender. Llegado a ese punto, podrás continuar con tu trabajo.

Algunas veces, los programadores novatos se quedan estancados en una de estas actividades y olvidan las otras. Encontrar un *bug* requiere leer, ejecutar, pensar detenidamente y algunas veces retroceder. Si te bloqueas en alguna de estas actividades, prueba las otras. Cada actividad tiene su procedimiento de análisis.

Por ejemplo, leer tu código podría ayudar si el problema es un error tipográfico, pero no si es uno conceptual. Si no comprendes lo que hace tu programa, puedes leerlo 100 veces y no encontrarás el error, puesto que dicho error está en tu mente.

Experimentar puede ayudar, especialmente si ejecutas pequeñas pruebas. Pero si experimentas sin pensar o leer tu código, podrías caer en un patrón que llamo "programación de paseo aleatorio", que es el proceso de realizar cambios al azar hasta que el programa logre hacer lo que debería. No hace falta mencionar que este tipo de programación puede tomar mucho tiempo.

Debes tomar el tiempo suficiente para pensar. Depurar es como una ciencia experimental. Debes plantear al menos una hipótesis sobre qué podría ser el problema. Si hay dos o más posibilidades, piensa en alguna prueba que pueda ayudarte a descartar una de ellas.

Descansar y conversar ayuda a estimular el pensamiento. Si le explicas el problema a alguien más (o incluso a tí mismo), a veces encontrarás la respuesta antes de terminar la pregunta.

Pero incluso las mejores técnicas de depuración fallarán si hay demasiados errores, o si el código que intentas mejorar es demasiado extenso y complicado. Algunas veces la mejor opción es retroceder, y simplificar el programa hasta que obtengas algo que funcione y puedas entender.

Por lo general, los programadores novatos son reacios a retroceder porque no soportan tener que borrar una línea de código (incluso si está mal). Si te hace sentir mejor, prueba a copiar tu programa en otro archivo antes de empezar a modificarlo. De esa manera, puedes recuperar poco a poco pequeñas piezas de código que necesites.

1.12   El camino del aprendizaje

Según vayas avanzando por el resto del libro, no te asustes si los conceptos no parecen encajar bien unos con otros al principio. Cuando estabas aprendiendo a hablar, no supuso un problema que durante los primeros años solo pudieras emitir lindos balbuceos. Y también fue normal que te llevara seis meses pasar de un vocabulario simple a frases simples, y que te llevara 5-6 años más pasar de frases a párrafos, y que todavía tuvieran que transcurrir unos cuantos años más hasta que fuiste capaz de escribir tu propia historia corta interesante.

Pretendemos que aprendas Python rápidamente, por lo que te enseñaremos todo al mismo tiempo durante los próximos capítulos. Aún así, ten en cuenta que el proceso es similar a aprender un idioma nuevo, que lleva un tiempo absorber y comprender antes de que te resulte familiar. Eso produce cierta confusión, puesto que revisaremos en distintas ocasiones determinados temas, y trataremos que de esa manera puedas visualizar los pequeños fragmentos que componen esta obra completa. A pesar de que el libro está escrito de forma lineal, no dudes en ser no lineal en la forma en que abordes las materias. Avanza y retrocede, y lee a veces por encima. Al ojear material más avanzado sin comprender del todo los detalles, tendrás una mejor comprensión del "¿por qué?" de la programación. Al revisar el material anterior e incluso al realizar nuevamente los ejercicios previos, te darás cuenta que ya has aprendido un montón de cosas, incluso si el tema que estás examinando en ese momento parece un poco difícil de abordar.

Normalmente, cuando uno aprende su primer lenguaje de programación, hay unos pocos momentos "¡A-já!" estupendos, en los cuales puedes levantar la vista de la roca que estás machacando con martillo y cincel, separarte unos pasos y comprobar que lo que estás intentando construir es una maravillosa escultura.

Si algo parece particularmente difícil, generalmente no vale la pena quedarse mirándolo toda la noche. Respira, toma una siesta, come algo, explícale a alguien (quizás a tu perro) con qué estás teniendo problemas, y después vuelve a observarlo con un perspectiva diferente. Te aseguro que una vez que aprendas los conceptos de la programación en el libro, volverás atrás y verás que en realidad todo era fácil, elegante y que simplemente te ha llevado un poco de tiempo llegar a absorberlo.

1.13 Glosario

bug Un error en un programa.

código fuente Un programa en un lenguaje de alto nivel.

código máquina El lenguaje de más bajo nivel para el software, es decir, el lenguaje que es directamente ejecutado por la unidad central de procesamiento (CPU).

compilar Traducir un programa completo escrito en un lenguaje de alto nivel a un lenguaje de bajo nivel, para dejarlo listo para una ejecución posterior.

error semántico Un error dentro de un programa que provoca que haga algo diferente de lo que pretendía el programador.

función print Una instrucción que hace que el intérprete de Python muestre un valor en la pantalla.

indicador de línea de comandos (*prompt*) Cuando un programa muestra un mensaje y se detiene para que el usuario teclee algún tipo de dato.

interpretar Ejecutar un programa escrito en un lenguaje de alto nivel traduciéndolo línea a línea.

lenguaje de alto nivel Un lenguaje de programación como Python, que ha sido diseñado para que sea fácil de leer y escribir por las personas.

lenguaje de bajo nivel Un lenguaje de programación que está diseñado para ser fácil de ejecutar para una computadora; también recibe el nombre de "código máquina", "lenguaje máquina" o "lenguaje ensamblador".

memoria principal Almacena los programas y datos. La memoria principal pierde su información cuando se desconecta la alimentación.

memoria secundaria Almacena los programas y datos y mantiene su información incluso cuando se interrumpe la alimentación. Es generalmente más lenta que la memoria principal. Algunos ejemplos de memoria secundaria son las unidades de disco y memorias flash que se encuentran dentro de los dispositivos USB.

modo interactivo Un modo de usar el intérprete de Python, escribiendo comandos y expresiones directamente en el indicador de la línea de comandos.

parsear Examinar un programa y analizar la estructura sintáctica.

portabilidad Es la propiedad que poseen los programas que pueden funcionar en más de un tipo de computadora.

programa Un conjunto de instrucciones que indican cómo realizar algún tipo de cálculo.

resolución de un problema El proceso de formular un problema, encontrar una solución, y mostrar esa solución.

semántica El significado de un programa.

unidad central de procesamiento El corazón de cualquier computadora. Es lo que ejecuta el software que escribimos. También recibe el nombre de "CPU" por sus siglas en inglés (*Central Processsing Unit*), o simplemente, "el procesador".

1.14 Ejercicios

Ejercicio 1: ¿Cuál es la función de la memoria secundaria en una computadora?

a) Ejecutar todos los cálculos y la lógica del programa

b) Descargar páginas web de Internet
c) Almacenar información durante mucho tiempo, incluso después de ciclos de apagado y encendido
d) Recolectar la entrada del usuario

Ejercicio 2: ¿Qué es un programa?

Ejercicio 3: ¿Cuál es la diferencia entre un compilador y un intérprete?

Ejercicio 4: ¿Cuál de los siguientes contiene "código máquina"?

a) El intérprete de Python
b) El teclado
c) El código fuente de Python
d) Un documento de un procesador de texto

Ejercicio 5: ¿Qué está mal en el siguiente código?:

```
>>> primt '¡Hola, mundo!'
  File "<stdin>", line 1
    primt '¡Hola, mundo!'
                        ^
SyntaxError: invalid syntax
>>>
```

Ejercicio 6: ¿En qué lugar del computador queda almacenada una variable, como en este caso "X", después de ejecutar la siguiente línea de Python?:

```
x = 123
```

a) Unidad central de procesamiento
b) Memoria Principal
c) Memoria Secundaria
d) Dispositivos de Entrada
e) Dispositivos de Salida

Ejercicio 7: ¿Qué mostrará en pantalla el siguiente programa?:

```
x = 43
x = x + 1
print(x)
```

a) 43
b) 44
c) x + 1
d) Error, porque x = x + 1 no es posible matemáticamente.

Ejercicio 8: Explica cada uno de los siguientes conceptos usando un ejemplo de una capacidad humana: (1) Unidad central de procesamiento, (2) Memoria principal, (3) Memoria secundaria, (4) Dispositivos de entrada, y (5) Dispositivos de salida. Por ejemplo, "¿Cuál sería el equivalente humano de la Unidad central de procesamiento?".

Ejercicio 9: ¿Cómo puedes corregir un "Error de sintaxis"?.

Chapter 2

Variables, expresiones y sentencias

2.1   Valores y tipos

Un *valor* es una de las cosas básicas que utiliza un programa, como una letra o un número. Los valores que hemos visto hasta ahora han sido 1, 2, y "¡Hola, mundo!"

Esos valores pertenecen a *tipos* diferentes: 2 es un entero (int), y "¡Hola, mundo!" es una *cadena* (string), que recibe ese nombre porque contiene una "cadena" de letras. Tú (y el intérprete) podéis identificar las cadenas porque van encerradas entre comillas.

La sentencia `print` también funciona con enteros. Vamos a usar el comando `python` para iniciar el intérprete.

```
python
>>> print(4)
4
```

Si no estás seguro de qué tipo de valor estás manejando, el intérprete te lo puede decir.

```
>>> type('¡Hola, mundo!')
<class 'str'>
>>> type(17)
<class 'int'>
```

Not surprisingly, strings belong to the type `str` and integers belong to the type `int`. Less obviously, numbers with a decimal point belong to a type called `float`, because these numbers are represented in a format called *floating point*.

```
>>> type(3.2)
<class 'float'>
```

¿Qué ocurre con valores como "17" y "3.2"? Parecen números, pero van entre comillas como las cadenas.

```
>>> type('17')
<class 'str'>
>>> type('3.2')
<class 'str'>
```

Son cadenas.

Cuando escribes un entero grande, puede que te sientas tentado a usar comas o puntos para separarlo en grupos de tres dígitos, como en 1,000,000 [1]. Eso no es un entero válido en Python, pero en cambio sí que resulta válido algo como:

```
>>> print(1,000,000)
1 0 0
```

Bien, ha funcionado. ¡Pero eso no era lo que esperábamos!. Python interpreta 1,000,000 como una secuencia de enteros separados por comas, así que lo imprime con espacios en medio.

Éste es el primer ejemplo que hemos visto de un error semántico: el código funciona sin producir ningún mensaje de error, pero no hace su trabajo "correctamente".

2.2   Variables

Una de las características más potentes de un lenguaje de programación es la capacidad de manipular *variables*. Una variable es un nombre que se refiere a un valor.

Una *sentencia de asignación* crea variables nuevas y las da valores:

```
>>> mensaje = 'Y ahora algo completamente diferente'
>>> n = 17
>>> pi = 3.1415926535897931
```

Este ejemplo hace tres asignaciones. La primera asigna una cadena a una variable nueva llamada `mensaje`; la segunda asigna el entero 17 a `n`; la tercera asigna el valor (aproximado) de π a `pi`.

Para mostrar el valor de una variable, se puede usar la sentencia print:

```
>>> print(n)
17
>>> print(pi)
3.141592653589793
```

El tipo de una variable es el tipo del valor al que se refiere.

---

[1] En el mundo anglosajón el "separador de millares" es la coma, y no el punto (Nota del trad.)

```
>>> type(mensaje)
<class 'str'>
>>> type(n)
<class 'int'>
>>> type(pi)
<class 'float'>
```

2.3   Nombres de variables y palabras claves

Los programadores generalmente eligen nombres para sus variables que tengan sentido y documenten para qué se usa esa variable.

Los nombres de las variables pueden ser arbitrariamente largos. Pueden contener tanto letras como números, pero no pueden comenzar con un número. Se pueden usar letras mayúsculas, pero es buena idea comenzar los nombres de las variables con una letras minúscula (veremos por qué más adelante).

El carácter guión-bajo (`_`) puede utilizarse en un nombre. A menudo se utiliza en nombres con múltiples palabras, como en `mi_nombre` o `velocidad_de_golondrina_sin_carga`. Los nombres de las variables pueden comenzar con un carácter guión-bajo, pero generalmente se evita usarlo así a menos que se esté escribiendo código para librerías que luego utilizarán otros.

Si se le da a una variable un nombre no permitido, se obtiene un error de sintaxis:

```
>>> 76trombones = 'gran desfile'
SyntaxError: invalid syntax
>>> more@ = 1000000
SyntaxError: invalid syntax
>>> class = 'Teorema avanzado de Zymurgy'
SyntaxError: invalid syntax
```

`76trombones` es incorrecto porque comienza por un número. `more@` es incorrecto porque contiene un carácter no premitido, `@`. Pero, ¿qué es lo que está mal en `class`?

Pues resulta que `class` es una de las *palabras clave* de Python. El intérprete usa palabras clave para reconocer la estructura del programa, y esas palabras no pueden ser utilizadas como nombres de variables.

Python reserva 33 palabras claves para su propio uso:

```
and       del       from      None      True
as        elif      global    nonlocal  try
assert    else      if        not       while
break     except    import    or        with
class     False     in        pass      yield
continue  finally   is        raise
def       for       lambda    return
```

Puede que quieras tener esta lista a mano. Si el intérprete se queja por el nombre de una de tus variables y no sabes por qué, comprueba si ese nombre está en esta lista.

2.4   Sentencias

Una *sentencia* es una unidad de código que el intérprete de Python puede ejecutar. Hemos visto hasta ahora dos tipos de sentencia: print y las asignaciones.

Cuando escribes una sentencia en modo interactivo, el intérprete la ejecuta y muestra el resultado, si es que lo hay.

Un script normalmente contiene una secuencia de sentencias. Si hay más de una sentencia, los resultados aparecen de uno en uno según se van ejecutando las sentencias.

Por ejemplo, el script

```
print(1)
x = 2
print(x)
```

produce la salida

```
1
2
```

La sentencia de asignación no produce ninguna salida.

2.5   Operadores y operandos

Los operadores son símbolos especiales que representan cálculos, como la suma o la multiplicación. Los valores a los cuales se aplican esos operadores reciben el nombre de *operandos*.

Los operadores +, -, , /, y * realizan sumas, restas, multiplicaciones, divisiones y exponenciación (elevar un número a una potencia), como se muestra en los ejemplos siguientes:

```
20+32
hour-1
hour*60+minute
minute/60
5**2
(5+9)*(15-7)
```

Ha habido un cambio en el operador de división entre Python 2.x y Python 3.x. En Python 3.x, el resultado de esta división es un resultado de punto flotante:

```
>>> minute = 59
>>> minute/60
0.9833333333333333
```

El operador de división en Python 2.0 dividiría dos enteros y truncar el resultado a un entero:

```
>>> minute = 59
>>> minute/60
0
```

Para obtener la misma respuesta en Python 3.0 use división dividida (// integer).

```
>>> minute = 59
>>> minute//60
0
```

En Python 3, la división de enteros funciona mucho más como cabría esperar. Si ingresaste la expresión en una calculadora.

2.6 Expresiones

Una *expresión* es una combinación de valores, variables y operadores. Un valor por si mismo se considera una expresión, y también lo es una variable, así que las siguientes expresiones son todas válidas (asumiendo que la variable x tenga un valor asignado):

```
17
x
x + 17
```

Si escribes una expresión en modo interactivo, el intérprete la *evalúa* y muestra el resultado:

```
>>> 1 + 1
2
```

Sin embargo, en un script, ¡una expresión por si misma no hace nada! Esto a menudo puede producir confusión entre los principiantes.

Ejercicio 1: Escribe las siguientes sentencias en el intérprete de Python para comprobar qué hacen:

```
5
x = 5
x + 1
```

2.7   Orden de las operaciones

Cuando en una expresión aparece más de un operador, el orden de evaluación depende de las *reglas de precedencia*. Para los operadores matemáticos, Python sigue las convenciones matemáticas. El acrónimo *PEMDSR* resulta útil para recordar esas reglas:

- Los *P*aréntesis tienen el nivel superior de precedencia, y pueden usarse para forzar a que una expresión sea evaluada en el orden que se quiera. Dado que las expresiones entre paréntesis son evaluadas primero, `2 * (3-1)` es 4, y `(1+1)**(5-2)` es 8. Se pueden usar también paréntesis para hacer una expresión más sencilla de leer, incluso si el resultado de la misma no varía por ello, como en `(minuto *     100) / 60`.

- La *E*xponenciación (elevar un número a una potencia) tiene el siguiente nivel más alto de precedencia, de modo que `2**1+1` es 3, no 4, y `3*1**3` es 3, no 27.

- La *M*ultiplicación y la *D*ivisión tienen la misma precedencia, que es superior a la de la *S*uma y la *R*esta, que también tienen entre si el mismo nivel de precedencia. Así que `2*3-1` es 5, no 4, y `6+4/2` es 8, no 5.

- Los operadores con igual precedencia son evaluados de izquierda a derecha. Así que la expresión `5-3-1` es 1 y no 3, ya que `5-3` se evalúa antes, y después se resta 1 de 2.

En caso de duda, añade siempre paréntesis a tus expresiones para asegurarte de que las operaciones se realizan en el orden que tú quieres.

2.8   Operador módulo

El *operador módulo* trabaja con enteros y obtiene el resto de la operación consistente en dividir el primer operando por el segundo. En Python, el operador módulo es un signo de porcentaje (%). La sintaxis es la misma que se usa para los demás operadores:

```
>>> quotient = 7 // 3
>>> print(quotient)
2
>>> remainder = 7 % 3
>>> print(remainder)
1
```

Así que 7 dividido por 3 es 2 y nos sobra 1.

El operador módulo resulta ser sorprendentemente útil. Por ejemplo, puedes comprobar si un número es divisible por otro—si `x % y` es cero, entonces `x` es divisible por `y`.

También se puede extraer el dígito más a la derecha de los que componen un número. Por ejemplo, `x % 10` obtiene el dígito que está más a la derecha de `x` (en base 10). De forma similar, `x % 100` obtiene los dos últimos dígitos.

2.9 Operaciones con cadenas

El operador + funciona con las cadenas, pero no realiza una suma en el sentido matemático. En vez de eso, realiza una *concatenación*, que quiere decir que une ambas cadenas, enlazando el final de la primera con el principio de la segunda. Por ejemplo:

```
>>> primero = 10
>>> segundo = 15
>>> print(primero+segundo)
25
>>> primero = '100'
>>> segundo = '150'
>>> print(primero + segundo)
100150
```

La salida de este programa es 100150.

El operador * también trabaja con cadenas multiplicando el contenido de una cadena por un entero. Por ejemplo:

```
>>> primero = 'Test '
>>> second = 3
>>> print(primero * second)
Test Test Test
```

2.10 Petición de información al usuario

A veces necesitaremos que sea el usuario quien nos proporcione el valor para una variable, a través del teclado. Python proporciona una función interna llamada **input** que recibe la entrada desde el teclado. Cuando se llama a esa función, el programa se detiene y espera a que el usuario escriba algo. Cuando el usuario pulsa **Retorno** o **Intro**, el programa continúa y **input** devuelve como una cadena aquello que el usuario escribió.

```
>>> entrada = input()
Cualquier cosa ridícula
>>> print(entrada)
Cualquier cosa ridícula
```

Antes de recibir cualquier dato desde el usuario, es buena idea escribir un mensaje explicándole qué debe introducir. Se puede pasar una cadena a **input**, que será mostrada al usuario antes de que el programa se detenga para recibir su entrada:

```
>>> nombre = input('¿Cómo te llamas?\n')
¿Cómo te llamas?
Chuck
>>> print(nombre)
Chuck
```

La secuencia \n al final del mensaje representa un *newline*, que es un carácter especial que provoca un salto de línea. Por eso la entrada del usuario aparece debajo de nuestro mensaje.

Si esperas que el usuario escriba un entero, puedes intentar convertir el valor de retorno a `int` usando la función `int()`:

```
>>> prompt = '¿Cual es la velocidad de vuelo de una golondrina sin carga?\n'
>>> velocidad = input(prompt)
¿Cual es la velocidad de vuelo de una golondrina sin carga?
17
>>> int(velocidad)
17
>>> int(velocidad) + 5
22
```

Pero si el usuario escribe algo que no sea una cadena de dígitos, obtendrás un error:

```
>>> velocidad = input(prompt)
¿Cual.... es la velocidad de vuelo de una golondrina sin carga?
¿Te refieres a una golondrina africana o a una europea?
>>> int(velocidad)
ValueError: invalid literal for int()
```

Veremos cómo controlar este tipo de errores más adelante.

2.11   Comentarios

A medida que los programas se van volviendo más grandes y complicados, se vuelven más difíciles de leer. Los lenguajes formales son densos, y a menudo es complicado mirar un trozo de código e imaginarse qué es lo que hace, o por qué.

Por eso es buena idea añadir notas a tus programas, para explicar en un lenguaje normal qué es lo que el programa está haciendo. Estas notas reciben el nombre de *comentarios*, y en Python comienzan con el símbolo `#`:

```
# calcula el porcentaje de hora transcurrido
porcentaje = (minuto * 100) / 60
```

En este caso, el comentario aparece como una línea completa. Pero también puedes poner comentarios al final de una línea

```
porcentaje = (minuto * 100) / 60     # porcentaje de una hora
```

Todo lo que va desde `#` hasta el final de la línea es ignorado—no afecta para nada al programa.

Las comentarios son más útiles cuando documentan características del código que no resultan obvias. Es razonable asumir que el lector puede descifrar *qué* es lo que el código hace; es mucho más útil explicarle *por qué*.

Este comentario es redundante con el código e inútil:

```
v = 5      # asigna 5 a v
```

Este comentario contiene información útil que no está en el código:

```
v = 5      # velocidad en metros/segundo.
```

Elegir nombres adecuados para las variables puede reducir la necesidad de comentarios, pero los nombres largos también pueden ocasionar que las expresiones complejas sean difíciles de leer, así que hay que conseguir una solución de compromiso.

2.12 Elección de nombres de variables mnemónicos

Mientras sigas las sencillas reglas de nombrado de variables y evites las palabras reservadas, dispondrás de una gran variedad de opciones para poner nombres a tus variables. Al principio, esa diversidad puede llegar a resultarte confusa, tanto al leer un programa como al escribir el tuyo propio. Por ejemplo, los tres programas siguientes son idénticos en cuanto a la función que realizan, pero muy diferentes cuando los lees e intentas entenderlos.

```
a = 35.0
b = 12.50
c = a * b
print(c)
```

```
horas = 35.0
tarifa = 12.50
salario = horas * tarifa
print(salario)
```

```
x1q3z9ahd = 35.0
x1q3z9afd = 12.50
x1q3p9afd = x1q3z9ahd * x1q3z9afd
print(x1q3p9afd)
```

El intérprete de Python ve los tres programas como *exactamente idénticos*, pero los humanos ven y asimilan estos programas de forma bastante diferente. Los humanos entenderán más rápidamente el *objetivo* del segundo programa, ya que el programador ha elegido nombres de variables que reflejan lo que pretendía de acuerdo al contenido que iba almacenar en cada variable.

Esa sabia elección de nombres de variables se denomina utilizar "nombres de variables mnemónicos". La palabra *mnemónico*[2] significa "que ayuda a memorizar".

---

[2]Consulta https://es.wikipedia.org/wiki/Mnemonico para obtener una descripción detallada de la palabra "mnemónico".

Elegimos nombres de variables mnemónicos para ayudarnos a recordar por qué creamos las variables al principio.

A pesar de que todo esto parezca estupendo, y de que sea una idea muy buena usar nombres de variables mnemónicos, ese tipo de nombres pueden interponerse en el camino de los programadores novatos a la hora de analizar y comprender el código. Esto se debe a que los programadores principiantes no han memorizado aún las palabras reservadas (sólo hay 33), y a veces variables con nombres que son demasiado descriptivos pueden llegar a parecerles parte del lenguaje y no simplemente nombres de variable bien elegidos[3].

Echa un vistazo rápido al siguiente código de ejemplo en Python, que se mueve en bucle a través de un conjunto de datos. Trataremos los bucles pronto, pero por ahora tan sólo trata de entender su significado:

```
for word in words:
    print(word)
```

¿Qué ocurre aquí? ¿Cuáles de las piezas (for, word, in, etc.) son palabras reservadas y cuáles son simplemente nombres de variables? ¿Acaso Python comprende de un modo básico la noción de palabras (words)? Los programadores novatos tienen problemas separando qué parte del código *debe* mantenerse tal como está en este ejemplo y qué partes son simplemente elección del programador.

El código siguiente es equivalente al de arriba:

```
for slice in pizza:
    print(slice)
```

Para los principiantes es más fácil estudiar este código y saber qué partes son palabras reservadas definidas por Python y qué partes son simplemente nombres de variables elegidas por el programador. Está bastante claro que Python no entiende nada de pizza ni de porciones, ni del hecho de que una pizza consiste en un conjunto de una o más porciones.

Pero si nuestro programa lo que realmente va a hacer es leer datos y buscar palabras en ellos, `pizza` y `porción` son nombres muy poco mnemónicos. Elegirlos como nombres de variables distrae del propósito real del programa.

Dentro de muy poco tiempo, conocerás las palabras reservadas más comunes, y empezarás a ver cómo esas palabras reservadas resaltan sobre las demás:

Las partes del código que están definidas por Python (`for`, `in`, `print`, y `:`) están en negrita, mientras que las variables elegidas por el programador (`word` y `words`) no lo están. Muchos editores de texto son conscientes de la sintaxis de Python y colorearán las palabras reservadas de forma diferente para darte pistas que te permitan mantener tus variables y las palabras reservadas separados. Dentro de poco empezarás a leer Python y podrás determinar rápidamente qué es una variable y qué es una palabra reservada.

---

[3]El párrafo anterior se refiere más bien a quienes eligen nombres de variables en inglés, ya que todas las palabras reservadas de Python coinciden con palabras propias de ese idioma (Nota del trad.)

2.13   Depuración

En este punto, el error de sintaxis que es más probable que cometas será intentar utilizar nombres de variables no válidos, como `class` y `yield`, que son palabras clave, o `odd~job` y `US$`, que contienen caracteres no válidos.

Si pones un espacio en un nombre de variable, Python cree que se trata de dos operandos sin ningún operador:

```
>>> bad name = 5
SyntaxError: invalid syntax
```

```
>>> month = 09
  File "<stdin>", line 1
    month = 09
           ^
SyntaxError: invalid token
```

Para la mayoría de errores de sintaxis, los mensajes de error no ayudan mucho. Los mensajes más comunes son `SyntaxError: invalid syntax` y `SyntaxError: invalid token`, ninguno de los cuales resulta muy informativo.

El runtime error (error en tiempo de ejecución) que es más probable que obtengas es un "use before def" (uso antes de definir); que significa que estás intentando usar una variable antes de que le hayas asignado un valor. Eso puede ocurrir si escribes mal el nombre de la variable:

```
>>> principal = 327.68
>>> interest = principle * rate
NameError: name 'principle' is not defined
```

Los nombres de las variables son sensibles a mayúsculas, así que `LaTeX` no es lo mismo que `latex`.

En este punto, la causa más probable de un error semántico es el orden de las operaciones. Por ejemplo, para evaluar $\frac{1}{2\pi}$, puedes sentirte tentado a escribir

```
>>> 1.0 / 2.0 * pi
```

Pero la división se evalúa antes, ¡así que obtendrás $\pi/2$, que no es lo mismo! No hay forma de que Python sepa qué es lo que querías escribir exactamente, así que en este caso no obtienes un mensaje de error; simplemente obtienes una respuesta incorrecta.

2.14   Glosario

asignación Una sentencia que asigna un valor a una variable.

cadena Un tipo que representa secuencias de caracteres.

concatenar Unir dos operandos, uno a continuación del otro.

comentario Información en un programa que se pone para otros programadores (o para cualquiera que lea el código fuente), y no tiene efecto alguno en la ejecución del programa.

división entera La operación que divide dos números y trunca la parte fraccionaria.

entero Un tipo que representa números enteros.

evaluar Simplificar una expresión realizando las operaciones en orden para obtener un único valor.

expresión Una combinación de variables, operadores y valores que representan un único valor resultante.

mnemónico Una ayuda para memorizar. A menudo damos nombres mnemónicos a las variables para ayudarnos a recordar qué está almacenado en ellas.

palabra clave Una palabra reservada que es usada por el compilador para analizar un programa; no se pueden usar palabres clave como `if`, `def`, y `while` como nombres de variables.

punto flotante Un tipo que representa números con parte decimal.

operador Un símbolo especial que representa un cálculo simple, como suma, multiplicación o concatenación de cadenas.

operador módulo Un operador, representado por un signo de porcentaje (`%`), que funciona con enteros y obtiene el resto cuando un número es dividido por otro.

operando Uno de los valores con los cuales un operador opera.

reglas de precedencia El conjunto de reglas que gobierna el orden en el cual son evaluadas las expresiones que involucran a múltiples operadores.

sentencia Una sección del código que representa un comando o acción. Hasta ahora, las únicas sentencias que hemos visto son asignaciones y sentencias print.

tipo Una categoría de valores. Los tipos que hemos visto hasta ahora son enteros (tipo `int`), números en punto flotante (tipo `float`), y cadenas (tipo `str`).

valor Una de las unidades básicas de datos, como un número o una cadena, que un programa manipula.

variable Un nombre que hace referencia a un valor.

2.15   Ejercicios

Ejercicio 2: Escribe un programa que use `input` para pedirle al usuario su nombre y luego darle la bienvenida.

```
Introduzca tu nombre: Chuck
Hola, Chuck
```

Ejercicio 3: Escribe un programa para pedirle al usuario el número de horas y la tarifa por hora para calcular el salario bruto.

```
Introduzca Horas: 35
Introduzca Tarifa: 2.75
Salario: 96.25
```

Por ahora no es necesario preocuparse de que nuestro salario tenga exactamente dos dígitos después del punto decimal. Si quieres, puedes probar la función interna de Python `round` para redondear de forma adecuada el salario resultante a dos dígitos decimales.

Ejercicio 4: Asume que ejecutamos las siguientes sentencias de asignación:

```
ancho = 17
alto = 12.0
```

Para cada una de las expresiones siguientes, escribe el valor de la expresión y el tipo (del valor de la expresión).

1. `ancho/2`

2. `ancho/2.0`

3. `alto/3`

4. `1 + 2 * 5`

Usa el intérprete de Python para comprobar tus respuestas.

Ejercicio 5: Escribe un programa que le pida al usuario una temperatura en grados Celsius, la convierta a grados Fahrenheit e imprima por pantalla la temperatura convertida.

Chapter 3

Ejecución condicional

3.1 Expresiones booleanas

Una *expresión booleana* es aquella que puede ser verdadera (`True`) o falsa (`False`).
Los ejemplos siguientes usan el operador ==, que compara dos operandos y devuelve
`True` si son iguales y `False` en caso contrario:

```
>>> 5 == 5
True
>>> 5 == 6
False
```

`True` y `False` son valores especiales que pertenecen al tipo `bool` (booleano); no
son cadenas:

```
>>> type(True)
<class 'bool'>
>>> type(False)
<class 'bool'>
```

El operador == es uno de los *operadores de comparación*; los demás son:

```
x != y        # x es distinto de y
x > y         # x es mayor que y
x < y         # x es menor que y
x >= y        # x es mayor o igual que y
x <= y        # x es menor o igual que y
x is y        # x es lo mismo que y
x is not y    # x no es lo mismo que y
```

A pesar de que estas operaciones probablemente te resulten familiares, los símbolos
en Python son diferentes de los símbolos matemáticos que se usan para realizar las
mismas operaciones. Un error muy común es usar sólo un símbolo igual (=) en vez
del símbolo de doble igualdad (==). Recuerda que = es un operador de asignación,
y == es un operador de comparación. No existe algo como =< o =>.

3.2 Operadores lógicos

Existen tres *operadores lógicos*: and (y), or (o), y not (no). El significado semántico de estas operaciones es similar a su significado en inglés. Por ejemplo,

```
x > 0 and x < 10
```

es verdadero sólo cuando x es mayor que 0 *y* menor que 10.

n%2 == 0 or n%3 == 0 es verdadero si *cualquiera* de las condiciones es verdadera, es decir, si el número es divisible por 2 *o* por 3.

Finalmente, el operador not niega una expresión booleana, de modo que not (x > y) es verdadero si x > y es falso; es decir, si x es menor o igual que y.

Estrictamente hablando, los operandos de los operadores lógicos deberían ser expresiones booleanas, pero Python no es muy estricto. Cualquier número distinto de cero se interpreta como "verdadero."

```
>>> 17 and True
True
```

Esta flexibilidad puede ser útil, pero existen ciertas sutilezas en ese tipo de uso que pueden resultar confusas. Es posible que prefieras evitar usarlo de este modo hasta que estés bien seguro de lo que estás haciendo.

3.3 Ejecución condicional

Para poder escribir programas útiles, casi siempre vamos a necesitar la capacidad de comprobar condiciones y cambiar el comportamiento del programa de acuerdo a ellas. Las **sentencias condicionales** nos proporcionan esa capacidad. La forma más sencilla es la sentencia if:

```
if x > 0 :
    print('x es positivo')
```

La expresión booleana después de la sentencia if recibe el nombre de *condición*. La sentencia if se finaliza con un carácter de dos-puntos (:) y la(s) línea(s) que van detrás de la sentencia if van indentadas[1] (es decir, llevan una tabulación o varios espacios en blanco al principio).

Si la condición lógica es verdadera, la sentencia indentada será ejecutada. Si la condición es falsa, la sentencia indentada será omitida.

La sentencia if tiene la misma estructura que la definición de funciones o los bucles for[2]. La sentencia consiste en una línea de encabezado que termina con el carácter dos-puntos (:) seguido por un bloque indentado. Las sentencias de este tipo reciben el nombre de *sentencias compuestas*, porque se extienden a lo largo de varias líneas.

---

[1]el término correcto en español sería "sangradas", pero en el mundillo de la programación se suele decir que las líneas van "indentadas" (Nota del trad.)

[2]Estudiaremos las funciones en el capítulo 4 y los bucles en el capítulo 5.

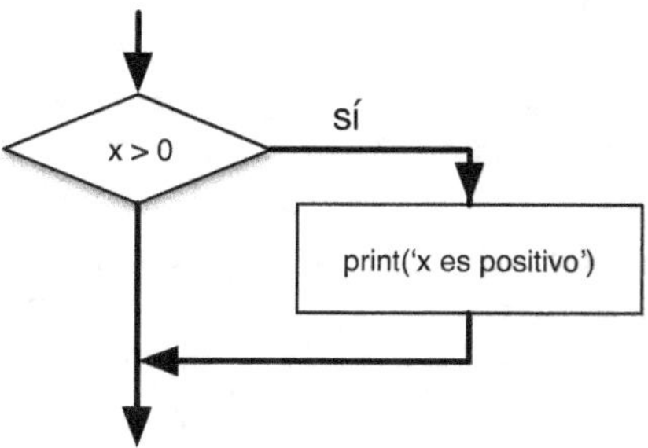

Figure 3.1: If Logic

No hay límite en el número de sentencias que pueden aparecer en el cuerpo, pero debe haber al menos una. Ocasionalmente, puede resultar útil tener un cuerpo sin sentencias (normalmente como emplazamiento reservado para código que no se ha escrito aún). En ese caso, se puede usar la sentencia **pass**, que no hace nada.

```
if x < 0 :
    pass            # ¡necesito gestionar los valores negativos!
```

Si introduces una sentencia **if** en el intérprete de Python, el prompt cambiará su aspecto habitual por puntos suspensivos, para indicar que estás en medio de un bloque de sentencias, como se muestra a continuación:

```
>>> x = 3
>>> if x < 10:
...     print('Pequeño')
...
Pequeño
>>>
```

Al usar el intérprete de Python, debe dejar una línea en blanco al final de un bloque, de lo contrario Python devolverá un error:

```
>>> x = 3
>>> if x < 10:
...     print('Pequeño')
... print('Hecho')
  File "<stdin>", line 3
    print('Hecho')
    ^
SyntaxError: invalid syntax
```

No es necesaria una línea en blanco al final de un bloque de instrucciones al escribir y ejecutar un script, pero puede mejorar la legibilidad de su código.

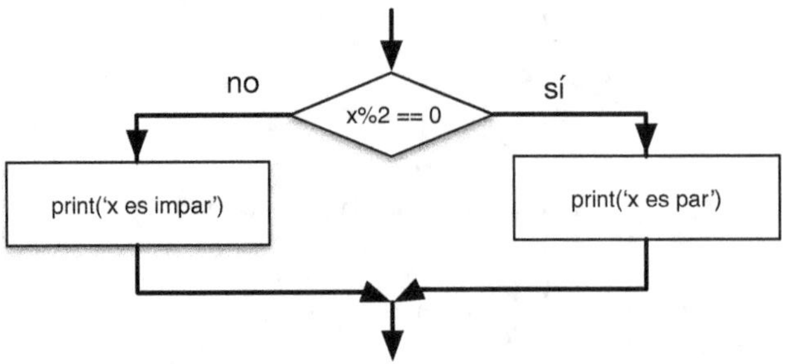

Figure 3.2: If-Then-Else Logic

3.4 Ejecución alternativa

La segunda forma de la sentencia `if` es la *ejecución alternativa*, en la cual existen dos posibilidades y la condición determina cual de ellas será ejecutada. La sintaxis es similar a ésta:

```python
if x%2 == 0 :
    print('x es par')
else :
    print('x es impar')
```

Si al dividir `x` por 2 obtenemos como resto 0, entonces sabemos que `x` es par, y el programa muestra un mensaje a tal efecto. Si esa condición es falsa, se ejecuta el segundo conjunto de sentencias.

Dado que la condición debe ser obligatoriamente verdadera o falsa, solamente una de las alternativas será ejecutada. Las alternativas reciben el nombre de *ramas*, dado que se trata de ramificaciones en el flujo de la ejecución.

3.5 Condicionales encadenados

Algunas veces hay más de dos posibilidades, de modo que necesitamos más de dos ramas. Una forma de expresar una operación como ésa es usar un *condicional encadenado*:

```python
if x < y:
    print('x es menor que y')
elif x > y:
    print('x es mayor que y')
else:
    print('x e y son iguales')
```

`elif` es una abreviatura para "else if". En este caso también será ejecutada únicamente una de las ramas.

No hay un límite para el número de sentencias `elif`. Si hay una clausula `else`, debe ir al final, pero tampoco es obligatorio que ésta exista.

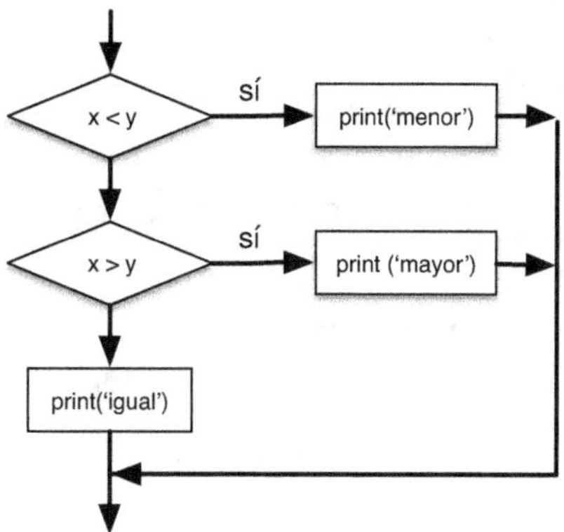

Figure 3.3: If-Then-ElseIf Logic

```
if choice == 'a':
    print('Respuesta incorrecta')
elif choice == 'b':
    print('Respuesta correcta')
elif choice == 'c':
    print('Casi, pero no es correcto')
```

Cada condición es comprobada en orden. Si la primera es falsa, se comprueba la
siguiente y así con las demás. Si una de ellas es verdadera, se ejecuta la rama
correspondiente, y la sentencia termina. Incluso si hay más de una condición que
sea verdadera, sólo se ejecuta la primera que se encuentra.

3.6 Condicionales anidados

Un condicional puede también estar anidado dentro de otro. Podríamos haber
escrito el ejemplo anterior de las tres ramas de este modo:

```
if x == y:
    print('x e y son iguales')
else:
    if x < y:
        print('x es menor que y')
    else:
        print('x es mayor que y')
```

El condicional exterior contiene dos ramas. La primera rama ejecuta una sentencia
simple. La segunda contiene otra sentencia **if**, que tiene a su vez sus propias dos
ramas. Esas dos ramas son ambas sentencias simples, pero podrían haber sido
sentencias condicionales también.

A pesar de que el indentado de las sentencias hace que la estructura esté clara, los
condicionales anidados pueden volverse difíciles de leer rápidamente. En general,
es buena idea evitarlos si se puede.

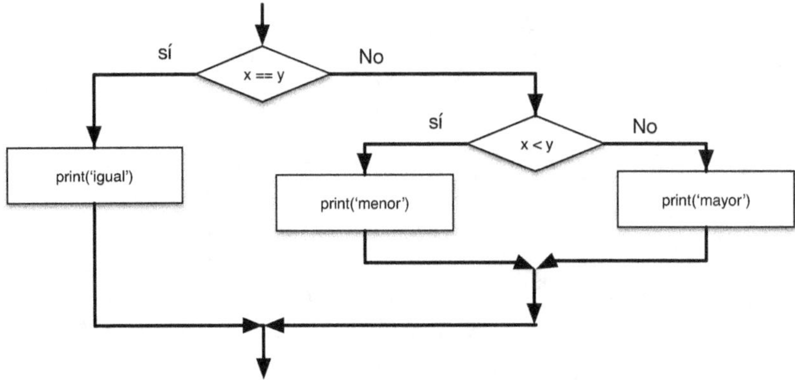

Figure 3.4: Nested If Statements

Los operadores lógicos a menudo proporcionan un modo de simplificar las sentencias condicionales anidadas. Por ejemplo, el código siguiente puede ser reescrito usando un único condicional:

```python
if 0 < x:
    if x < 10:
        print('x es un número positivo con un sólo dígito.')
```

La sentencia **print** se ejecuta solamente si se cumplen las dos condiciones anteriores, así que en realidad podemos conseguir el mismo efecto con el operador **and**:

```python
if 0 < x and x < 10:
    print('x es un número positivo con un sólo dígito.')
```

3.7   Captura de excepciones usando try y except

Anteriormente vimos un fragmento de código donde usábamos las funciones **input** e **int** para leer y analizar un número entero introducido por el usuario. También vimos lo poco seguro que podía llegar a resultar hacer algo así:

```python
>>> velocidad = input(prompt)
¿Cual.... es la velocidad de vuelo de una golondrina sin carga?
¿Te refieres a una golondrina africana o a una europea?
>>> int(velocidad)
ValueError: invalid literal for int() with base 10:
>>>
```

Cuando estamos trabajando con el intérprete de Python, tras el error simplemente nos aparece de nuevo el prompt, así que pensamos "¡epa, me he equivocado!", y continuamos con la siguiente sentencia.

Sin embargo, si se escribe ese código en un script de Python y se produce el error, el script se detendrá inmediatamente, y mostrará un "traceback". No ejecutará la siguiente sentencia.

He aquí un programa de ejemplo para convertir una temperatura desde grados Fahrenheit a grados Celsius:

```
ent = input('Introduzca la Temperatura Fahrenheit:')
fahr = float(ent)
cel = (fahr - 32.0) * 5.0 / 9.0
print(cel)

# Código: https://es.py4e.com/code3/fahren.py
```

Si ejecutamos este código y le damos una entrada no válida, simplemente fallará con un mensaje de error bastante antipático:

```
python fahren.py
Introduzca la Temperatura Fahrenheit:72
22.2222222222


python fahren.py
Introduzca la Temperatura Fahrenheit:fred
Traceback (most recent call last):
  File "fahren.py", line 2, in <module>
    fahr = float(ent)
ValueError: invalid literal for float(): fred
```

Existen estructuras de ejecución condicional dentro de Python para manejar este tipo de errores esperados e inesperados, llamadas "try / except". La idea de **try** y **except** es que si se sabe que cierta secuencia de instrucciones puede generar un problema, sea posible añadir ciertas sentencias para que sean ejecutadas en caso de error. Estas sentencias extras (el bloque except) serán ignoradas si no se produce ningún error.

Puedes pensar en la característica **try** y **except** de Python como una "póliza de seguros" en una secuencia de sentencias.

Se puede reescribir nuestro conversor de temperaturas de esta forma:

```
ent = input('Introduzca la Temperatura Fahrenheit:')
try:
    fahr = float(ent)
    cel = (fahr - 32.0) * 5.0 / 9.0
    print(cel)
except:
    print('Por favor, introduzca un número')

# Código: https://es.py4e.com/code3/fahren2.py
```

Python comienza ejecutando la secuencia de sentencias del bloque **try**. Si todo va bien, se saltará todo el bloque **except** y terminará. Si ocurre una excepción dentro del bloque **try**, Python saltará fuera de ese bloque y ejecutará la secuencia de sentencias del bloque **except**.

```
python fahren2.py
Introduzca la Temperatura Fahrenheit:72
22.2222222222

python fahren2.py
Introduzca la Temperatura Fahrenheit:fred
Por favor, introduzca un número
```

Gestionar una excepción con una sentencia `try` recibe el nombre de *capturar* una excepción. En este ejemplo, la clausula `except` muestra un mensaje de error. En general, capturar una excepción te da la oportunidad de corregir el problema, volverlo a intentar o, al menos, terminar el programa con elegancia.

3.8   Evaluación en cortocircuito de expresiones lógicas

Cuando Python está procesando una expresión lógica, como `x >= 2 and (x/y) > 2`, evalúa la expresión de izquierda a derecha. Debido a la definición de `and`, si `x` es menor de 2, la expresión `x >= 2` resulta ser `falsa`, de modo que la expresión completa ya va a resultar `falsa`, independientemente de si `(x/y) > 2` se evalúa como `verdadera` o `falsa`.

Cuando Python detecta que no se gana nada evaluando el resto de una expresión lógica, detiene su evaluación y no realiza el cálculo del resto de la expresión. Cuando la evaluación de una expresión lógica se detiene debido a que ya se conoce el valor final, eso es conocido como *cortocircuitar* la evaluación.

A pesar de que esto pueda parecer hilar demasiado fino, el funcionamiento en cortocircuito nos descubre una ingeniosa técnica conocida como *patrón guardián*. Examina la siguiente secuencia de código en el intérprete de Python:

```
>>> x = 6
>>> y = 2
>>> x >= 2 and (x/y) > 2
True
>>> x = 1
>>> y = 0
>>> x >= 2 and (x/y) > 2
False
>>> x = 6
>>> y = 0
>>> x >= 2 and (x/y) > 2
Traceback (most recent call last):
  File "<stdin>", line 1, in <module>
ZeroDivisionError: division by zero
>>>
```

La tercera operación ha fallado porque Python intentó evaluar `(x/y)` e `y` era cero, lo cual provoca un runtime error (error en tiempo de ejecución). Pero el segundo ejemplo *no* falló, porque la primera parte de la expresión `x >= 2` fue evaluada como `falsa`, así que `(x/y)` no llegó a ejecutarse debido a la regla del *cortocircuito*, y no se produjo ningún error.

Es posible construir las expresiones lógicas colocando estratégicamente una evaluación como *guardián* justo antes de la evaluación que podría causar un error, como se muestra a continuación:

```
>>> x = 1
>>> y = 0
>>> x >= 2 and y != 0 and (x/y) > 2
False
>>> x = 6
>>> y = 0
>>> x >= 2 and y != 0 and (x/y) > 2
False
>>> x >= 2 and (x/y) > 2 and y != 0
Traceback (most recent call last):
  File "<stdin>", line 1, in <module>
ZeroDivisionError: division by zero
>>>
```

En la primera expresión lógica, `x >= 2` es `falsa`, así que la evaluación se detiene en el `and`. En la segunda expresión lógica, `x >= 2` es `verdadera`, pero `y != 0` es `falsa`, de modo que nunca se alcanza `(x/y)`.

En la tercera expresión lógica, el `y != 0` va *después* del cálculo de `(x/y)`, de modo que la expresión falla con un error.

En la segunda expresión, se dice que `y != 0` actúa como *guardián* para garantizar que sólo se ejecute `(x/y)` en el caso de que `y` no sea cero.

3.9 Depuración

Los "traceback" que Python muestra cuando se produce un error contienen un montón de información, pero pueden resultar abrumadores. Las partes más útiles normalmente son:

- Qué tipo de error se ha producido, y

- Dónde ha ocurrido.

Los errores de sintaxis (syntax errors), normalmente son fáciles de localizar, pero a veces tienen trampa. Los errores debido a espacios en blanco pueden ser complicados, ya que los espacios y las tabulaciones son invisibles, y solemos ignorarlos.

```
>>> x = 5
>>>  y = 6
  File "<stdin>", line 1
    y = 6
    ^
IndentationError: unexpected indent
```

En este ejemplo, el problema es que la segunda línea está indentada por un espacio. Pero el mensaje de error apunta a y, lo cual resulta engañoso. En general, los mensajes de error indican dónde se ha descubierto el problema, pero el error real podría estar en el código previo, a veces en alguna línea anterior.

Ocurre lo mismo con los errores en tiempo de ejecución (runtime errors). Supón que estás tratando de calcular una relación señal-ruido en decibelios. La fórmula es $SNR_{db} = 10 \log_{10}(P_{senal}/P_{ruido})$. En Python, podrías escribir algo como esto:

```python
import math
int_senal = 9
int_ruido = 10
relacion = int_senal / int_ruido
decibelios = 10 * math.log10(relacion)
print(decibelios)

# Código: https://es.py4e.com/code3/snr.py
```

Pero cuando lo haces funcionar, obtienes un mensaje de error[3]:

```
Traceback (most recent call last):
  File "snr.py", line 5, in ?
    decibelios = 10 * math.log10(relacion)
OverflowError: math range error
```

El mensaje de error apunta a la línea 5, pero no hay nada incorrecto en ese línea. Para encontrar el error real, puede resultar útil mostrar en pantalla el valor de **relacion**, que resulta ser 0. El problema está en la línea 4, ya que al dividir dos enteros se realiza una división entera. La solución es representar la intensidad de la señal y la intensidad del ruido con valores en punto flotante.

En general, los mensajes de error te dicen dónde se ha descubierto el problema, pero a menudo no es ahí exactamente donde se ha producido.

3.10 Glosario

condición La expresión booleana en una sentencia condicional que determina qué rama será ejecutada.

condicional anidado Una sentencia condicional que aparece en una de las ramas de otra sentencia condicional.

condicional encadenado Una sentencia condicional con una serie de ramas alternativas.

---

[3]En Python 3.0, ya no se produce el mensaje de error; el operador de división realiza división en punto flotante incluso con operandos enteros.

cortocircuito Cuando Python va evaluando una expresión lógica por tramos y
detiene el proceso de evaluación debido a que ya conoce el valor final que va
a tener el resultado sin necesidad de evaluar el resto de la expresión.

cuerpo La secuencia de sentencias en el interior de una sentencia compuesta.

expresión booleana Un expresión cuyo valor puede ser o bien `Verdadero` o bien
`Falso`.

operadores de comparación Uno de los operadores que se utiliza para comparar dos operandos: `==`, `!=`, `>`, `<`, `>=`, y `<=`.

operador lógico Uno de los operadores que se combinan en las expresiones
booleanas: `and`, `or`, y `not`.

patrón guardián Cuando construimos una expresión lógica con comparaciones
adicionales para aprovecharnos del funcionamiento en cortocircuito.

rama Una de las secuencias alternativas de sentencias en una sentencia condicional.

sentencia compuesta Una sentencia que consiste en un encabezado y un cuerpo.
El encabezado termina con dos-puntos (:). El cuerpo está indentado con
relación al encabezado.

sentencia condicional Una sentencia que controla el flujo de ejecución, dependiendo de cierta condición.

traceback Una lista de las funciones que se están ejecutando, que se muestra en
pantalla cuando se produce una excepción.

3.11   Ejercicios

Ejercicio 1: Reescribe el programa del cálculo del salario para darle al empleado
1.5 veces la tarifa horaria para todas las horas trabajadas que excedan de 40.

```
Introduzca las Horas: 45
Introduzca la Tarifa por hora: 10
Salario: 475.0
```

Ejercicio 2: Reescribe el programa del salario usando `try` y `except`, de modo que el programa sea capaz de gestionar entradas no numéricas con elegancia, mostrando un mensaje y saliendo del programa. A continuación se muestran dos ejecuciones del programa:

```
Introduzca las Horas: 20
Introduzca la Tarifa por hora: nueve
Error, por favor introduzca un número


Introduzca las Horas: cuarenta
Error, por favor introduzca un número
```

Ejercicio 3: Escribe un programa que solicite una puntuación entre 0.0 y 1.0. Si la puntuación está fuera de ese rango, muestra un mensaje de error. Si la puntuación está entre 0.0 y 1.0, muestra la calificación usando la tabla siguiente:

```
Puntuación Calificación
>= 0.9     Sobresaliente
>= 0.8     Notable
>= 0.7     Bien
>= 0.6     Suficiente
< 0.6      Insuficiente


Introduzca puntuación: 0.95
Sobresaliente


Introduzca puntuación: perfecto
Puntuación incorrecta


Introduzca puntuación: 10.0
Puntuación incorrecta


Introduzca puntuación: 0.75
Bien


Introduzca puntuación: 0.5
Insuficiente
```

Ejecuta el programa repetidamente, como se muestra arriba, para probar con varios valores de entrada diferentes.

Chapter 4

Funciones

4.1 Llamadas a funciones

En el contexto de la programación, una *función* es una secuencia de sentencias que realizan una operación y que reciben un nombre. Cuando se define una función, se especifica el nombre y la secuencia de sentencias. Más adelante, se puede "llamar" a la función por ese nombre. Ya hemos visto un ejemplo de una *llamada a una función*:

```
>>> type(32)
<class 'int'>
```

El nombre de la función es `type`. La expresión entre paréntesis recibe el nombre de *argumento* de la función. El argumento es un valor o variable que se pasa a la función como parámetro de entrada. El resultado de la función `type` es el tipo del argumento.

Es habitual decir que una función "toma" (o recibe) un argumento y "retorna" (o devuelve) un resultado. El resultado se llama *valor de retorno*.

4.2 Funciones internas

Python proporciona un número importante de funciones internas, que pueden ser usadas sin necesidad de tener que definirlas previamente. Los creadores de Python han escrito un conjunto de funciones para resolver problemas comunes y las han incluido en Python para que las podamos utilizar.

Las funciones `max` y `min` nos darán respectivamente el valor mayor y menor de una lista:

```
>>> max('¡Hola, mundo!')
'u'
>>> min('¡Hola, mundo!')
' '
>>>
```

La función `max` nos dice cuál es el "carácter más grande" de la cadena (que resulta ser la letra "u"), mientras que la función `min` nos muestra el carácter más pequeño (que en ese caso es un espacio).

Otra función interna muy común es `len`, que nos dice cuántos elementos hay en su argumento. Si el argumento de `len` es una cadena, nos devuelve el número de caracteres que hay en la cadena.

```
>>> len('Hola, mundo')
11
>>>
```

Estas funciones no se limitan a buscar en cadenas. Pueden operar con cualquier conjunto de valores, como veremos en los siguientes capítulos.

Se deben tratar los nombres de las funciones internas como si fueran palabras reservadas (es decir, evita usar "max" como nombre para una variable).

4.3   Funciones de conversión de tipos

Python también proporciona funciones internas que convierten valores de un tipo a otro. La función `int` toma cualquier valor y lo convierte en un entero, si puede, o se queja si no puede:

```
>>> int('32')
32
>>> int('Hola')
ValueError: invalid literal for int() with base 10: 'Hola'
```

`int` puede convertir valores en punto flotante a enteros, pero no los redondea; simplemente corta y descarta la parte decimal:

```
>>> int(3.99999)
3
>>> int(-2.3)
-2
```

`float` convierte enteros y cadenas en números de punto flotante:

```
>>> float(32)
32.0
>>> float('3.14159')
3.14159
```

Finalmente, `str` convierte su argumento en una cadena:

```
>>> str(32)
'32'
>>> str(3.14159)
'3.14159'
```

4.4 Funciones matemáticas

Python tiene un módulo matemático (`math`), que proporciona la mayoría de las funciones matemáticas habituales. Antes de que podamos utilizar el módulo, deberemos importarlo:

```
>>> import math
```

Esta sentencia crea un *objeto módulo* llamado math. Si se imprime el objeto módulo, se obtiene cierta información sobre él:

```
>>> print(math)
<module 'math' (built-in)>
```

El objeto módulo contiene las funciones y variables definidas en el módulo. Para acceder a una de esas funciones, es necesario especificar el nombre del módulo y el nombre de la función, separados por un punto (también conocido en inglés como *período*). Este formato recibe el nombre de *notación punto*.

```
>>> relacion = int_senal / int_ruido
>>> decibelios = 10 * math.log10(relacion)

>>> radianes = 0.7
>>> altura = math.sin(radianes)
```

El primer ejemplo calcula el logaritmo en base 10 de la relación señal-ruido. El módulo math también proporciona una función llamada `log` que calcula logaritmos en base `e`.

El segundo ejemplo calcula el seno de la variable `radianes`. El nombre de la variable es una pista de que `sin` y las otras funciones trigonométricas (`cos`, `tan`, etc.) toman argumentos en radianes. Para convertir de grados a radianes, hay que dividir por 360 y multiplicar por 2π:

```
>>> grados = 45
>>> radianes = grados / 360.0 * 2 * math.pi
>>> math.sin(radianes)
0.7071067811865476
```

La expresión `math.pi` toma la variable `pi` del módulo math. El valor de esa variable es una aproximación de π, con una precisión de unos 15 dígitos.

Si sabes de trigonometría, puedes comprobar el resultado anterior, comparándolo con la raíz cuadrada de dos dividida por dos:

```
>>> math.sqrt(2) / 2.0
0.7071067811865476
```

4.5   Números aleatorios

A partir de las mismas entradas, la mayoría de los programas generarán las mismas salidas cada vez, que es lo que llamamos comportamiento *determinista*. El determinismo normalmente es algo bueno, ya que esperamos que la misma operación nos proporcione siempre el mismo resultado. Para ciertas aplicaciones, sin embargo, querremos que el resultado sea impredecible. Los juegos son el ejemplo obvio, pero hay más.

Conseguir que un programa sea realmente no-determinista no resulta tan fácil, pero hay modos de hacer que al menos lo parezca. Una de ellos es usar *algoritmos* que generen números *pseudoaleatorios*. Los números pseudoaleatorios no son verdaderamente aleatorios, ya que son generados por una operación determinista, pero si sólo nos fijamos en los números resulta casi imposible distinguirlos de los aleatorios de verdad.

El módulo **random** proporciona funciones que generan números pseudoaleatorios (a los que simplemente llamaremos "aleatorios" de ahora en adelante).

La función **random** devuelve un número flotante aleatorio entre 0.0 y 1.0 (incluyendo 0.0, pero no 1.0). Cada vez que se llama a **random**, se obtiene el número siguiente de una larga serie. Para ver un ejemplo, ejecuta este bucle:

```python
import random

for i in range(10):
    x = random.random()
    print(x)
```

Este programa produce la siguiente lista de 10 números aleatorios entre 0.0 y hasta (pero no incluyendo) 1.0.

```
0.11132867921152356
0.5950949227890241
0.04820265884996877
0.841003109276478
0.997914947094958
0.04842330803368111
0.7416295948208405
0.510535245390327
0.27447040171978143
0.028511805472785867
```

Ejercicio 1: Ejecuta el programa en tu sistema y observa qué números obtienes.

La función **random** es solamente una de las muchas que trabajan con números aleatorios. La función **randint** toma los parámetros **inferior** y **superior**, y devuelve un entero entre **inferior** y **superior** (incluyendo ambos extremos).

```python
>>> random.randint(5, 10)
5
>>> random.randint(5, 10)
9
```

Para elegir un elemento de una secuencia aleatoriamente, se puede usar `choice`:

```
>>> t = [1, 2, 3]
>>> random.choice(t)
2
>>> random.choice(t)
3
```

El módulo `random` también proporciona funciones para generar valores aleatorios de varias distribuciones continuas, incluyendo gaussiana, exponencial, gamma, y unas cuantas más.

4.6   Añadiendo funciones nuevas

Hasta ahora, sólo hemos estado usando las funciones que vienen incorporadas en Python, pero es posible añadir también funciones nuevas. Una *definición de función* especifica el nombre de una función nueva y la secuencia de sentencias que se ejecutan cuando esa función es llamada. Una vez definida una función, se puede reutilizar una y otra vez a lo largo de todo el programa.

He aquí un ejemplo:

```
def muestra_estribillo():
    print('Soy un leñador, qué alegría.')
    print('Duermo toda la noche y trabajo todo el día.')
```

`def` es una palabra clave que indica que se trata de una definición de función. El nombre de la función es `muestra_estribillo`. Las reglas para los nombres de las funciones son los mismos que para las variables: se pueden usar letras, números y algunos signos de puntuación, pero el primer carácter no puede ser un número. No se puede usar una palabra clave como nombre de una función, y se debería evitar también tener una variable y una función con el mismo nombre.

Los paréntesis vacíos después del nombre indican que esta función no toma ningún argumento. Más tarde construiremos funciones que reciban argumentos de entrada.

La primera línea de la definición de la función es llamada la *cabecera*; el resto se llama el *cuerpo*. La cabecera debe terminar con dos-puntos (:), y el cuerpo debe ir indentado. Por convención, el indentado es siempre de cuatro espacios. El cuerpo puede contener cualquier número de sentencias.

Las cadenas en la sentencia print están encerradas entre comillas. Da igual utilizar comillas simples que dobles; la mayoría de la gente prefiere comillas simples, excepto en aquellos casos en los que una comilla simple (que también se usa como apostrofe) aparece en medio de la cadena.

Si escribes una definición de función en modo interactivo, el intérprete mostrará puntos suspensivos (...) para informarte de que la definición no está completa:

```
>>> def muestra_estribillo():
...        print 'Soy un leñador, qué alegría.'
...        print 'Duermo toda la noche y trabajo todo el día.'
...
```

Para finalizar la función, debes introducir una línea vacía (esto no es necesario en un script).

Al definir una función se crea una variable con el mismo nombre.

```
>>> print(muestra_estribillo)
<function muestra_estribillo at 0xb7e99e9c>
>>> print(type(muestra_estribillo))
<type 'function'>
```

El valor de **muestra_estribillo** es *function object* (objeto función), que tiene como tipo "function".

La sintaxis para llamar a nuestra nueva función es la misma que usamos para las funciones internas:

```
>>> muestra_estribillo()
Soy un leñador, qué alegría.
Duermo toda la noche y trabajo todo el día.
```

Una vez que se ha definido una función, puede usarse dentro de otra. Por ejemplo, para repetir el estribillo anterior, podríamos escribir una función llamada **repite_estribillo**:

```
def repite_estribillo():
    muestra_estribillo()
    muestra_estribillo()
```

Y después llamar a **repite_estribillo**:

```
>>> repite_estribillo()
Soy un leñador, qué alegría.
Duermo toda la noche y trabajo todo el día.
Soy un leñador, qué alegría.
Duermo toda la noche y trabajo todo el día.
```

Pero en realidad la canción no es así.

4.7 Definición y usos

Reuniendo los fragmentos de código de las secciones anteriores, el programa completo sería algo como esto:

```python
def muestra_estribillo():
    print('Soy un leñador, que alegría.')
    print('Duermo toda la noche y trabajo todo el día.')

def repite_estribillo():
    muestra_estribillo()
    muestra_estribillo()

repite_estribillo()

# Código: https://es.py4e.com/code3/lyrics.py
```

Este programa contiene dos definiciones de funciones: `muestra_estribillo` y `repite_estribillo`. Las definiciones de funciones son ejecutadas exactamente igual que cualquier otra sentencia, pero su resultado consiste en crear objetos del tipo función. Las sentencias dentro de cada función son ejecutadas solamente cuando se llama a esa función, y la definición de una función no genera ninguna salida.

Como ya te imaginarás, es necesario crear una función antes de que se pueda ejecutar. En otras palabras, la definición de la función debe ser ejecutada antes de que la función se llame por primera vez.

Ejercicio 2: Desplaza la última línea del programa anterior hacia arriba, de modo que la llamada a la función aparezca antes que las definiciones. Ejecuta el programa y observa qué mensaje de error obtienes.

Ejercicio 3: Desplaza la llamada de la función de nuevo hacia el final, y coloca la definición de `muestra_estribillo` después de la definición de `repite_estribillo`. ¿Qué ocurre cuando haces funcionar ese programa?

4.8 Flujo de ejecución

Para asegurarnos de que una función está definida antes de usarla por primera vez, es necesario saber el orden en que las sentencias son ejecutadas, que es lo que llamamos el *flujo de ejecución*.

La ejecución siempre comienza en la primera sentencia del programa. Las sentencias son ejecutadas una por una, en orden de arriba hacia abajo.

Las *definiciones* de funciones no alteran el flujo de la ejecución del programa, pero recuerda que las sentencias dentro de una función no son ejecutadas hasta que se llama a esa función.

Una llamada a una función es como un desvío en el flujo de la ejecución. En vez de pasar a la siguiente sentencia, el flujo salta al cuerpo de la función, ejecuta todas las sentencias que hay allí, y después vuelve al punto donde lo dejó.

Todo esto parece bastante sencillo, hasta que uno recuerda que una función puede llamar a otra. Cuando está en mitad de una función, el programa puede tener que ejecutar las sentencias de otra función. Pero cuando está ejecutando esa nueva función, ¡tal vez haya que ejecutar todavía más funciones!

Afortunadamente, Python es capaz de llevar el seguimiento de dónde se encuentra en cada momento, de modo que cada vez que completa la ejecución de una función, el programa vuelve al punto donde lo dejó en la función que había llamado a esa. Cuando esto le lleva hasta el final del programa, simplemente termina.

¿Cuál es la moraleja de esta extraña historia? Cuando leas un programa, no siempre te convendrá hacerlo de arriba a abajo. A veces tiene más sentido seguir el flujo de la ejecución.

4.9   Parámetros y argumentos

Algunas de las funciones internas que hemos visto necesitan argumentos. Por ejemplo, cuando se llama a `math.sin`, se le pasa un número como argumento. Algunas funciones necesitan más de un argumento: `math.pow` toma dos, la base y el exponente.

Dentro de las funciones, los argumentos son asignados a variables llamadas *parámetros*. A continuación mostramos un ejemplo de una función definida por el usuario que recibe un argumento:

```python
def muestra_dos_veces(bruce):
    print(bruce)
    print(bruce)
```

Esta función asigna el argumento a un parámetro llamado `bruce`. Cuando la función es llamada, imprime el valor del parámetro (sea éste lo que sea) dos veces.

Esta función funciona con cualquier valor que pueda ser mostrado en pantalla.

```python
>>> muestra_dos_veces('Spam')
Spam
Spam
>>> muestra_dos_veces(17)
17
17
>>> muestra_dos_veces(math.pi)
3.14159265359
3.14159265359
```

Las mismas reglas de composición que se aplican a las funciones internas, también se aplican a las funciones definidas por el usuario, de modo que podemos usar cualquier tipo de expresión como argumento para `muestra_dos_veces`:

```python
>>> muestra_dos_veces('Spam '*4)
Spam Spam Spam Spam
Spam Spam Spam Spam
>>> muestra_dos_veces(math.cos(math.pi))
-1.0
-1.0
```

El argumento es evaluado antes de que la función sea llamada, así que en los ejemplos, la expresión `Spam *4` y `math.cos(math.pi)` son evaluadas sólo una vez.

También se puede usar una variable como argumento:

```
>>> michael = 'Eric, la medio-abeja.'
>>> muestra_dos_veces(michael)
Eric, la medio-abeja.
Eric, la medio-abeja.
```

El nombre de la variable que pasamos como argumento, (`michael`) no tiene nada que ver con el nombre del parámetro (`bruce`). No importa cómo se haya llamado al valor en origen (en la llamada); dentro de `muestra_dos_veces`, siempre se llamará `bruce`.

4.10   Funciones productivas y funciones estériles

Algunas de las funciones que estamos usando, como las matemáticas, producen resultados; a falta de un nombre mejor, las llamaremos *funciones productivas* (fruitful functions). Otras funciones, como `muestra_dos_veces`, realizan una acción, pero no devuelven un valor. A esas las llamaremos *funciones estériles* (void functions).

Cuando llamas a una función productiva, casi siempre querrás hacer luego algo con el resultado; por ejemplo, puede que quieras asignarlo a una variable o usarlo como parte de una expresión:

```
x = math.cos(radians)
aurea = (math.sqrt(5) + 1) / 2
```

Cuando llamas a una función en modo interactivo, Python muestra el resultado:

```
>>> math.sqrt(5)
2.23606797749979
```

Pero en un script, si llamas a una función productiva y no almacenas el resultado de la misma en una variable, ¡el valor de retorno se desvanece en la niebla!

```
math.sqrt(5)
```

Este script calcula la raíz cuadrada de 5, pero dado que no almacena el resultado en una variable ni lo muestra, no resulta en realidad muy útil.

Las funciones estériles pueden mostrar algo en la pantalla o tener cualquier otro efecto, pero no devuelven un valor. Si intentas asignar el resultado a una variable, obtendrás un valor especial llamado `None` (nada).

```
>>> resultado = muestra_dos_veces('Bing')
Bing
Bing
>>> print(resultado)
None
```

El valor `None` no es el mismo que la cadena "None". Es un valor especial que tiene su propio tipo:

```
>>> print(type(None))
<class 'NoneType'>
```

Para devolver un resultado desde una función, usamos la sentencia **return** dentro de ella. Por ejemplo, podemos crear una función muy simple llamada **sumados**, que suma dos números y devuelve el resultado.

```
def sumados(a, b):
    suma = a + b
    return suma


x = sumados(3, 5)
print(x)
```

```
# Código: https://es.py4e.com/code3/addtwo.py
```

Cuando se ejecuta este script, la sentencia **print** mostrará "8", ya que la función **sumados** ha sido llamada con 3 y 5 como argumentos. Dentro de la función, los parámetros **a** y **b** equivaldrán a 3 y a 5 respectivamente. La función calculó la suma de ambos número y la guardó en una variable local a la función llamada **suma**. Después usó la sentencia **return** para enviar el valor calculado de vuelta al código de llamada como resultado de la función, que fue asignado a la variable **x** y mostrado en pantalla.

4.11   ¿Por qué funciones?

Puede no estar muy claro por qué merece la pena molestarse en dividir un programa en funciones. Existen varias razones:

- El crear una función nueva te da la oportunidad de dar nombre a un grupo de sentencias, lo cual hace tu programa más fácil de leer, entender y depurar.

- Las funciones pueden hacer un programa más pequeño, al eliminar código repetido. Además, si quieres realizar cualquier cambio en el futuro, sólo tendrás que hacerlo en un único lugar.

- Dividir un programa largo en funciones te permite depurar las partes de una en una y luego ensamblarlas juntas en una sola pieza.

- Las funciones bien diseñadas a menudo resultan útiles para otros muchos programas. Una vez que has escrito y depurado una, puedes reutilizarla.

A lo largo del resto del libro, a menudo usaremos una definición de función para explicar un concepto. Parte de la habilidad de crear y usar funciones consiste en llegar a tener una función que represente correctamente una idea, como "encontrar el valor más pequeño en una lista de valores". Más adelante te mostraremos el código para encontrar el valor más pequeño de una lista de valores y te lo presentaremos como una función llamada **min**, que toma una lista de valores como argumento y devuelve el menor valor de esa lista.

4.12 Depuración

Si estás usando un editor de texto para escribir tus propios scripts, puede que tengas problemas con los espacios y tabulaciones. El mejor modo de evitar esos problemas es usar espacios exclusivamente (no tabulaciones). La mayoría de los editores de texto que reconocen Python lo hacen así por defecto, aunque hay algunos que no.

Las tabulaciones y los espacios normalmente son invisibles, lo cual hace que sea difícil depurar los errores que se pueden producir, así que mejor busca un editor que gestione el indentado por ti.

Tampoco te olvides de guardar tu programa antes de hacerlo funcionar. Algunos entornos de desarrollo lo hacen automáticamente, pero otros no. En ese caso, el programa que estás viendo en el editor de texto puede no ser el mismo que estás ejecutando en realidad.

¡La depuración puede llevar mucho tiempo si estás haciendo funcionar el mismo programa con errores una y otra vez!

Asegúrate de que el código que estás examinando es el mismo que estás ejecutando. Si no estás seguro, pon algo como `print("hola")` al principio del programa y hazlo funcionar de nuevo. Si no ves `hola` en la pantalla, ¡es que no estás ejecutando el programa correcto!

4.13 Glosario

algoritmo Un proceso general para resolver una categoría de problemas.

argumento Un valor proporcionado a una función cuando ésta es llamada. Ese valor se asigna al parámetro correspondiente en la función.

cabecera La primera línea de una definición de función.

cuerpo La secuencia de sentencias dentro de la definición de una función.

composición Uso de una expresión o sentencia como parte de otra más larga,

definición de función Una sentencia que crea una función nueva, especificando su nombre, parámetros, y las sentencias que ejecuta.

determinístico Perteneciente a un programa que hace lo mismo cada vez que se ejecuta, a partir de las mismas entradas.

función Una secuencia de sentencias con un nombre que realizan alguna operación útil. Las funciones pueden tomar argumentos o no, y pueden producir un resultado o no.

función productiva (fruitful function) Una función que devuelve un valor.

función estéril (void function) Una función que no devuelve ningún valor.

flujo de ejecución El orden en el cual se ejecutan las sentencias durante el funcionamiento de un programa.

llamada a función Una sentencia que ejecuta una función. Consiste en el nombre de la función seguido por una lista de argumentos.

notación punto La sintaxis para llamar a una función de otro módulo, especificando el nombre del módulo seguido por un punto y el nombre de la función.

objeto función Un valor creado por una definición de función. El nombre de la función es una variable que se refiere al objeto función.

objeto módulo Un valor creado por una sentencia `import`, que proporciona acceso a los datos y código definidos en un módulo.

parámetro Un nombre usado dentro de una función para referirse al valor pasado como argumento.

pseudoaleatorio Perteneciente a una secuencia de números que parecen ser aleatorios, pero son generados por un programa determinista.

sentencia import Una sentencia que lee un archivo módulo y crea un objeto módulo.

valor de retorno El resultado de una función. Si una llamada a una función es usada como una expresión, el valor de retorno es el valor de la expresión.

4.14 Ejercicios

Ejercicio 4: ¿Cuál es la utilidad de la palabra clave "def" en Python?

a) Es una jerga que significa "este código es realmente estupendo"
b) Indica el comienzo de una función
c) Indica que la siguiente sección de código indentado debe ser almacenada para usarla más tarde
d) b y c son correctas ambas
e) Ninguna de las anteriores

Ejercicio 5: ¿Qué mostrará en pantalla el siguiente programa Python?

```python
def fred():
   print("Zap")

def jane():
   print("ABC")

jane()
fred()
jane()
```

a) Zap ABC jane fred jane
b) Zap ABC Zap
c) ABC Zap jane
d) ABC Zap ABC
e) Zap Zap Zap

Ejercicio 6: Reescribe el programa de cálculo del salario, con tarifa-y-media para las horas extras, y crea una función llamada `calculo_salario` que reciba dos parámetros (`horas` y `tarifa`).

```
Introduzca Horas: 45
Introduzca Tarifa: 10
Salario: 475.0
```

Ejercicio 7: Reescribe el programa de calificaciones del capítulo anterior usando una función llamada `calcula_calificacion`, que reciba una puntuación como parámetro y devuelva una calificación como cadena.

```
Puntuación Calificación
> 0.9      Sobresaliente
> 0.8      Notable
> 0.7      Bien
> 0.6      Suficiente
<= 0.6     Insuficiente
```

```
Introduzca puntuación: 0.95
Sobresaliente
```

```
Introduzca puntuación: perfecto
Puntuación incorrecta

Introduzca puntuación: 10.0
Puntuación incorrecta

Introduzca puntuación: 0.75
Bien

Introduzca puntuación: 0.5
Insuficiente
```

Ejecuta el programa repetidamente para probar con varios valores de entrada diferentes.

Chapter 5

Iteración

5.1   Actualización de variables

Uno de los usos habituales de las sentencias de asignación consiste en realizar una actualización sobre una variable – en la cual el valor nuevo de esa variable depende del antiguo.

```
x = x + 1
```

Esto quiere decir "'toma el valor actual de x, añádele 1, y luego actualiza x con el nuevo valor".

Si intentas actualizar una variable que no existe, obtendrás un error, ya que Python evalúa el lado derecho antes de asignar el valor a x:

```
>>> x = x + 1
NameError: name 'x' is not defined
```

Antes de que puedas actualizar una variable, debes *inicializarla*, normalmente mediante una simple asignación:

```
>>> x = 0
>>> x = x + 1
```

Actualizar una variable añadiéndole 1 se denomina *incrementar*; restarle 1 recibe el nombre de *decrementar* (o disminuir).

5.2   La sentencia `while`

Los PCs se suelen utilizar a menudo para automatizar tareas repetitivas. Repetir tareas idénticas o muy similares sin cometer errores es algo que a las máquinas se les da bien y en cambio a las personas no. Como las iteraciones resultan tan habituales, Python proporciona varias características en su lenguaje para hacerlas más sencillas.

Una forma de iteración en Python es la sentencia `while`. He aquí un programa sencillo que cuenta hacia atrás desde cinco y luego dice "¡Despegue!".

```
n = 5
while n > 0:
    print(n)
    n = n - 1
print('¡Despegue!')
```

Casi se puede leer la sentencia `while` como si estuviera escrita en inglés. Significa, "Mientras n sea mayor que 0, muestra el valor de n y luego reduce el valor de n en 1 unidad. Cuando llegues a 0, sal de la sentencia `while` y muestra la palabra `¡Despegue!`"

Éste es el flujo de ejecución de la sentencia `while`, explicado de un modo más formal:

1. Se evalúa la condición, obteniendo `Verdadero` or `Falso`.

2. Si la condición es falsa, se sale de la sentencia `while` y se continúa la ejecución en la siguiente sentencia.

3. Si la condición es verdadera, se ejecuta el cuerpo del `while` y luego se vuelve al paso 1.

Este tipo de flujo recibe el nombre de *bucle*, ya que el tercer paso enlaza de nuevo con el primero. Cada vez que se ejecuta el cuerpo del bucle se dice que realizamos una *iteración*. Para el bucle anterior, podríamos decir que "ha tenido cinco iteraciones", lo que significa que el cuerpo del bucle se ha ejecutado cinco veces.

El cuerpo del bucle debe cambiar el valor de una o más variables, de modo que la condición pueda en algún momento evaluarse como falsa y el bucle termine. La variable que cambia cada vez que el bucle se ejecuta y controla cuándo termina éste, recibe el nombre de *variable de iteración*. Si no hay variable de iteración, el bucle se repetirá para siempre, resultando así un *bucle infinito*.

5.3   Bucles infinitos

Una fuente de diversión sin fin para los programadores es la constatación de que las instrucciones del champú: "Enjabone, aclare, repita", son un bucle infinito, ya que no hay una *variable de iteración* que diga cuántas veces debe ejecutarse el proceso.

En el caso de una `cuenta atrás`, podemos verificar que el bucle termina, ya que sabemos que el valor de n es finito, y podemos ver que ese valor se va haciendo más pequeño cada vez que se repite el bucle, de modo que en algún momento llegará a 0. Otras veces un bucle es obviamente infinito, porque no tiene ninguna variable de iteración.

5.4 "Bucles infinitos" y break

A veces no se sabe si hay que terminar un bucle hasta que se ha recorrido la mitad del cuerpo del mismo. En ese caso se puede crear un bucle infinito a propósito y usar la sentencia `break` para salir fuera de él cuando se desee.

El bucle siguiente es, obviamente, un *bucle infinito*, porque la expresión lógica de la sentencia `while` es simplemente la constante lógica `True` (verdadero);

```
n = 10
while True:
    print(n, end=' ')
    n = n - 1
print('¡Terminado!')
```

Si cometes el error de ejecutar este código, aprenderás rápidamente cómo detener un proceso de Python bloqueado en el sistema, o tendrás que localizar dónde se encuentra el botón de apagado de tu equipo. Este programa funcionará para siempre, o hasta que la batería del equipo se termine, ya que la expresión lógica al principio del bucle es siempre cierta, en virtud del hecho de que esa expresión es precisamente el valor constante `True`.

A pesar de que en este caso se trata de un bucle infinito inútil, se puede usar ese diseño para construir bucles útiles, siempre que se tenga la precaución de añadir código en el cuerpo del bucle para salir explícitamente, usando `break` cuando se haya alcanzado la condición de salida.

Por ejemplo, supón que quieres recoger entradas de texto del usuario hasta que éste escriba `fin`. Podrías escribir:

```
while True:
    linea = input('> ')
    if linea == 'fin':
        break
    print(linea)
print('¡Terminado!')

# Código: https://es.py4e.com/code3/copytildone1.py
```

La condición del bucle es `True`, lo cual es verdadero siempre, así que el bucle se repetirá hasta que se ejecute la sentencia break.

Cada vez que se entre en el bucle, se pedirá una entrada al usuario. Si el usuario escribe `fin`, la sentencia `break` hará que se salga del bucle. En cualquier otro caso, el programa repetirá cualquier cosa que el usuario escriba y volverá al principio del bucle. Éste es un ejemplo de su funcionamiento:

```
> hola a todos
hola a todos
> he terminado
he terminado
> fin
¡Terminado!
```

Este modo de escribir bucles `while` es habitual, ya que así se puede comprobar la condición en cualquier punto del bucle (no sólo al principio), y se puede expresar la condición de parada afirmativamente ("detente cuando ocurra..."), en vez de tener que hacerlo con lógica negativa ("sigue haciéndolo hasta que ocurra...").

5.5 Finalizar iteraciones con `continue`

Algunas veces, estando dentro de un bucle se necesita terminar con la iteración actual y saltar a la siguiente de forma inmediata. En ese caso se puede utilizar la sentencia `continue` para pasar a la siguiente iteración sin terminar la ejecución del cuerpo del bucle para la actual.

A continuación se muestra un ejemplo de un bucle que repite lo que recibe como entrada hasta que el usuario escribe "fin", pero trata las líneas que empiezan por el carácter almohadilla como líneas que no deben mostrarse en pantalla (algo parecido a lo que hace Python con los comentarios).

```
while True:
    linea = input('> ')
    if linea[0] == '#' :
        continue
    if linea == 'fin':
        break
    print(linea)
print('¡Terminado!')

# Código: https://es.py4e.com/code3/copytildone2.py
```

He aquí una ejecución de ejemplo de ese nuevo programa con la sentencia `continue` añadida.

```
> hola a todos
hola a todos
> # no imprimas esto
> ¡imprime esto!
¡imprime esto!
> fin
¡Terminado!
```

Todas las líneas se imprimen en pantalla, excepto la que comienza con el símbolo de almohadilla, ya que en ese caso se ejecuta `continue`, finaliza la iteración actual y salta de vuelta a la sentencia `while` para comenzar la siguiente iteración, de modo que que se omite la sentencia `print`.

5.6 Bucles definidos usando `for`

A veces se desea repetir un bucle a través de un *conjunto* de cosas, como una lista de palabras, las líneas de un archivo, o una lista de números. Cuando se tiene una lista de cosas para recorrer, se puede construir un bucle *definido* usando una sentencia `for`. A la sentencia `while` se la llama un bucle *indefinido*, porque simplemente se repite hasta que cierta condición se hace `Falsa`, mientras que el bucle `for` se repite a través de un conjunto conocido de elementos, de modo que ejecuta tantas iteraciones como elementos hay en el conjunto.

La sintaxis de un bucle `for` es similar a la del bucle `while`, en ella hay una sentencia `for` y un cuerpo que se repite:

```
amigos = ['Joseph', 'Glenn', 'Sally']
for amigo in amigos:
    print('Feliz año nuevo:', amigo)
print('¡Terminado!')
```

En términos de Python, la variable `amigos` es una lista[1] de tres cadenas y el bucle `for` se mueve recorriendo la lista y ejecuta su cuerpo una vez para cada una de las tres cadenas en la lista, produciendo esta salida:

```
Feliz año nuevo: Joseph
Feliz año nuevo: Glenn
Feliz año nuevo: Sally
¡Terminado!
```

La traducción de este bucle `for` al español no es tan directa como en el caso del `while`, pero si piensas en los amigos como un *conjunto*, sería algo así como: "Ejecuta las sentencias en el cuerpo del bucle una vez *para (for)* cada amigo que esté *en (in)* el conjunto llamado amigos."

Revisando el bucle `for`, *for* e *in* son palabras reservadas de Python, mientras que `amigo` y `amigos` son variables.

```
for amigo in amigos:
    print('Feliz año nuevo::', amigo)
```

En concreto, `amigo` es la *variable de iteración* para el bucle for. La variable `amigo` cambia para cada iteración del bucle y controla cuándo se termina el bucle `for`. La *variable de iteracion* se desplaza sucesivamente a través de las tres cadenas almacenadas en la variable `amigos`.

5.7 Diseños de bucles

A menudo se usa un bucle `for` o `while` para movernos a través de una lista de elementos o el contenido de un archivo y se busca algo, como el valor más grande o el más pequeño de los datos que estamos revisando.

Los bucles generalmente se construyen así:

- Se inicializan una o más variables antes de que el bucle comience

---

[1]Examinaremos las listas con más detalle en un capítulo posterior.

- Se realiza alguna operación con cada elemento en el cuerpo del bucle, posiblemente cambiando las variables dentro de ese cuerpo.

- Se revisan las variables resultantes cuando el bucle se completa

Usaremos ahora una lista de números para demostrar los conceptos y construcción de estos diseños de bucles.

5.7.1 Bucles de recuento y suma

Por ejemplo, para contar el número de elementos en una lista, podemos escribir el siguiente bucle `for`:

```
contador = 0
for valor in [3, 41, 12, 9, 74, 15]:
    contador = contador + 1
print('Num. elementos: ', contador)
```

Ajustamos la variable `contador` a cero antes de que el bucle comience, después escribimos un bucle `for` para movernos a través de la lista de números. Nuestra variable de *iteración* se llama `valor`, y dado que no usamos `valor` dentro del bucle, lo único que hace es controlar el bucle y hacer que el cuerpo del mismo sea ejecutado una vez para cada uno de los valores de la lista.

En el cuerpo del bucle, añadimos 1 al valor actual de `contador` para cada uno de los valores de la lista. Mientras el bucle se está ejecutando, el valor de `contador` es la cantidad de valores que se hayan visto "hasta ese momento".

Una vez el bucle se completa, el valor de `contador` es el número total de elementos. El número total "cae en nuestro poder" al final del bucle. Se construye el bucle de modo que obtengamos lo que queremos cuando éste termina.

Otro bucle similar, que calcula el total de un conjunto de números, se muestra a continuación:

```
total = 0
for valor in [3, 41, 12, 9, 74, 15]:
    total = total + valor
print('Total: ', total)
```

En este bucle, *sí* utilizamos la *variable de iteración*. En vez de añadir simplemente uno a `contador` como en el bucle previo, ahora durante cada iteración del bucle añadimos el número actual (3, 41, 12, etc.) al total en ese momento. Si piensas en la variable `total`, ésta contiene la "suma parcial de valores hasta ese momento". Así que antes de que el bucle comience, `total` es cero, porque aún no se ha examinado ningún valor. Durante el bucle, `total` es la suma parcial, y al final del bucle, `total` es la suma total definitiva de todos los valores de la lista.

Cuando el bucle se ejecuta, `total` acumula la suma de los elementos; una variable que se usa de este modo recibe a veces el nombre de *acumulador*.

Ni el bucle que cuenta los elementos ni el que los suma resultan particularmente útiles en la práctica, dado que existen las funciones internas `len()` y `sum()` que cuentan el número de elementos de una lista y el total de elementos en la misma respectivamente.

5.7.2 Bucles de máximos y mínimos

Para encontrar el valor mayor de una lista o secuencia, construimos el bucle siguiente:

```python
mayor = None
print('Antes:', mayor)
for valor in [3, 41, 12, 9, 74, 15]:
    if mayor is None or valor > mayor :
        mayor = valor
    print('Bucle:', valor, mayor)
print('Mayor:', mayor)
```

Cuando se ejecuta el programa, se obtiene la siguiente salida:

```
Antes: None
Bucle: 3 3
Bucle: 41 41
Bucle: 12 41
Bucle: 9 41
Bucle: 74 74
Bucle: 15 74
Mayor: 74
```

Debemos pensar en la variable `mayor` como el "mayor valor visto hasta ese momento". Antes del bucle, asignamos a `mayor` el valor `None`. `None` es un valor constante especial que se puede almacenar en una variable para indicar que la variable está "vacía".

Antes de que el bucle comience, el mayor valor visto hasta entonces es `None`, dado que no se ha visto aún ningún valor. Durante la ejecución del bucle, si `mayor` es `None`, entonces tomamos el primer valor que tenemos como el mayor hasta entonces. Se puede ver en la primera iteración, cuando el valor de `valor` es 3, mientras que `mayor` es `None`, inmediatamente hacemos que `mayor` pase a ser 3.

Tras la primera iteración, `mayor` ya no es `None`, así que la segunda parte de la expresión lógica compuesta que comprueba si `valor > mayor` se activará sólo cuando encontremos un valor que sea mayor que el "mayor hasta ese momento". Cuando encontramos un nuevo valor "mayor aún", tomamos ese nuevo valor para `mayor`. Se puede ver en la salida del programa que `mayor` pasa desde 3 a 41 y luego a 74.

Al final del bucle, se habrán revisado todos los valores y la variable `mayor` contendrá entonces el mayor valor de la lista.

Para calcular el número más pequeño, el código es muy similar con un pequeño cambio:

```python
print('Antes:', menor)
for valor in [3, 41, 12, 9, 74, 15]:
    if menor is None or valor < menor:
        menor = valor
    print('Bucle:', valor, menor)
print('Menor:', menor)
```

De nuevo, **menor** es el "menor hasta ese momento" antes, durante y después de que el bucle se ejecute. Cuando el bucle se ha completado, **menor** contendrá el valor mínimo de la lista

También como en el caso del número de elementos y de la suma, las funciones internas `max()` y `min()` convierten la escritura de este tipo de bucles en innecesaria.

Lo siguiente es una versión simple de la función interna de Python `min()`:

```python
def min(valores):
    menor = None
    for valor in valores:
        if menor is None or valor < menor:
            menor = valor
    return menor
```

En esta versión de la función para calcular el mínimo, hemos eliminado las sentencias `print`, de modo que sea equivalente a la función **min**, que ya está incorporada dentro de Python.

5.8 Depuración

A medida que vayas escribiendo programas más grandes, puede que notes que vas necesitando emplear cada vez más tiempo en depurarlos. Más código significa más oportunidades de cometer un error y más lugares donde los bugs pueden esconderse.

Un método para acortar el tiempo de depuración es "depurar por bisección". Por ejemplo, si hay 100 líneas en tu programa y las compruebas de una en una, te llevará 100 pasos.

En lugar de eso, intenta partir el problema por la mitad. Busca en medio del programa, o cerca de ahí, un valor intermedio que puedas comprobar. Añade una sentencia `print` (o alguna otra cosa que tenga un efecto verificable), y haz funcionar el programa.

Si en el punto medio la verificación es incorrecta, el problema debería estar en la primera mitad del programa. Si ésta es correcta, el problema estará en la segunda mitad.

Cada vez que realices una comprobación como esta, reduces a la mitad el número de líneas en las que buscar. Después de seis pasos (que son muchos menos de 100), lo habrás reducido a una o dos líneas de código, al menos en teoría.

En la práctica no siempre está claro qué es "en medio del programa", y no siempre es posible colocar ahí una verificación. No tiene sentido contar las líneas y encontrar el punto medio exacto. En lugar de eso, piensa en lugares del programa en los cuales pueda haber errores y en lugares donde resulte fácil colocar una comprobación. Luego elige un sitio donde estimes que las oportunidades de que el bug esté por delante y las de que esté por detrás de esa comprobación son más o menos las mismas.

5.9 Glosario

acumulador Una variable usada en un bucle para sumar o acumular un resultado.

bucle infinito Un bucle en el cual la condición de terminación no se satisface nunca o para el cual no existe dicha condición de terminación.

contador Una variable usada en un bucle para contar el número de veces que algo sucede. Inicializamos el contador a cero y luego lo vamos incrementando cada vez que queramos que "cuente" algo.

decremento Una actualización que disminuye el valor de una variable.

inicializar Una asignación que da un valor inicial a una variable que va a ser después actualizada.

incremento Una actualización que aumenta el valor de una variable (a menudo en una unidad).

iteración Ejecución repetida de una serie de sentencias usando bien una función que se llama a si misma o bien un bucle.

5.10 Ejercicios

Ejercicio 1: Escribe un programa que lea repetidamente números hasta que el usuario introduzca "fin". Una vez se haya introducido "fin", muestra por pantalla el total, la cantidad de números y la media de esos números. Si el usuario introduce cualquier otra cosa que no sea un número, detecta su fallo usando try y except, muestra un mensaje de error y pasa al número siguiente.

```
Introduzca un número: 4
Introduzca un número: 5
Introduzca un número: dato erróneo
Entrada inválida
Introduzca un número: 7
Introduzca un número: fin
16 3 5.33333333333
```

Ejercicio 2: Escribe otro programa que pida una lista de números como la anterior y al final muestre por pantalla el máximo y mínimo de los números, en vez de la media.

Chapter 6

Cadenas

6.1 Una cadena es una secuencia

Una cadena es una *secuencia* de caracteres. Puedes acceder a los caracteres de uno en uno con el operador corchete:

```
>>> fruta = 'banana'
>>> letra = fruta[1]
```

La segunda sentencia extrae el carácter en la posición del indice 1 de la variable `fruta` y la asigna a la variable `letra`.

La expresión en los corchetes es llamada *índice*. El índice indica qué carácter de la secuencia quieres (de ahí el nombre).

Pero podrías no obtener lo que esperas:

```
>>> print(letra)
a
```

Para la mayoría de las personas, la primer letra de "banana" es "b", no "a". Pero en Python, el índice es un desfase desde el inicio de la cadena, y el desfase de la primera letra es cero.

```
>>> letra = fruta[0]
>>> print(letra)
b
```

Así que "b" es la letra 0 ("cero") de "banana", "a" es la letra con índice 1, y "n" es la que tiene índice 2, etc.

Puedes usar cualquier expresión, incluyendo variables y operadores, como un índice, pero el valor del índice tiene que ser un entero. De otro modo obtendrás:

```
>>> letra = fruta[1.5]
TypeError: string indices must be integers
```

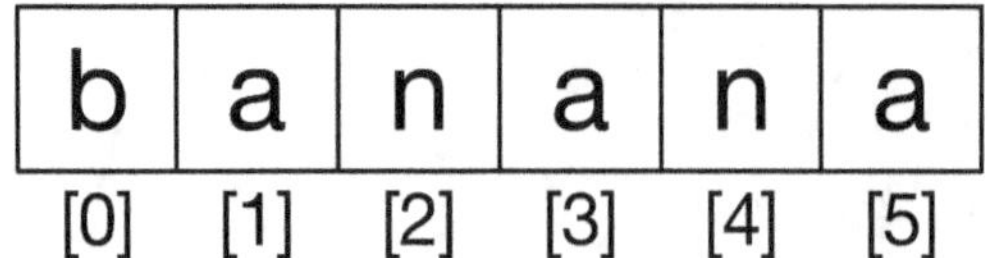

Figure 6.1: Indices de Cadenas

6.2   Obtener el tamaño de una cadena usando `len`

`len` es una función nativa que devuelve el número de caracteres en una cadena:

```
>>> fruta = 'banana'
>>> len(fruta)
6
```

Para obtener la última letra de una cadena, podrías estar tentado a probar algo como esto:

```
>>> tamaño = len(fruta)
>>> ultima = fruta[tamaño]
IndexError: string index out of range
```

La razón de que haya un `IndexError` es que ahí no hay ninguna letra en "banana" con el índice 6. Puesto que empezamos a contar desde cero, las seis letras están enumeradas desde 0 hasta 5. Para obtener el último carácter, tienes que restar 1 a `length`:

```
>>> ultima = fruta[tamaño-1]
>>> print(ultima)
a
```

Alternativamente, puedes usar índices negativos, los cuales cuentan hacia atrás desde el final de la cadena. La expresión `fruta[-1]` devuelve la última letra, `fruta[-2]` la penúltima letra, y así sucesivamente.

6.3   Recorriendo una cadena mediante un bucle

Muchos de los cálculos requieren procesar una cadena carácter por carácter. Frecuentemente empiezan desde el inicio, seleccionando cada carácter presente, haciendo algo con él, y continuando hasta el final. Este patrón de procesamiento es llamado un *recorrido*. Una manera de escribir un recorrido es con un bucle `while`:

```
indice = 0
while indice < len(fruta):
    letra = fruta[indice]
    print(letra)
    indice = indice + 1
```

Este bucle recorre la cadena e imprime cada letra en una línea cada una. La condición del bucle es `indice < len(fruta)`, así que cuando `indice` es igual al tamaño de la cadena, la condición es falsa, y el código del bucle no se ejecuta. El último carácter accedido es el que tiene el índice `len(fruta)-1`, el cual es el último carácter en la cadena.

Ejercicio 1: Escribe un bucle while que comience con el último carácter en la cadena y haga un recorrido hacia atrás hasta el primer carácter en la cadena, imprimiendo cada letra en una línea independiente.

Otra forma de escribir un recorrido es con un bucle `for`:

```
for caracter in fruta:
    print(caracter)
```

Cada vez que iteramos el bucle, el siguiente carácter en la cadena es asignado a la variable `caracter`. El ciclo continúa hasta que no quedan caracteres.

6.4   Rebanado de una cadena

Un segmento de una cadena es llamado *rebanado*. Seleccionar un rebanado es similar a seleccionar un carácter:

```
>>> s = 'Monty Python'
>>> print(s[0:5])
Monty
>>> print(s[6:12])
Python
```

El operador [n:m] retorna la parte de la cadena desde el "n-ésimo" carácter hasta el "m-ésimo" carácter, incluyendo el primero pero excluyendo el último.

Si omites el primer índice (antes de los dos puntos), el rebanado comienza desde el inicio de la cadena. Si omites el segundo índice, el rebanado va hasta el final de la cadena:

```
>>> fruta = 'banana'
>>> fruta[:3]
'ban'
>>> fruta[3:]
'ana'
```

Si el primer índice es mayor que o igual que el segundo, el resultado es una *cadena vacía*, representado por dos comillas:

```
>>> fruta = 'banana'
>>> fruta[3:3]
''
```

Una cadena vacía no contiene caracteres y tiene un tamaño de 0, pero fuera de esto es lo mismo que cualquier otra cadena.

Ejercicio 2: Dado que fruta es una cadena, ¿que significa fruta[:]?

6.5 Los cadenas son inmutables

Puede ser tentador utilizar el operador [] en el lado izquierdo de una asignación, con la intención de cambiar un carácter en una cadena. Por ejemplo:

```
>>> saludo = 'Hola, mundo!'
>>> saludo[0] = 'J'
TypeError: 'str' object does not support item assignment
```

El "objeto" en este caso es la cadena y el "ítem" es el carácter que tratamos de asignar. Por ahora, un *objeto* es la misma cosa que un valor, pero vamos a redefinir esa definición después. Un *ítem* es uno de los valores en una secuencia.

La razón por la cual ocurre el error es que las cadenas son *inmutables*, lo cual significa que no puedes modificar una cadena existente. Lo mejor que puedes hacer es crear una nueva cadena que sea una variación de la original:

```
>>> saludo = 'Hola, mundo!'
>>> nuevo_saludo = 'J' + saludo[1:]
>>> print(nuevo_saludo)
Jola, mundo!
```

Este ejemplo concatena una nueva letra a una parte de `saludo`. Esto no tiene efecto sobre la cadena original.

6.6 Iterando y contando

El siguiente programa cuenta el número de veces que la letra "a" aparece en una cadena:

```
palabra = 'banana'
contador = 0
for letra in palabra:
    if letra == 'a':
        contador = contador + 1
print(contador)
```

Este programa demuestra otro patrón de computación llamado *contador*. La variable `contador` es inicializada a 0 y después se incrementa cada vez que una "a" es encontrada. Cuando el bucle termina, `contador` contiene el resultado: el número total de a's.

Ejercicio 3: Encapsula este código en una función llamada cuenta, y hazla genérica de tal modo que pueda aceptar una cadena y una letra como argumentos.

6.7   El operador in

La palabra in es un operador booleano que toma dos cadenas y regresa True si la
primera cadena aparece como una subcadena de la segunda:

```
>>> 'a' in 'banana'
True
>>> 'semilla' in 'banana'
False
```

6.8   Comparación de cadenas

Los operadores de comparación funcionan en cadenas. Para ver si dos cadenas son
iguales:

```
if palabra == 'banana':
    print('Muy bien, bananas.')
```

Otras operaciones de comparación son útiles para poner palabras en orden alfabético:

```
if palabra < 'banana':
    print('Tu palabra, ' + palabra + ', está antes de banana.')
elif palabra > 'banana':
    print('Tu palabra, ' + palabra + ', está después de banana.')
else:
    print('Muy bien, bananas.')
```

Python no maneja letras mayúsculas y minúsculas de la misma forma que la gente
lo hace. Todas las letras mayúsculas van antes que todas las letras minúsculas, por
ejemplo:

```
Tu palabra, Piña, está antes que banana.
```

Una forma común de manejar este problema es convertir cadenas a un formato
estándar, como todas a minúsculas, antes de llevar a cabo la comparación. Ten
en cuenta eso en caso de que tengas que defenderte contra un hombre armado con
una Piña.

6.9   Métodos de cadenas

Los cadenas son un ejemplo de *objetos* en Python. Un objeto contiene tanto datos
(el valor de la cadena misma) como *métodos*, los cuales son efectivamente funciones
que están implementadas dentro del objeto y que están disponibles para cualquier
instancia del objeto.

Python tiene una función llamada dir la cual lista los métodos disponibles para
un objeto. La función type muestra el tipo de un objeto y la función dir muestra
los métodos disponibles.

```
>>> cosa = 'Hola mundo'
>>> type(cosa)
<class 'str'>
>>> dir(cosa)
['capitalize', 'casefold', 'center', 'count', 'encode',
'endswith', 'expandtabs', 'find', 'format', 'format_map',
'index', 'isalnum', 'isalpha', 'isdecimal', 'isdigit',
'isidentifier', 'islower', 'isnumeric', 'isprintable',
'isspace', 'istitle', 'isupper', 'join', 'ljust', 'lower',
'lstrip', 'maketrans', 'partition', 'replace', 'rfind',
'rindex', 'rjust', 'rpartition', 'rsplit', 'rstrip',
'split', 'splitlines', 'startswith', 'strip', 'swapcase',
'title', 'translate', 'upper', 'zfill']
>>> help(str.capitalize)
Help on method_descriptor:

capitalize(...)
    S.capitalize() -> str

    Return a capitalized version of S, i.e. make the first character
    have upper case and the rest lower case.
>>>
```

Aunque la función `dir` lista los métodos y puedes usar la función `help` para obtener una breve documentación de un método, una mejor fuente de documentación para los métodos de cadenas se puede encontrar en https://docs.python.org/library/stdtypes.html#string-methods.

Llamar a un *método* es similar a llamar una función (esta toma argumentos y devuelve un valor) pero la sintaxis es diferente. Llamamos a un método uniendo el nombre del método al de la variable, usando un punto como delimitador.

Por ejemplo, el método `upper` toma una cadena y devuelve una nueva cadena con todas las letras en mayúscula:

En vez de la sintaxis de función `upper(word)`, éste utiliza la sintaxis de método `word.upper()`.

```
>>> palabra = 'banana'
>>> nueva_palabra = palabra.upper()
>>> print(nueva_palabra)
BANANA
```

Esta forma de notación con punto especifica el nombre del método, `upper`, y el nombre de la cadena al que se le aplicará el método, `palabra`. Los paréntesis vacíos indican que el método no toma argumentos.

Una llamada a un método es conocida como una *invocación*; en este caso, diríamos que estamos invocando `upper` en `palabra`.

Por ejemplo, existe un método de cadena llamado `find` que busca la posición de una cadena dentro de otra:

```
>>> palabra = 'banana'
>>> indice = palabra.find('a')
>>> print(indice)
1
```

En este ejemplo, invocamos **find** en **palabra** y pasamos la letra que estamos buscando como un parámetro.

El método **find** puede encontrar subcadenas así como caracteres:

```
>>> palabra.find('na')
2
```

También puede tomar como un segundo argumento el índice desde donde debe empezar:

```
>>> palabra.find('na', 3)
4
```

Una tarea común es eliminar los espacios en blanco (espacios, tabs, o nuevas líneas) en el inicio y el final de una cadena usando el método **strip**:

```
>>> linea = '  Aquí vamos  '
>>> linea.strip()
'Aquí vamos'
```

Algunos métodos como *startswith* devuelven valores booleanos.

```
>>> linea = 'Que tengas un buen día'
>>> linea.startswith('Que')
True
>>> linea.startswith('q')
False
```

Puedes notar que **startswith** requiere que el formato (mayúsculas y minúsculas) coincida, de modo que a veces tendremos que tomar la línea y cambiarla completamente a minúsculas antes de hacer la verificación, utilizando el método **lower**.

```
>>> linea = 'Que tengas un buen día'
>>> linea.startswith('q')
False
>>> linea.lower()
'que tengas un buen día'
>>> linea.lower().startswith('q')
True
```

En el último ejemplo, el método `lower` es llamado y después usamos `startswith` para ver si la cadena resultante en minúsculas comienza con la letra "q". Siempre y cuando seamos cuidadosos con el orden, podemos hacer múltiples llamadas a métodos en una sola expresión.

Ejercicio 4: Hay un método de cadenas llamado `count` que es similar a la función del ejercicio previo. Lee la documentación de este método en:

https://docs.python.org/library/stdtypes.html#string-methods

Escribe una invocación que cuenta el número de veces que una letra aparece en "banana".

6.10   Analizando cadenas

Frecuentemente, queremos examinar una cadena para encontrar una subcadena. Por ejemplo, si se nos presentaran una seria de líneas con el siguiente formato:

From stephen.marquard@*uct.ac.za* Sat Jan 5 09:14:16 2008

y quisiéramos obtener únicamente la segunda parte de la dirección de correo (esto es, `uct.ac.za`) de cada línea, podemos hacer esto utilizando el método `find` y una parte de la cadena.

Primero tenemos que encontrar la posición de la arroba en la cadena. Después, tenemos que encontrar la posición del primer espacio *después* de la arroba. Y después partiremos la cadena para extraer la porción de la cadena que estamos buscando.

```
>>> dato = 'From stephen.marquard@uct.ac.za Sat Jan  5 09:14:16 2008'
>>> arrobapos = dato.find('@')
>>> print(arrobapos)
21
>>> espos = dato.find(' ',arrobapos)
>>> print(espos)
31
>>> direccion = dato[arrobapos+1:espos]
>>> print(direccion)
uct.ac.za
>>>
```

Utilizamos una versión del método `find` que nos permite especificar la posición en la cadena desde donde queremos que `find` comience a buscar. Cuando recortamos una parte de una cadena, extraemos los caracteres desde "uno después de la arroba hasta, *pero no incluyendo*, el carácter de espacio".

La documentación del método `find` está disponible en

https://docs.python.org/library/stdtypes.html#string-methods.

6.11   El operador de formato

El *operador de formato* % nos permite construir cadenas, reemplazando partes de las cadenas con datos almacenados en variables. Cuando lo aplicamos a enteros, % es el operador módulo. Pero cuando es aplicado a una cadena, % es el operador de formato.

El primer operando es la *cadena a formatear*, la cual contiene una o más *secuencias de formato* que especifican cómo el segundo operando es formateado. El resultado es una cadena.

Por ejemplo, la secuencia de formato %d significa que el segundo operando debería ser formateado como un entero ("d" significa "decimal"):

```
>>> camellos = 42
>>> '%d' % camellos
'42'
```

El resultado es la cadena '42', el cual no debe ser confundido con el valor entero 42.

Una secuencia de formato puede aparecer en cualquier lugar en la cadena, así que puedes meter un valor en una frase:

```
>>> camellos = 42
>>> 'Yo he visto %d camellos.' % camellos
'Yo he visto 42 camellos.'
```

Si hay más de una secuencia de formato en la cadena, el segundo argumento tiene que ser una tupla[1]. Cada secuencia de formato es relacionada con un elemento de la tupla, en orden.

El siguiente ejemplo usa %d para formatear un entero, %g para formatear un número de punto flotante (no preguntes por qué), y %s para formatear una cadena:

```
>>> 'En %d años yo he visto %g %s.' % (3, 0.1, 'camellos')
'En 3 años yo he visto 0.1 camellos.'
```

El número de elementos en la tupla debe coincidir con el número de secuencias de formato en la cadena. El tipo de los elementos también debe coincidir con la secuencia de formato:

```
>>> '%d %d %d' % (1, 2)
TypeError: not enough arguments for format string
>>> '%d' % 'dolares'
TypeError: %d format: a number is required, not str
```

---

[1]Una tupla es una secuencia de valores separados por comas dentro de un par de paréntesis. Veremos tuplas en el Capítulo 10

En el primer ejemplo, no hay suficientes elementos; en el segundo, el elemento es de un tipo incorrecto.

El operador de formato es poderoso, pero puede ser difícil de usar. Puedes leer más al respecto en

https://docs.python.org/library/stdtypes.html#printf-style-string-formatting.

6.12   Depuración

Una habilidad que debes desarrollar cuando programas es siempre preguntarte a ti mismo, "¿Qué podría fallar aquí?" o alternativamente, "¿Qué cosa ilógica podría hacer un usuario para hacer fallar nuestro (aparentemente) perfecto programa?"

Por ejemplo, observa el programa que utilizamos para demostrar el bucle `while` en el capítulo de iteraciones:

```
while True:
    linea = input('> ')
    if linea[0] == '#' :
        continue
    if linea == 'fin':
        break
    print(linea)
print('¡Terminado!')

# Código: https://es.py4e.com/code3/copytildone2.py
```

Mira lo que pasa cuando el usuario introduce una línea vacía como entrada:

```
> hola a todos
hola a todos
> # no imprimas esto
> ¡imprime esto!
¡imprime esto!
>
Traceback (most recent call last):
  File "copytildone.py", line 3, in <module>
    if linea[0] == '#':
IndexError: string index out of range
```

El código funciona bien hasta que se presenta una línea vacía. En ese momento no hay un carácter cero, por lo que obtenemos una traza de error (traceback). Existen dos soluciones a esto para convertir la línea tres en "segura", incluso si la línea está vacía.

Una posibilidad es simplemente usar el método `startswith` que devuelve `False` si la cadena está vacía.

```
if linea.startswith('#'):
```

Otra forma segura es escribir una sentencia `if` utilizando el patrón *guardián* y asegurarse que la segunda expresión lógica es evaluada sólo cuando hay al menos un carácter en la cadena:

```
if len(linea) > 0 and linea[0] == '#':
```

6.13 Glosario

bandera Una variable booleana utilizada para indicar si una condición es verdadera o falsa.

búsqueda Un patrón de recorrido que se detiene cuando encuentra lo que está buscando.

cadena a formatear Una cadena, usado con el operador de formato, que contiene secuencias de formato.

cadena vacía una cadena sin caracteres y de tamaño 0, representada por dos comillas sencillas.

contador Una variable utilizada para contar algo, usualmente inicializada a cero y luego incrementada.

índice Un valor entero utilizado para seleccionar un ítem en una secuencia, tal como un carácter en una cadena.

inmutable La propiedad de una secuencia cuyos elementos no pueden ser asignados.

invocación Una sentencia que llama un método.

ítem Uno de los valores en una secuencia.

método Una función que está asociada a un objeto y es llamada utilizando la notación de punto.

objeto Algo a lo que una variable puede referirse. Por ahora, puedes usar "objeto" y "valor" indistintamente.

operador de formato Un operador, %, que toma una cadena de formato y una tupla y genera una cadena que incluye los elementos de la tupla formateados como se especifica en la cadena de formato.

rebanado Una parte de una cadena especificado por un rango de índices.

recorrido Iterar a través de los ítems de una secuencia, ejecutando una operación similar en cada uno.

secuencia Un conjunto ordenado; esto es, un conjunto de valores donde cada valor es identificado por un índice entero.

secuencia de formato Una secuencia de caracteres en una cadena a formatear, como %d, que especifica cómo un valor debe ser formateado.

6.14 Ejercicios

Ejercicio 5: Toma el siguiente código en Python que almacena una cadena:

```
str = 'X-DSPAM-Confidence:0.8475'
```

Utiliza `find` y una parte de la cadena para extraer la porción de la cadena después del carácter dos puntos y después utiliza la función `float` para convertir la cadena extraída en un número de punto flotante.

Ejercicio 6: Lee la documentación de los métodos de cadenas en
https://docs.python.org/library/stdtypes.html#string-methods **Quizá**
quieras experimentar con algunos de ellos para asegurarte de entender
como funcionan. `strip` y `replace` son particularmente útiles.

La documentación usa una sintaxis que puede ser confusa. Por ejemplo, en `find(sub[, start[, end]])`, los corchetes indican argumentos op-
cionales. De modo que `sub` es requerido, pero `start` es opcional, y si se
incluye `start`, entonces `end` es opcional.

Chapter 7

Archivos

7.1 Persistencia

Hasta ahora, hemos aprendido cómo escribir programas y comunicar nuestras intenciones a la *Unidad Central de Procesamiento* utilizando ejecuciones condicionales, funciones, e iteraciones. Hemos aprendido como crear y usar estructuras de datos en la *Memoria Principal*. La CPU y la memoria son los lugares donde nuestro software funciona y se ejecuta. Es donde toda la *inteligencia* ocurre.

Pero si recuerdas nuestras discusiones de arquitectura de hardware, una vez que la corriente se interrumpe, cualquier cosa almacenada ya sea en la CPU o en la memoria es eliminada. Así que hasta ahora nuestros programas han sido sólo una diversión pasajera para aprender Python.

En este capítulo, vamos a comenzar a trabajar con *Memoria Secundaria* (o archivos). La memoria secundaria no es eliminada cuando apagamos una computadora. Incluso, en el caso de una memoria USB, los datos que escribimos desde nuestros programas pueden ser retirados del sistema y transportados a otro sistema.

Nos vamos a enfocar principalmente en leer y escribir archivos como los que creamos en un editor de texto. Más adelante veremos cómo trabajar con archivos de bases de datos, que son archivos binarios diseñados específicamente para ser leídos y escritos a través de software para manejo de bases de datos.

7.2 Abrir archivos

Cuando queremos abrir o escribir un archivo (digamos, en el disco duro), primero debemos *abrir* el archivo. Al abrir el archivo nos comunicamos con el sistema operativo, el cual sabe dónde están almacenados los datos de cada archivo. Cuando abres un archivo, le estás pidiendo al sistema operativo que encuentre el archivo por su nombre y se asegure de que existe. En este ejemplo, abrimos el archivo *mbox.txt*, el cual debería estar almacenado en el mismo directorio en que estás localizado cuando inicias Python. Puedes descargar este archivo desde www.py4e.com/code3/mbox.txt

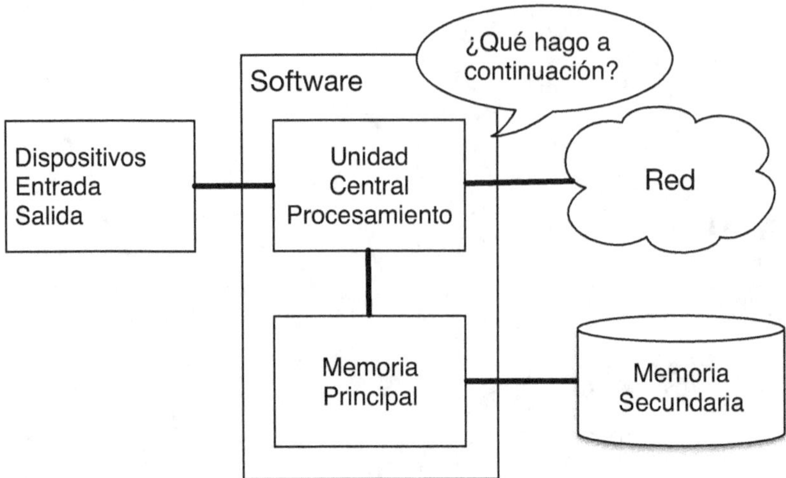

Figure 7.1: Memoria Secundaria

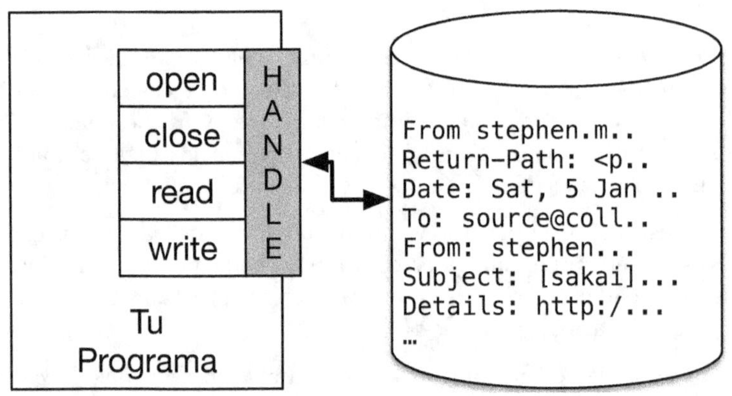

Figure 7.2: Un Manejador de Archivo

```
>>> manejador_archivo = open('mbox.txt')
>>> print(manejador_archivo)
<_io.TextIOWrapper name='mbox.txt' mode='r' encoding='cp1252'>
```

Si el **open** es exitoso, el sistema operativo nos devuelve un *manejador de archivo*.
El manejador de archivo no son los datos contenidos en el archivo, sino un "manejador" *(handler)* que podemos usar para leer los datos. Obtendrás un manejador
de archivo si el archivo solicitado existe y si tienes los permisos apropiados para
leerlo.

Si el archivo no existe, **open** fallará con un mensaje de error y no obtendrás un
manejador para acceder al contenido del archivo:

```
>>> manejador_archivo = open('stuff.txt')
Traceback (most recent call last):
File "<stdin>", line 1, in <module>
FileNotFoundError: [Errno 2] No such file or directory: 'stuff.txt'
```

Más adelante vamos a utilizar `try` y `except` para controlar de mejor manera la situación donde tratamos de abrir un archivo que no existe.

7.3   Archivos de texto y líneas

Un archivo de texto puede ser considerado como una secuencia de líneas, así como una cadena de Python puede ser considerada como una secuencia de caracteres. Por ejemplo, este es un ejemplo de un archivo de texto que registra la actividad de correos de varias personas en un equipo de desarrollo de un proyecto de código abierto (open source):

```
From stephen.marquard@uct.ac.za Sat Jan  5 09:14:16 2008
Return-Path: <postmaster@collab.sakaiproject.org>
Date: Sat, 5 Jan 2008 09:12:18 -0500
To: source@collab.sakaiproject.org
From: stephen.marquard@uct.ac.za
Subject: [sakai] svn commit: r39772 - content/branches/
Details: http://source.sakaiproject.org/viewsvn/?view=rev&rev=39772
...
```

El archivo completo de interacciones por correo está disponible en

www.py4e.com/code3/mbox.txt

y una versión reducida del archivo está disponible en

www.py4e.com/code3/mbox-short.txt

Esos archivos están en un formato estándar para un archivo que contiene múltiples mensajes de correo. Las líneas que comienzan con "From" separan los mensajes y las líneas que comienzan con "From:" son parte de esos mensajes. Para más información acerca del formato mbox, consulta

https://es.wikipedia.org/wiki/Mbox.

Para separar el archivo en líneas, hay un carácter especial que representa el "final de una línea" llamado *salto de línea*.

En Python, representamos el *salto de línea* como una barra invertida-n en las cadenas. Incluso aunque esto parezca dos caracteres, realmente es un solo carácter. Cuando vemos la variable interactuando con el intérprete, este nos muestra el `\n` en la cadena, pero cuando usamos `print` para mostrar la cadena, vemos la cadena separada en dos líneas debido al salto de línea.

```
>>> cosa = 'Hola\nMundo!'
>>> cosa
'Hola\nMundo!'
>>> print(cosa)
Hola
Mundo!
>>> cosa = 'X\nY'
>>> print(cosa)
X
```

```
Y
>>> len(cosa)
3
```

También puedes ver que el tamaño de la cadena `X\nY` es *tres* caracteres debido a que el separador de línea es un solo carácter.

Por tanto, cuando vemos las líneas en un archivo, necesitamos *imaginar* que ahí hay un carácter invisible llamado separador de línea al final de cada línea, el cual marca el final de la misma.

De modo que el separador de línea separa los caracteres del archivo en líneas.

7.4   Lectura de archivos

Aunque el *manejador de archivo* no contiene los datos de un archivo, es bastante fácil utilizarlo en un bucle `for` para leer a través del archivo y contar cada una de sus líneas:

```python
man_archivo = open('mbox-short.txt')
contador = 0
for linea in man_archivo:
    contador = contador + 1
print('Contador de líneas:', contador)

# Código: https://es.py4e.com/code3/open.py
```

Podemos usar el manejador de archivos como una secuencia en nuestro bucle `for`. Nuestro bucle `for` simplemente cuenta el número de líneas en el archivo y las imprime. La traducción aproximada de ese bucle al español es, "para cada línea en el archivo representado por el manejador de archivo, suma uno a la variable `count`."

La razón por la cual la función `open` no lee el archivo completo es porque el archivo puede ser muy grande, incluso con muchos gigabytes de datos. La sentencia `open` emplea la misma cantidad de tiempo sin importar el tamaño del archivo. De hecho, es el bucle `for` el que hace que los datos sean leídos desde el archivo.

Cuando el archivo es leído usando un bucle `for` de esta manera, Python se encarga de dividir los datos del archivo en líneas separadas utilizando el separador de línea. Python lee cada línea hasta el separador e incluye el separador como el último carácter en la variable `line` para cada iteración del bucle `for`.

Debido a que el bucle `for` lee los datos línea a línea, éste puede leer eficientemente y contar las líneas en archivos muy grandes sin quedarse sin memoria principal para almacenar los datos. El programa previo puede contar las líneas de cualquier tamaño de archivo utilizando poca memoria, puesto que cada línea es leída, contada, y después descartada.

Si sabes que el archivo es relativamente pequeño comparado al tamaño de tu memoria principal, puedes leer el archivo completo en una sola cadena utilizando el método `read` en el manejador de archivos.

```
>>> manejador_archivo = open('mbox-short.txt')
>>> inp = manejador_archivo.read()
>>> print(len(inp))
94626
>>> print(inp[:20])
From stephen.marquar
```

En este ejemplo, el contenido completo (todos los 94626 caracteres) del archivo *mbox-short.txt* son leídos directamente en la variable `inp`. Utilizamos el troceado de cadenas para imprimir los primeros 20 caracteres de la cadena de datos almacenada en `inp`.

Cuando el archivo es leído de esta forma, todos los caracteres incluyendo los saltos de línea son una cadena gigante en la variable `inp`. Es una buena idea almacenar la salida de `read` como una variable porque cada llamada a `read` vacía el contenido por completo:

```
>>> manejador = open('mbox-short.txt')
>>> print(len(manejador.read()))
94626
>>> print(len(manejador.read()))
0
```

Recuerda que esta forma de la función `open` solo debe ser utilizada si los datos del archivo son apropiados para la memoria principal del sistema. Si el archivo es muy grande para caber en la memoria principal, deberías escribir tu programa para leer el archivo en bloques utilizando un bucle `for` o `while`.

7.5   Búsqueda a través de un archivo

Cuando buscas a través de los datos de un archivo, un patrón muy común es leer el archivo, ignorar la mayoría de las líneas y solamente procesar líneas que cumplan con una condición particular. Podemos combinar el patrón de leer un archivo con métodos de cadenas para construir mecanismos de búsqueda sencillos.

Por ejemplo, si queremos leer un archivo y solamente imprimir las líneas que comienzan con el prefijo "From:", podríamos usar el método de cadenas *startswith* para seleccionar solo aquellas líneas con el prefijo deseado:

```
man_a = open('mbox-short.txt')
contador = 0
for linea in man_a:
    if linea.startswith('From:'):
        print(linea)

# Código: https://es.py4e.com/code3/search1.py
```

Cuando este programa se ejecuta, obtenemos la siguiente salida:

```
From: stephen.marquard@uct.ac.za

From: louis@media.berkeley.edu

From: zqian@umich.edu

From: rjlowe@iupui.edu
...
```

La salida parece correcta puesto que las líneas que estamos buscando son aquellas
que comienzan con "From:", pero ¿por qué estamos viendo las líneas vacías extras?
Esto es debido al carácter invisible *salto de línea*. Cada una de las líneas leídas
termina con un salto de línea, así que la sentencia **print** imprime la cadena almacenada en la variable *line*, la cual incluye ese salto de línea, y después **print** agrega
otro salto de línea, resultando en el efecto de doble salto de línea que observamos.

Podemos usar troceado de líneas para imprimir todos los caracteres excepto el
último, pero una forma más sencilla es usar el método *rstrip*, el cual elimina los
espacios en blanco del lado derecho de una cadena, tal como:

```python
man_a = open('mbox-short.txt')
for linea in man_a:
    linea = linea.rstrip()
    if linea.startswith('From:'):
        print(linea)

# Código: https://es.py4e.com/code3/search2.py
```

Cuando este programa se ejecuta, obtenemos lo siguiente:

```
From: stephen.marquard@uct.ac.za
From: louis@media.berkeley.edu
From: zqian@umich.edu
From: rjlowe@iupui.edu
From: zqian@umich.edu
From: rjlowe@iupui.edu
From: cwen@iupui.edu
...
```

A medida que tus programas de procesamiento de archivos se vuelven más complicados, quizá quieras estructurar tus bucles de búsqueda utilizando **continue**. La
idea básica de un bucle de búsqueda es que estás buscando líneas "interesantes" e
ignorando líneas "no interesantes". Y cuando encontramos una línea interesante,
hacemos algo con ella.

Podemos estructurar el bucle para seguir el patrón de ignorar las líneas no interesantes así:

```python
man_a = open('mbox-short.txt')
for linea in man_a:
    linea = linea.rstrip()
```

```python
    # Ignorar 'líneas que no nos interesan'
    if not linea.startswith('From:'):
        continue
    # Procesar la línea que nos 'interesa'
    print(linea)

# Código: https://es.py4e.com/code3/search3.py
```

La salida del programa es la misma. En Español, las líneas no interesantes son aquellas que no comienzan con "From:", así que las saltamos utilizando `continue`. En cambio las líneas "interesantes" (aquellas que comienzan con "From:") las procesamos.

Podemos usar el método de cadenas `find` para simular la función de búsqueda de un editor de texto, que encuentra las líneas donde aparece la cadena de búsqueda en alguna parte. Puesto que `find` busca cualquier ocurrencia de una cadena dentro de otra y devuelve la posición de esa cadena o -1 si la cadena no fue encontrada, podemos escribir el siguiente bucle para mostrar las líneas que contienen la cadena "@uct.ac.za" (es decir, los que vienen de la Universidad de Cape Town en Sudáfrica):

```python
man_a = open('mbox-short.txt')
for linea in man_a:
    linea = linea.rstrip()
    if linea.find('@uct.ac.za') == -1: continue
    print(linea)

# Código: https://es.py4e.com/code3/search4.py
```

Lo cual produce la siguiente salida:

```
From stephen.marquard@uct.ac.za Sat Jan  5 09:14:16 2008
X-Authentication-Warning: set sender to stephen.marquard@uct.ac.za using -f
From: stephen.marquard@uct.ac.za
Author: stephen.marquard@uct.ac.za
From david.horwitz@uct.ac.za Fri Jan  4 07:02:32 2008
X-Authentication-Warning: set sender to david.horwitz@uct.ac.za using -f
From: david.horwitz@uct.ac.za
Author: david.horwitz@uct.ac.za
...
```

Aquí utilizamos la forma contraída de la sentencia `if` donde ponemos el `continue` en la misma línea que el `if`. Esta forma contraída del `if` funciona de la misma manera que si el `continue` estuviera en la siguiente línea e indentado.

7.6 Permitiendo al usuario elegir el nombre de archivo

Definitivamente no queremos tener que editar nuestro código Python cada vez que queremos procesar un archivo diferente. Sería más útil pedir al usuario que introduzca el nombre del archivo cada vez que el programa se ejecuta, de modo que pueda usar nuestro programa en diferentes archivos sin tener que cambiar el código.

Esto es sencillo de hacer leyendo el nombre de archivo del usuario utilizando `input` como se muestra a continuación:

```python
narchivo = input('Ingresa un nombre de archivo: ')
man_a = open(narchivo)
contador = 0
for linea in man_a:
    if linea.startswith('Subject:'):
        contador = contador + 1
print('Hay', contador, 'líneas de asunto (subject) en', narchivo)

# Código: https://es.py4e.com/code3/search6.py
```

Leemos el nombre de archivo del usuario y lo guardamos en una variable llamada `fname` y abrimos el archivo. Ahora podemos ejecutar el programa repetidamente en diferentes archivos.

```
python search6.py
Ingresa un nombre de archivo: mbox.txt
Hay 1797 líneas de asunto (subject) en mbox.txt

python search6.py
Ingresa un nombre de archivo: mbox-short.txt
Hay 27 líneas de asunto (subject) en mbox-short.txt
```

Antes de mirar la siguiente sección, observa el programa anterior y pregúntate a ti mismo, "¿Qué error podría suceder aquí?" o "¿Qué podría nuestro amigable usuario hacer que cause que nuestro pequeño programa termine no exitosamente con un error, haciéndonos ver no-muy-geniales ante los ojos de nuestros usuarios?"

7.7   Utilizando try, except, y open

Te dije que no miraras. Esta es tu última oportunidad.

¿Qué tal si nuestro usuario escribe algo que no es un nombre de archivo?

```
python search6.py
Ingresa un nombre de archivo: missing.txt
Traceback (most recent call last):
  File "search6.py", line 2, in <module>
    man_a = open(narchivo)
FileNotFoundError: [Errno 2] No such file or directory: 'missing.txt'

python search6.py
Ingresa un nombre de archivo: na na boo boo
Traceback (most recent call last):
```

```
  File "search6.py", line 2, in <module>
    man_a = open(narchivo)
FileNotFoundError: [Errno 2] No such file or directory: 'na na boo boo'
```

No te rías. Los usuarios eventualmente harán cualquier cosa que puedan para estropear tus programas, sea a propósito o sin intenciones maliciosas. De hecho, una parte importante de cualquier equipo de desarrollo de software es una persona o grupo llamado *Quality Assurance* (Control de Calidad) (o QA en inglés) cuyo trabajo es probar las cosas más locas posibles en un intento de hacer fallar el software que el programador ha creado.

El equipo de QA (Control de Calidad) es responsable de encontrar los fallos en los programas antes de éstos sean entregados a los usuarios finales, que podrían comprar nuestro software o pagar nuestro salario por escribirlo. Así que el equipo de QA es el mejor amigo de un programador.

Ahora que vemos el defecto en el programa, podemos arreglarlo de forma elegante utilizando la estructura **try/except**. Necesitamos asumir que la llamada a **open** podría fallar y agregar código de recuperación para ese fallo, así:

```python
narchivo = input('Ingresa un nombre de archivo: ')
try:
    man_a = open(narchivo)
except:
    print('No se puede abrir el archivo:', narchivo)
    exit()
contador = 0
for linea in man_a:
    if linea.startswith('Subject:'):
        contador = contador + 1
print('Hay', contador, 'líneas de asunto (subject) en', narchivo)

# Código: https://es.py4e.com/code3/search7.py
```

La función **exit** termina el programa. Es una función que llamamos que nunca retorna. Ahora cuando nuestro usuario (o el equipo de QA) introduzca algo sin sentido o un nombre de archivo incorrecto, vamos a "capturarlo" y recuperarnos de forma elegante:

```
python search7.py
Ingresa un nombre de archivo: mbox.txt
Hay 1797 líneas de asunto (subject) en mbox.txt

python search7.py
Ingresa un nombre de archivo: na na boo boo
No se puede abrir el archivo: na na boo boo
```

Proteger la llamada a **open** es un buen ejemplo del uso correcto de **try** y **except** en un programa de Python. Utilizamos el término "Pythónico" cuando estamos haciendo algo según el "estilo de Python". Podríamos decir que el ejemplo anterior es una forma Pythónica de abrir un archivo.

Una vez que estés más familiarizado con Python, puedes intercambiar opiniones con otros programadores de Python para decidir cuál de entre dos soluciones equivalentes a un problema es "más Pythónica". El objetivo de ser "más Pythónico" engloba la noción de que programar es en parte ingeniería y en parte arte. No siempre estamos interesados sólo en hacer que algo funcione, también queremos que nuestra solución sea elegante y que sea apreciada como elegante por nuestros compañeros.

7.8   Escritura de archivos

Para escribir en un archivo, tienes que abrirlo en modo "w" (de `write`, escritura) como segundo parámetro:

```
>>> fsal = open('salida.txt', 'w')
>>> print(fsal)
<_io.TextIOWrapper name='salida.txt' mode='w' encoding='cp1252'>
```

Si el archivo ya existía previamente, abrirlo en modo de escritura causará que se borre todo el contenido del archivo, así que ¡ten cuidado! Si el archivo no existe, un nuevo archivo es creado.

El método `write` del manejador de archivos escribe datos dentro del archivo, devolviendo el número de caracteres escritos. El modo de escritura por defecto es texto para escribir (y leer) cadenas.

```
>>> linea1 = "Aquí está el zarzo,\n"
>>> fsal.write(linea1)
24
```

El manejador de archivo mantiene un seguimiento de dónde está, así que si llamas a `write` de nuevo, éste agrega los nuevos datos al final.

Debemos asegurarnos de gestionar los finales de las líneas conforme vamos escribiendo en el archivo, insertando explícitamente el carácter de salto de línea cuando queremos finalizar una línea. La sentencia `print` agrega un salto de línea automáticamente, pero el método `write` no lo agrega de forma automática.

```
>>> linea2 = 'el símbolo de nuestra tierra.\n'
>>> fsal.write(linea2)
24
```

Cuando terminas de escribir, tienes que cerrar el archivo para asegurarte que la última parte de los datos es escrita físicamente en el disco duro, de modo que no se pierdan los datos si la corriente eléctrica se interrumpe.

```
>>> fsal.close()
```

Podríamos cerrar los archivos abiertos para lectura también, pero podemos ser menos rigurosos si sólo estamos abriendo unos pocos archivos puesto que Python se asegura de que todos los archivos abiertos sean cerrados cuando termina el programa. En cambio, cuando estamos escribiendo archivos debemos cerrarlos de forma explícita para no dejar nada al azar.

7.9 Depuración

Cuando estás leyendo y escribiendo archivos, puedes tener problemas con los espacios en blanco. Esos errores pueden ser difíciles de depurar debido a que los espacios, tabuladores, y saltos de línea son invisibles normalmente:

```
>>> s = '1 2\t 3\n 4'
>>> print(s)
1 2  3
 4
```

La función nativa `repr` puede ayudarte. Recibe cualquier objeto como argumento y devuelve una representación del objeto como una cadena. En el caso de las cadenas, representa los espacios en blanco con secuencias de barras invertidas:

```
>>> print(repr(s))
'1 2\t 3\n 4'
```

Esto puede ser útil para depurar.

Otro problema que podrías tener es que diferentes sistemas usan diferentes caracteres para indicar el final de una línea. Algunos sistemas usan un salto de línea, representado como \n. Otros usan un carácter de retorno, representado con \r. Otros usan ambos. Si mueves archivos entre diferentes sistemas, esas inconsistencias podrían causarte problemas.

Para la mayoría de los sistemas, hay aplicaciones que convierten de un formato a otro. Puedes encontrarlas (y leer más acerca de esto) en wikipedia.org/wiki/Newline. O también, por supuesto, puedes escribir una tu mismo.

7.10 Glosario

archivo de texto Una secuencia de caracteres almacenados en un dispositivo de almacenamiento permanente como un disco duro.

capturar (catch) Evitar que una excepción haga terminar un programa, usando las sentencias `try` y `except`.

control de calidad (QA) Una persona o equipo enfocado en asegurar la calidad en general de un producto. El Control de calidad (QA) es frecuentemente encargado de probar un software y encontrar posibles problemas antes de que el software sea lanzado.

pythónico Una técnica que funciona de forma elegante en Python. "Utilizar try y except es la forma *Pythónica* de gestionar los archivos inexistentes".

salto de línea Un carácter especial utilizado en archivos y cadenas para indicar el final de una línea.

7.11   Ejercicios

Ejercicio 1: Escribe un programa que lea un archivo e imprima su contenido (línea por línea), todo en mayúsculas. Al ejecutar el programa, debería parecerse a esto:

```
python shout.py
Ingresa un nombre de archivo: mbox-short.txt
FROM STEPHEN.MARQUARD@UCT.AC.ZA SAT JAN  5 09:14:16 2008
RETURN-PATH: <POSTMASTER@COLLAB.SAKAIPROJECT.ORG>
RECEIVED: FROM MURDER (MAIL.UMICH.EDU [141.211.14.90])
    BY FRANKENSTEIN.MAIL.UMICH.EDU (CYRUS V2.3.8) WITH LMTPA;
    SAT, 05 JAN 2008 09:14:16 -0500
```

Puedes descargar el archivo desde www.py4e.com/code3/mbox-short.txt

Ejercicio 2: Escribe un programa que solicite un nombre de archivo y después lea ese archivo buscando las líneas que tengan la siguiente forma:

```
X-DSPAM-Confidence: 0.8475
```

**Cuando encuentres una línea que comience con "X-DSPAM-Confidence:" ponla aparte para extraer el número decimal de la línea. Cuenta esas líneas y después calcula el total acumulado de los valores de "spam-confidence". Cuando llegues al final del archivo, imprime el valor medio de "spam confidence".

```
Ingresa un nombre de archivo: mbox.txt
Promedio spam confidence: 0.894128046745

Ingresa un nombre de archivo: mbox-short.txt
Promedio spam confidence: 0.750718518519
```

Prueba tu programa con los archivos *mbox.txt* y *mbox-short.txt*.

Ejercicio 3: Algunas veces cuando los programadores se aburren o quieren divertirse un poco, agregan un inofensivo *Huevo de Pascua* a su programa. Modifica el programa que pregunta al usuario por el nombre de archivo para que imprima un mensaje divertido cuando el usuario escriba "na na boo boo" como nombre de archivo. El programa debería funcionar normalmente para cualquier archivo que exista o no exista. Aquí está un ejemplo de la ejecución del programa:

```
python huevo.py
Ingresa un nombre de archivo: mbox.txt
Hay 1797 líneas subject en mbox.txt

python huevo.py
Ingresa un nombre de archivo: inexistente.tyxt
El archivo no puede ser abierto: inexistente.tyxt

python huevo.py
Ingresa un nombre de archivo: na na boo boo
NA NA BOO BOO PARA TI - Te he atrapado!
```

No te estamos aconsejando poner Huevos de Pascua en tus programas;
es sólo un ejercicio.

Chapter 8

Listas

8.1   Una lista es una secuencia

Así como una cadena, una *lista* es una secuencia de valores. En una cadena, los valores son caracteres; en una lista, pueden ser cualquier tipo. Los valores en una lista son llamados *elementos* o a veces *ítems*.

Hay varias formas de crear una nueva lista; la más simple es encerrar los elementos en corchetes ("[" y "]"):

```
[10, 20, 30, 40]
['rana crujiente', 'vejiga de carnero', 'vómito de alondra']
```

El primer ejemplo es una lista de 4 enteros. La segunda es una lista de tres cadenas. Los elementos de una lista no tienen que ser del mismo tipo. La siguiente lista contiene una cadena, un flotante, un entero, y (¡mira!) otra lista:

```
['spam', 2.0, 5, [10, 20]]
```

Una lista dentro de otra lista está *anidada*.

Una lista que no contiene elementos es llamada una lista vacía; puedes crear una con corchetes vacíos, [].

Como puedes ver, puedes asignar los valores de una lista a variables:

```
>>> quesos = ['Cheddar', 'Edam', 'Gouda']
>>> numeros = [17, 123]
>>> vacia = []
>>> print(quesos, numeros, vacia)
['Cheddar', 'Edam', 'Gouda'] [17, 123] []
```

8.2   Las listas son mutables

La sintaxis para accesar elementos de una lista es la misma que para accesar
los caracteres de una cadena: el operador corchete. La expresión dentro de los
corchetes específica el índice. Recordemos que los índices empiezan en 0:

```
>>> print(quesos[0])
Cheddar
```

A diferencia de las cadenas, las listas son mutables porque pueden cambiar el
orden de los elementos en una lista o reasignar un elemento en una lista. Cuando
el operador corchete aparece en el lado izquierdo de una asignación, éste identifica
el elemento de la lista que será asignado.

```
>>> numeros = [17, 123]
>>> numeros[1] = 5
>>> print(numeros)
[17, 5]
```

El elemento en la posición uno de **numeros**, el cual solía ser 123, es ahora 5.

Puedes pensar en una lista como una relación entre índices y elementos. Esta
relación es llamada *mapeo*; cada índice "mapea a" uno de los elementos.

Los índices en una lista funcionan de la misma manera que los índices de una
cadena:

- Cualquier forma de entero puede ser utilizada como índice.

- Si tratas de leer o escribir un elemento que no existe, obtendrás un
  `IndexError`.

- Si un índice tiene un valor negativo, éste cuenta hacia atrás desde el final de
  la lista.

El operador **in** funciona también en listas.

```
>>> quesos = ['Cheddar', 'Edam', 'Gouda']
>>> 'Edam' in quesos
True
>>> 'Brie' in quesos
False
```

8.3   Recorriendo una lista

La forma más común de recorrer los elementos de una lista es con un bucle `for`.
La sintaxis es la misma que para las cadenas:

```
for queso in quesos:
    print(queso)
```

Esto funciona bien si solamente necesitas leer los elementos de la lista. Pero si quieres escribir o actualizar los elementos, necesitas los índices. Una forma común de hacer eso es combinando las funciones **range** y **len**:

```
for i in range(len(numeros)):
    numeros[i] = numeros[i] * 2
```

Este bucle recorre la lista y actualiza cada elemento. **len** regresa el número de elementos en una lista. **range** regresa una lista de índices desde 0 hasta $n - 1$, donde n es la longitud de la lista. Cada vez que pasa a través del recorrido, i obtiene el índice del siguiente elemento. La sentencia de asignación dentro del bucle utiliza i para leer el valor original del elemento y asignar un nuevo valor.

Un bucle **for** a través de una lista vacía nunca ejecuta el código contenido en el cuerpo:

```
for x in vacia:
    print('Esto nunca sucede.')
```

Aunque una lista puede contener otra lista, las listas anidadas siguen contando como un solo elemento. El tamaño de esta lista es cuatro:

```
['spam', 1, ['Brie', 'Roquefort', 'Pol le Veq'], [1, 2, 3]]
```

8.4 Operaciones de listas

El operador + concatena listas:

```
>>> a = [1, 2, 3]
>>> b = [4, 5, 6]
>>> c = a + b
>>> print(c)
[1, 2, 3, 4, 5, 6]
```

De igual forma, el operador * repite una lista un determinado número de veces:

```
>>> [0] * 4
[0, 0, 0, 0]
>>> [1, 2, 3] * 3
[1, 2, 3, 1, 2, 3, 1, 2, 3]
```

En el primer ejemplo se repite cuatro veces. En el segundo ejemplo se repite la lista tres veces.

8.5   Rebanado de listas

El operador de rebanado también funciona en listas:

```
>>> t = ['a', 'b', 'c', 'd', 'e', 'f']
>>> t[1:3]
['b', 'c']
>>> t[:4]
['a', 'b', 'c', 'd']
>>> t[3:]
['d', 'e', 'f']
```

Si omites el primer índice, el rebanado comienza desde el inicio de la lista. Si omites el segundo, el rebanado se va hasta el final. Así que si omites ambos, el rebanado es una copia de la lista completa.

```
>>> t[:]
['a', 'b', 'c', 'd', 'e', 'f']
```

Como las listas son mutables, a veces es útil hacer una copia antes de hacer operaciones que doblan, pegan, o cortan listas.

Un operador de rebanado al lado izquierdo de una asignación puede actualizar múltiples elementos:

```
>>> t = ['a', 'b', 'c', 'd', 'e', 'f']
>>> t[1:3] = ['x', 'y']
>>> print(t)
['a', 'x', 'y', 'd', 'e', 'f']
```

8.6   Métodos de listas

Python provee métodos que operan en listas. Por ejemplo, append agrega un nuevo elemento al final de una lista:

```
>>> t = ['a', 'b', 'c']
>>> t.append('d')
>>> print(t)
['a', 'b', 'c', 'd']
```

extend toma una lista como argumento y agrega todos los elementos:

```
>>> t1 = ['a', 'b', 'c']
>>> t2 = ['d', 'e']
>>> t1.extend(t2)
>>> print(t1)
['a', 'b', 'c', 'd', 'e']
```

Este ejemplo deja `t2` sin modificar.

`sort` ordena los elementos de la lista de menor a mayor:

```
>>> t = ['d', 'c', 'e', 'b', 'a']
>>> t.sort()
>>> print(t)
['a', 'b', 'c', 'd', 'e']
```

La mayoría de métodos no regresan nada; modifican la lista y regresan **None**. Si accidentalmentes escribes `t = t.sort()`, vas a decepcionarte con el resultado.

8.7   Eliminando elementos

Hay varias formas de eliminar elementos de una lista. Si sabes el índice del elemento que quieres, puedes usar `pop`:

```
>>> t = ['a', 'b', 'c']
>>> x = t.pop(1)
>>> print(t)
['a', 'c']
>>> print(x)
b
```

`pop` modifica la lista y regresa el elemento que fue removido. Si no provees un índice, la función elimina y retorna el último elemento.

Si no necesitas el valor removido, puedes usar el operador **del**:

```
>>> t = ['a', 'b', 'c']
>>> del t[1]
>>> print(t)
['a', 'c']
```

Si sabes qué elemento quieres remover (pero no sabes el índice), puedes usar **remove**:

```
>>> t = ['a', 'b', 'c']
>>> t.remove('b')
>>> print(t)
['a', 'c']
```

El valor de retorno de **remove** es **None**.

Para remover más de un elemento, puedes usar **del** con un índice de rebanado:

```
>>> t = ['a', 'b', 'c', 'd', 'e', 'f']
>>> del t[1:5]
>>> print(t)
['a', 'f']
```

Como siempre, el rebanado selecciona todos los elementos hasta, pero excluyendo, el segundo índice.

8.8   Listas y funciones

Hay un cierto número funciones internas que pueden ser utilizadas en las listas que
te permiten mirar rápidamente a través de una lista sin escribir tus propios bucles:

```
>>> nums = [3, 41, 12, 9, 74, 15]
>>> print(len(nums))
6
>>> print(max(nums))
74
>>> print(min(nums))
3
>>> print(sum(nums))
154
>>> print(sum(nums)/len(nums))
25
```

La función **sum()** solamente funciona cuando los elementos de la lista son números.
Las otras funciones (**max()**, **len()**, etc.) funcionan con listas de cadenas y otros
tipos que pueden ser comparados entre sí.

Podríamos reescribir un programa anterior que calculaba el promedio de una lista
de números ingresados por el usuario utilizando una lista.

Primero, el programa para calcular un promedio sin una lista:

```
total = 0
contador = 0
while (True):
    inp = input('Ingresa un número: ')
    if inp == 'fin': break
    valor = float(inp)
    total = total + valor
    contador = contador + 1

promedio = total / contador
print('Promedio:', promedio)

# Código: https://es.py4e.com/code3/avenum.py
```

En este programa, tenemos las variables **contador** y **total** para almacenar la
cantidad y el total actual de los números del usuario según el usuario va ingresando
los números repetidamente.

Podríamos simplemente recordar cada número como el número lo ingresó, y utilizar
funciones internas para calcular la suma y el total de números al final.

```
numlista = list()
while (True):
    inp = input('Ingresa un número: ')
    if inp == 'fin': break
```

```
    valor = float(inp)
    numlista.append(valor)

promedio = sum(numlista) / len(numlista)
print('Promedio:', promedio)

# Código: https://es.py4e.com/code3/avelist.py
```

Creamos una lista vacía antes de que comience el bucle, y luego cada vez que tengamos un número, lo agregamos a la lista. Al final del programa, simplemente calculamos la suma de los números en la lista y la dividimos por el total de números en la lista para obtener el promedio.

8.9 Listas y cadenas

Una cadena es una secuencia de caracteres y una lista es una secuencia de valores, pero una lista de caracteres no es lo mismo que una cadena. Para convertir una cadena en una lista de caracteres, puedes usar `list`:

```
>>> s = 'spam'
>>> t = list(s)
>>> print(t)
['s', 'p', 'a', 'm']
```

Debido a que `list` es el nombre de una función interna, debes evitar usarla como un nombre de variable. Yo trato de evitar también la letra "l" porque se parece mucho al número "1". Así que por eso utilizo "t".

La función `list` divide una cadena en letras individuales. Si quieres dividir una cadena en palabras, puedes utilizar el método `split`:

```
>>> s = 'suspirando por los fiordos'
>>> t = s.split()
>>> print(t)
['suspirando', 'por', 'los', 'fiordos']
>>> print(t[2])
the
```

Una vez que hayas utilizado `split` para dividir una cadena en una lista de palabras, puedes utilizar el operador índice (corchetes) para ver una palabra en particular en la lista.

Puedes llamar `split` con un argumento opcional llamado *delimitador* que especifica qué caracteres usar para delimitar las palabras. El siguiente ejemplo utiliza un guión medio como delimitador:

```
>>> s = 'spam-spam-spam'
>>> delimiter = '-'
>>> s.split(delimiter)
['spam', 'spam', 'spam']
```

`join` es el inverso de `split`. Este toma una lista de cadenas y concatena los elementos. `join` es un método de cadenas, así que tienes que invocarlo en el delimitador y pasar la lista como un parámetro:

```
>>> t = ['suspirando', 'por', 'los', 'fiordos']
>>> delimiter = ' '
>>> delimiter.join(t)
'suspirando por los fiordos'
```

En este caso el delimitador es un caracter de espacio, así que `join` agrega un espacio entre las palabras. Para concatenar cadenas sin espacios, puedes usar la cadena vacía, `""`, como delimitador.

8.10   Analizando líneas

Normalmente cuando estamos leyendo un archivo queremos hacer algo con las líneas que no sea solamente imprimir las líneas como son. Frecuentemente queremos encontrar las "líneas interesantes" y después *analizar* la línea para encontrar alguna "parte interesante" en la línea. ¿Qué tal si quisiéramos imprimir el día de la semana de las líneas que comienzan con "From"?

```
From stephen.marquard@uct.ac.za Sat Jan  5 09:14:16 2008
```

El método `split` es muy efectivo cuando nos encontramos este tipo de problemas. Podemos escribir un pequeño programa que busca líneas donde la línea comienza con "From", `split` (dividir) esas líneas, y finalmente imprimir la tercer palabra de la línea:

```python
man_a = open('mbox-short.txt')
for linea in man_a:
    linea = linea.rstrip()
    if not linea.startswith('From '): continue
    palabras = linea.split()
    print(palabras[2])

# Código: https://es.py4e.com/code3/search5.py
```

El programa produce lo siguiente:

```
Sat
Fri
Fri
Fri
...
```

Más tarde, aprenderemos técnicas muy sofisticadas para obtener las líneas que queremos para trajar sobre ellas y cómo sacar el fragmento exacto de información que estamos buscando.

Figure 8.1: Variables y objetos

8.11 Objetos y valores

Si ejecutamos las siguientes sentencias de asignación:

```
a = 'banana'
b = 'banana'
```

sabemos que ambos `a` y `b` se refieren a una cadena, pero no sabemos si se refieren o apuntan a la *misma* cadena. Hay dos estados posibles:

Por un lado, `a` y `b` se refieren a dos objetos diferentes que tienen el mismo valor. Por otro lado, apuntan al mismo objeto.

Para revisar si dos variables apuntan al mismo objeto, puedes utilizar el operador `is`.

```
>>> a = 'banana'
>>> b = 'banana'
>>> a is b
True
```

En este ejemplo, Python solamente creó un objeto de cadena, y ambos `a` y `b` apuntan a él.

Pero cuando creas dos listas, obtienes dos objetos diferentes:

```
>>> a = [1, 2, 3]
>>> b = [1, 2, 3]
>>> a is b
False
```

En este caso podríamos decir que las dos listas son *equivalentes*, porque tienen los mismos elementos, pero no *idénticas*, porque no son el mismo objeto. Si dos objetos son idénticos, son también equivalentes, pero si son equivalentes, no son necesariamente idénticos.

Hasta ahora, hemos estado usando "objeto" y "valor" de forma intercambiable, pero es más preciso decir que un objeto tiene un valor. Si ejecutas `a = [1,2,3]`, `a` se refiere a una lista de objetos cuyo valor es una secuencia particular de elementos. Si otra lista tiene los mismos elementos, diríamos que tiene el mismo valor.

8.12   Alias

Si a se refiere a un objecto y tu asignasb = a, entonces ambas variables se refieren
al mismo objeto:

```
>>> a = [1, 2, 3]
>>> b = a
>>> b is a
True
```

La asociación de una variable a un objeto es llamada una *referencia*. En este
ejemplo, hay dos referencias al mismo objeto.

Un objeto con más de una referencia tiene más de un nombre, así que decimos que
el objeto es un *alias*.

Si el alias del objeto es mutable, los cambios hechos a un alias afectan al otro:

```
>>> b[0] = 17
>>> print(a)
[17, 2, 3]
```

Aunque este comportamiento puede ser útil, es propenso a errores. En general, es
más seguro evitar usar alias cuando estás trabajando con objetos mutables.

Para objetos inmutables como cadenas, los alias no son un problema realmente.
En este ejemplo:

```
a = 'banana'
b = 'banana'
```

casi nunca hay diferencia si a y b apuntan a la misma cadena o no.

8.13   Listas como argumentos

Cuando pasas una lista a una función, la función obtiene un apuntador a la lista.
Si la función modifica un parámetro de la lista, el código que ha llamado la función
también verá el cambio. Por ejemplo, `remover_primero` elimina el primer elemento
de una lista:

```
def remover_primero(t):
    del t[0]
```

Aquí está el ejemplo de cómo se usa:

```
>>> letras = ['a', 'b', 'c']
>>> remover_primero(letras)
>>> print(letras)
['b', 'c']
```

El parámetro `t` y la variable `letras` son alias para el mismo objeto.

Es importante distinguir entre operaciones que modifican listas y operaciones que crean nuevas listas. Por ejemplo, el método `append` modifica una lista, pero el operador `+` crea una nueva lista:

```
>>> t1 = [1, 2]
>>> t2 = t1.append(3)
>>> print(t1)
[1, 2, 3]
>>> print(t2)
None

>>> t3 = t1 + [3]
>>> print(t3)
[1, 2, 3]
>>> t2 is t3
False
```

Esta diferencia es importante cuando escribes funciones que no están destinadas a modificar listas. Por ejemplo, esta función *no* elimina el primer elemento de una lista:

```
def mal_eliminar_primero(t):
    t = t[1:]            # ¡EQUIVOCADO!
```

El operador de rebanado crea una nueva lista y el asignamiento hace que `t` apunte a la lista, pero nada de esto tiene efecto en la lista que fue pasada como argumento.

Una alternativa es escribir una función que cree y regrese una nueva lista. Por ejemplo, `cola` regresa todo excepto el primer elemento de una lista:

```
def cola(t):
    return t[1:]
```

Esta función deja la lista original sin modificar. Aquí está como es que se usa:

```
>>> letras = ['a', 'b', 'c']
>>> resto = cola(letras)
>>> print(resto)
['b', 'c']
```

**Ejercicio 1: Escribe una función llamada `recortar` que toma una lista y la modifica, removiendo el primer y último elemento, y regresa `None`. Después escribe una función llamada `medio` que toma una lista y regresa una nueva lista que contiene todo excepto el primero y último elementos.

8.14   Depuración

El uso descuidado de listas (y otros objetos mutables) puede llevar a largas horas
de depuración. Aquí están algumos de los errores más comunes y las formas de
evitarlos:

1. No olvides que la mayoría de métodos de listas modifican el argumento y
   regresan **None**. Esto es lo opuesto a los métodos de cadenas, que regresan
   una nueva cadena y dejan la original sin modificar.

   Si estás acostumbrado a escribir código de cadenas como este:

   ```
   palabra = palabra.strip()
   ```

   Estás propenso a escribir código de listas como este:

   ```
   t = t.sort()            # ¡EQUIVOCADO!
   ```

   Debido a que **sort** regresa **None**, la siguiente operación que hagas con **t** es
   probable que falle.

   Antes de usar métodos y operadores de listas, deberías leer la documentación
   cuidadosamente y después probarlos en modo interactivo. Los métodos y
   operadores que las listas comparten con otras secuencias (como cadenas)
   están documentados en:

   docs.python.org/library/stdtypes.html#common-sequence-operations

   Los métodos y operadores que solamente aplican a secuencias mutables están
   documentados en:

   docs.python.org/library/stdtypes.html#mutable-sequence-types

2. Elige un estilo y apégate a él.

   Parte del problema con listas es que hay demasiadas formas de hacer las
   cosas. Por ejemplo, para remover un elemento de una lista, puedes utilizar
   pop, **remove**, **del**, o incluso una asignación por rebanado.

   Para agregar un elemento, puedes utilizar el método **append** o el operador **+**.
   Pero no olvides que esos también son correctos:

   ```
   t.append(x)
   t = t + [x]
   ```

   Y esos son incorrectos:

   ```
   t.append([x])           # ¡EQUIVOCADO!
   t = t.append(x)         # ¡EQUIVOCADO!
   t + [x]                 # ¡EQUIVOCADO!
   t = t + x               # ¡EQUIVOCADO!
   ```

   Prueba cada uno de esos ejemplos en modo interactivo para asegurarte que
   entiendes lo que hacen. Nota que solamente la última provoca un error en
   tiempo de ejecución (runtime error); los otros tres son válidos, pero hacen la
   función equivocada.

3. Hacer copias para evitar alias.

   Si quieres utilizar un método como `sort` que modifica el argumento, pero necesitas mantener la lista original también, puedes hacer una copia.

```
orig = t[:]
t.sort()
```

   En este ejemplo podrías tambien usar la función interna `sorted`, la cual regresa una lista nueva y ordenada, y deja la original sin modificar. ¡Pero en ese caso deberías evitar usar `sorted` como un nombre de variable!

4. Listas, `split`, y archivos

   Cuando leemos y analizamos archivos, hay muchas oportunidades de encontrar entradas que pueden hacer fallar a nuestro programa, así que es una buena idea revisar el patrón *guardián* cuando escribimos programas que leen a través de un archivo y buscan una "aguja en un pajar".

   Vamos a revisar nuestro programa que busca por el día de la semana en las líneas que contienen "from" en el archivo":

```
From stephen.marquard@uct.ac.za Sat Jan  5 09:14:16 2008
```

   Puesto que estamos dividiendo esta línea en palabras, podríamos apañarnos con el uso de `startswith` y simplemente buscar la primer palabra de la línea para determinar si estamos interesados en esa línea o no. Podemos usar `continue` para saltarnos líneas que no tienen "From" como la primer palabra, tal como sigue:

```
manejador = open('mbox-short.txt')
for linea in manejador:
    palabras = linea.split()
    if palabras[0] != 'From' : continue
    print(palabras[2])
```

   Esto se ve mucho más simple y ni siquiera necesitamos hacer `rstrip` para remover el salto de línea al final del archivo. Pero, ¿es mejor?

```
python search8.py
Sat
Traceback (most recent call last):
  File "search8.py", line 5, in <module>
    if palabras[0] != 'From' : continue
IndexError: list index out of range
```

   De alguna manera funciona y vemos el día de la primer línea (Sat), pero luego el programa falla con un error. ¿Qué fue lo que falló? ¿Qué datos estropearon e hicieron fallar a nuestro elegante, inteligente, y muy Pythónico programa?

   Puedes mirar el código por un largo tiempo y tratar de resolverlo o preguntar a alguien más, pero el método más rápido e inteligente es agregar una sentencia `print`. El mejor lugar para agregar la sentencia "print" es justo antes de la línea donde el programa falló, e imprimir los datos que parece que causan la falla.

Ahora bien, este método podría generar muchas líneas de salida, pero al menos tendrás inmediatamente alguna pista de cuál es el problema. Así que agregamos un print a la variable **palabras** justo antes de la línea cinco. Incluso podemos agregar un prefijo "Depuración:" a la línea de modo que mantenemos nuestra salida regular separada de la salida de mensajes de depuración.

```
for linea in manejador:
    palabras = line.split()
    print('Depuración:', palabras)
    if palabras[0] != 'From' : continue
    print(palabras[2])
```

Cuando ejecutamos el programa, se generan muchos mensajes de salida en la pantalla, pero al final, vemos nuestra salida de depuración y el mensaje de error, de modo que sabemos qué sucedió justo antes del error.

```
Debug: ['X-DSPAM-Confidence:', '0.8475']
Debug: ['X-DSPAM-Probability:', '0.0000']
Debug: []
Traceback (most recent call last):
  File "search9.py", line 6, in <module>
    if palabras[0] != 'From' : continue
IndexError: list index out of range
```

Cada línea de depuración imprime la lista de palabras que obtuvimos cuando la función **split** dividió la línea en palabras. Cuando el programa falla, la lista de palabras está vacía **[]**. Si abrimos el archivo en un editor de texto y miramos el archivo, en ese punto se ve lo siguiente:

```
X-DSPAM-Result: Innocent
X-DSPAM-Processed: Sat Jan  5 09:14:16 2008
X-DSPAM-Confidence: 0.8475
X-DSPAM-Probability: 0.0000

Details: http://source.sakaiproject.org/viewsvn/?view=rev&rev=39772
```

¡El error ocurre cuando nuestro programa encuentra una línea vacía! Por supuesto, hay "cero palabras" en una lista vacía. ¿Por qué no pensamos en eso cuando estábamos escribiendo el código? Cuando el código busca la primera palabra (**palabras[0]**) para revisar si coincide con "From", obtenemos un error "index out of range" (índice fuera de rango).

Este es, por supuesto, el lugar perfecto para agregar algo de *código guardián* para evitar revisar la primer palabra si la primer palabra no existe. Hay muchas maneras de proteger este código; vamos a optar por revisar el número de palabras que tenemos antes de mirar a la primer palabra:

```
manejador = open('mbox-short.txt')
contador = 0
```

```python
for linea in manejador:
    palabras = linea.split()
    # print 'Depuración:', palabras
    if len(palabras) == 0 : continue
    if palabras[0] != 'From' : continue
    print(palabras[2])
```

Primero comentamos la sentencia de depuración en vez de removerla, en caso
de que nuestra modificación falle y tengamos que depurar de nuevo. Luego,
agregamos una sentencia guardián que revisa si tenemos cero palabras, y
si así fuera, utilizamos `continue` para saltarnos a la siguiente línea en el
archivo.

Podemos pensar en las dos sentencias `continue` para ayudarnos a redefinir
el juego de líneas que son "interesantes" para nosotros y cuáles queremos
procesar más. Una línea que no tenga palabras "no es interesante" para
nosotros así que saltamos a la siguiente línea. Una línea que no tenga "From"
como su primera palabra tampoco nos interesa así que la saltamos.

El programa modificado ejecuta exitosamente, así que quizás es correcto.
Nuestra sentencia guardián se asegura de que `palabras[0]` nunca falle, pero
quizá no sea suficiente. Cuando estamos programando, siempre debemos
pensar, "¿qué podría salir mal?"

**Ejercicio 2: Encontrar que línea del programa de arriba no está prote-
gida (método guardián) propiamente. Trata de construir un archivo de
texto que cause que el programa falle y después modifica el programa de
modo que la línea es propiamente protegida y pruébalo para asegurarte
que el programa es capaz de manejar tu nuevo archivo de texto.**

**Ejercicio 3: Reescribe el código guardián en el ejemplo de arriba sin las
dos sentencias if. En vez de eso, utiliza una expresión lógica compuesta
utilizando el operador lógico or con una sola sentencia if.**

8.15   Glosario

alias Una circunstancia donde dos o más variables apuntan al mismo objeto.

delimitador Un caracter o cadena utilizado para indicar dónde una cadena debe
    ser dividida.

elemento Uno de los valores en una lista (u otra secuencia); también llamados
    ítems.

equivalente Que tiene el mismo valor.

idéntico Ser el mismo objeto (lo cual implica equivalencia).

índice Un valor entero que indica un elemento en una lista.

lista Una secuencia de valores.

lista anidada Una lista que es uno de los elementos de otra lista.

objeto Algo a lo que una variable puede referirse. Un objeto tiene un tipo y un
    valor.

recorrido de lista Acceso secuencial a cada elemento de una lista.

referencia La asociación entre una variable y su valor.

8.16   Ejercicios

Ejercicio 4: Descargar una copia de un archivo www.py4e.com/code3/romeo.txt.
Escribir un programa para abrir el archivo *romeo.txt* y leerlo línea
por línea. Para cada línea, dividir la línea en una lista de palabras
utilizando la función split. Para cada palabra, revisar si la palabra ya
se encuentra previamente en la lista. Si la palabra no está en la lista,
agregarla a la lista. Cuando el programa termine, ordenar e imprimir
las palabras resultantes en orden alfabético.

```
Ingresar nombre de archivo: romeo.txt
['Arise', 'But', 'It', 'Juliet', 'Who', 'already',
'and', 'breaks', 'east', 'envious', 'fair', 'grief',
'is', 'kill', 'light', 'moon', 'pale', 'sick', 'soft',
'sun', 'the', 'through', 'what', 'window',
'with', 'yonder']
```

Ejercicio 5: Escribir un programa para leer a través de datos de una ban-
deja de entrada de correo y cuando encuentres una línea que comience
con "From", dividir la línea en palabras utilizando la función split.
Estamos interesados en quién envió el mensaje, lo cual es la segunda
palabra en las líneas que comienzan con From.

```
From stephen.marquard@uct.ac.za Sat Jan 5 09:14:16 2008
```

Tendrás que analizar la línea From e imprimir la segunda palabra de
cada línea From, después tendrás que contar el número de líneas From
(no incluir From:) e imprimir el total al final. Este es un buen ejemplo
de salida con algunas líneas de salida removidas:

```
python fromcuenta.py
Ingresa un nombre de archivo: mbox-short.txt
stephen.marquard@uct.ac.za
louis@media.berkeley.edu
zqian@umich.edu

[...líneas de salida removidas...]

ray@media.berkeley.edu
cwen@iupui.edu
cwen@iupui.edu
cwen@iupui.edu
Hay 27 lineas en el archivo con la palabra From al inicio
```

Ejercicio 6: Reescribe el programa que pide al usuario una lista de
números e imprime el máximo y el mínimo de los números al final cuando
el usuario ingresa "hecho". Escribe el programa para almacenar los
números que el usuario ingrese en una lista, y utiliza las funciones max()
y min() para calcular el máximo y el mínimo después de que el bucle
termine.

```
Ingresa un número: 6
Ingresa un número: 2
Ingresa un número: 9
Ingresa un número: 3
Ingresa un número: 5
Ingresa un número: hecho
Máximo: 9.0
Minimo: 2.0
```

Chapter 9

Diccionarios

Un *diccionario* es como una lista, pero más general. En una lista, los índices de posiciones tienen que ser enteros; en un diccionario, los índices pueden ser (casi) cualquier tipo.

Puedes pensar en un diccionario como una asociación entre un conjunto de índices (que son llamados *claves*) y un conjunto de valores. Cada clave apunta a un valor. La asociación de una clave y un valor es llamada *par clave-valor* o a veces *elemento*.

Como ejemplo, vamos a construir un diccionario que asocia palabras de Inglés a Español, así que todas las claves y los valores son cadenas.

La función `dict` crea un nuevo diccionario sin elementos. Debido a que `dict` es el nombre de una función interna, deberías evitar usarlo como un nombre de variable.

```
>>> eng2sp = dict()
>>> print(eng2sp)
{}
```

Las llaves, {}, representan un diccionario vacío. Para agregar elementos a un diccionario, puedes utilizar corchetes:

```
>>> eng2sp['one'] = 'uno'
```

Esta línea crea un elemento asociando a la clave `'one'` el valor "uno". Si imprimimos el diccionario de nuevo, vamos a ver un par clave-valor con dos puntos entre la clave y el valor:

```
>>> print(eng2sp)
{'one': 'uno'}
```

Este formato de salida es también un formato de entrada. Por ejemplo, puedes crear un nuevo diccionario con tres elementos. Pero si imprimes `eng2sp`, te vas a sorprender:

```
>>> eng2sp = {'one': 'uno', 'two': 'dos', 'three': 'tres'}
>>> print(eng2sp)
{'one': 'uno', 'three': 'tres', 'two': 'dos'}
```

El orden de los pares clave-elemento no es el mismo. De hecho, si tu escribes este mismo ejemplo en tu computadora, podrías obtener un resultado diferente. En general, el orden de los elementos en un diccionario es impredecible.

Pero ese no es un problema porque los elementos de un diccionario nunca son indexados con índices enteros. En vez de eso, utilizas las claves para encontrar los valores correspondientes:

```
>>> print(eng2sp['two'])
'dos'
```

La clave `'two'` siempre se asocia al valor "dos", así que el orden de los elementos no importa.

Si la clave no está en el diccionario, obtendrás una excepción (exception):

```
>>> print(eng2sp['four'])
KeyError: 'four'
```

La función `len` funciona en diccionarios; ésta regresa el número de pares clave-valor:

```
>>> len(eng2sp)
3
```

El operador `in` funciona en diccionarios; éste te dice si algo aparece como una *clave* en el diccionario (aparecer como valor no es suficiente).

```
>>> 'one' in eng2sp
True
>>> 'uno' in eng2sp
False
```

Para ver si algo aparece como valor en un diccionario, puedes usar el método `values`, el cual retorna los valores como una lista, y después puedes usar el operador `in`:

```
>>> vals = list(eng2sp.values())
>>> 'uno' in vals
True
```

El operador `in` utiliza diferentes algoritmos para listas y diccionarios. Para listas, utiliza un algoritmo de búsqueda lineal. Conforme la lista se vuelve más grande, el tiempo de búsqueda se vuelve más largo en proporción al tamaño de la lista. Para diccionarios, Python utiliza un algoritmo llamado *tabla hash* (hash table, en inglés) que tiene una propiedad importante: el operador **in** toma la misma cantidad de tiempo sin importar cuántos elementos haya en el diccionario. No voy a explicar porqué las funciones hash son tan mágicas, pero puedes leer más al respecto en es.wikipedia.org/wiki/Tabla_hash.

Ejercicio 1: Descargar una copia del archivo www.py4e.com/code3/words.txt

Escribe un programa que lee las palabras en *words.txt* y las almacena como claves en un diccionario. No importa qué valores tenga. Luego puedes utilizar el operador in como una forma rápida de revisar si una cadena está en el diccionario.

9.1　Diccionario como un conjunto de contadores

Supongamos que recibes una cadena y quieres contar cuántas veces aparece cada letra. Hay varias formas en que puedes hacerlo:

1. Puedes crear 26 variables, una por cada letra del alfabeto. Luego puedes recorrer la cadena, y para cada caracter, incrementar el contador correspondiente, probablemente utilizando varios condicionales.

2. Puedes crear una lista con 26 elementos. Después podrías convertir cada caracter en un número (usando la función interna **ord**), usar el número como índice dentro de la lista, e incrementar el contador correspondiente.

3. Puedes crear un diccionario con caracteres como claves y contadores como los valores correspondientes. La primera vez que encuentres un caracter, agregarías un elemento al diccionario. Después de eso incrementarías el valor del elemento existente.

Cada una de esas opciones hace la misma operación computacional, pero cada una de ellas implementa esa operación en forma diferente.

Una *implementación* es una forma de llevar a cabo una operación computacional; algunas implementaciones son mejores que otras. Por ejemplo, una ventaja de la implementación del diccionario es que no tenemos que saber con antelación qué letras aparecen en la cadena y solamente necesitamos espacio para las letras que sí aparecen.

Aquí está un ejemplo de como se vería ese código:

```python
palabra = 'brontosaurio'
d = dict()
for c in palabra:
    if c not in d:
        d[c] = 1
    else:
        d[c] = d[c] + 1
print(d)
```

Realmente estamos calculando un *histograma*, el cual es un término estadístico para un conjunto de contadores (o frecuencias).

El bucle `for` recorre la cadena. Cada vez que entramos al bucle, si el caracter c no está en el diccionario, creamos un nuevo elemento con la clave c y el valor inicial 1 (debido a que hemos visto esta letra solo una vez). Si c ya está previamente en el diccionario incrementamos `d[c]`.

Aquí está la salida del programa:

```
{'b': 1, 'r': 2, 'o': 3, 'n': 1, 't': 1, 's': 1, 'a': 1, 'u': 1, 'i': 1}
```

El histograma indica que las letras "a" y "b" aparecen solo una vez; "o" aparece dos, y así sucesivamente.

Los diccionarios tienen un método llamado `get` que toma una clave y un valor por defecto. Si la clave aparece en el diccionario, `get` regresa el valor correspondiente; si no, regresa el valor por defecto. Por ejemplo:

```
>>> cuentas = { 'chuck' : 1 , 'annie' : 42, 'jan': 100}
>>> print(cuentas.get('jan', 0))
100
>>> print(cuentas.get('tim', 0))
0
```

Podemos usar `get` para escribir nuestro bucle de histograma más conciso. Puesto que el método `get` automáticamente maneja el caso en que una clave no está en el diccionario, podemos reducir cuatro líneas a una y eliminar la sentencia `if`.

```
palabra = 'brontosaurio'
d = dict()
for c in palabra:
    d[c] = d.get(c,0) + 1
print(d)
```

El uso del método `get` para simplificar este bucle contador termina siendo un "idioma" muy utilizado en Python y vamos a utilizarlo muchas veces en el resto del libro. Así que deberías tomar un momento para comparar el bucle utilizando la sentencia `if` y el operador `in` con el bucle utilizando el método `get`. Ambos hacen exactamente lo mismo, pero uno es más breve.

9.2   Diccionarios y archivos

Uno de los usos más comunes de un diccionario es contar las ocurrencias de palabras en un archivo con algún texto escrito. Vamos comenzando con un archivo de palabras muy simple tomado del texto de *Romeo y Julieta*.

Para el primer conjunto de ejemplos, vamos a usar una versión más corta y más simplificada del texto sin signos de puntuación. Después trabajaremos con el texto de la escena con signos de puntuación incluidos.

```
But soft what light through yonder window breaks
It is the east and Juliet is the sun
Arise fair sun and kill the envious moon
Who is already sick and pale with grief
```

Vamos a escribir un programa de Python para leer a través de las líneas del archivo, dividiendo cada línea en una lista de palabras, y después iterando a través de cada una de las palabras en la línea y contando cada palabra utilizando un diccionario.

Verás que tenemos dos bucles `for`. El bucle externo está leyendo las líneas del archivo y el bucle interno está iterando a través de cada una de las palabras en esa línea en particular. Este es un ejemplo de un patrón llamado *bucles anidados* porque uno de los bucles es el bucle *externo* y el otro bucle es el bucle *interno*.

Como el bucle interno ejecuta todas sus iteraciones cada vez que el bucle externo hace una sola iteración, consideramos que el bucle interno itera "más rápido" y el bucle externo itera más lento.

La combinación de los dos bucles anidados asegura que contemos cada palabra en cada línea del archivo de entrada.

```python
fname = input('Ingresa el nombre de archivo: ')
try:
    fhand = open(fname)
except:
    print('El archivo no se puede abrir:', fname)
    exit()

counts = dict()
for line in fhand:
    words = line.split()
    for word in words:
        if word not in counts:
            counts[word] = 1
        else:
            counts[word] += 1

print(counts)

# Código: https://es.py4e.com/code3/count1.py
```

En nuestra sentencia `else`, utilizamos la alternativa más compacta para incrementar una variable. `counts[word] += 1` es equivalente a `counts[word] = counts[word] + 1`. Cualquiera de los dos métodos puede usarse para cambiar el valor de una variable en cualquier cantidad. Existen alternativas similares para `-=`, `*=`, y `/=`.

Cuando ejecutamos el programa, vemos una salida sin procesar que contiene todos los contadores sin ordenar. (el archivo *romeo.txt* está disponible en es.py4e.com/code3/romeo.txt)

```
python count1.py
```

```
Ingresa el nombre de archivo: romeo.txt
{'and': 3, 'envious': 1, 'already': 1, 'fair': 1,
'is': 3, 'through': 1, 'pale': 1, 'yonder': 1,
'what': 1, 'sun': 2, 'Who': 1, 'But': 1, 'moon': 1,
'window': 1, 'sick': 1, 'east': 1, 'breaks': 1,
'grief': 1, 'with': 1, 'light': 1, 'It': 1, 'Arise': 1,
'kill': 1, 'the': 3, 'soft': 1, 'Juliet': 1}
```

Es un poco inconveniente ver a través del diccionario para encontrar las palabras
más comunes y sus contadores, así que necesitamos agregar un poco más de código
para mostrar una salida que nos sirva más.

9.3   Bucles y diccionarios

Si utilizas un diccionario como una secuencia para una sentencia `for`, esta recorre
las claves del diccionario. Este bucle imprime cada clave y su valor correspondiente:

```
contadores = { 'chuck' : 1 , 'annie' : 42, 'jan': 100}
for clave in contadores:
    print(clave, contadores[clave])
```

Aquí está lo que muestra de salida:

```
jan 100
chuck 1
annie 42
```

De nuevo, las claves no están en ningún orden en particular.

Podemos utilizar este patrón para implementar varios idiomas de bucles que hemos
descrito previamente. Por ejemplo, si queremos encontrar todas las entradas en
un diccionario con valor mayor a diez, podemos escribir el siguiente código:

```
contadores = { 'chuck' : 1 , 'annie' : 42, 'jan': 100}
for clave in contadores:
    if contadores[clave] > 10 :
        print(clave, contadores[clave])
```

El bucle `for` itera a través de las *claves* del diccionario, así que debemos utilizar el
operador índice para obtener el *valor* correspondiente para cada clave. Aquí está
la salida del programa:

```
jan 100
annie 42
```

Vemos solamente las entradas que tienen un valor mayor a 10.

Si quieres imprimir las claves en orden alfabético, primero haces una lista de las
claves en el diccionario utilizando el método `keys` disponible en los objetos de
diccionario, y después ordenar esa lista e iterar a través de la lista ordenada, buscando cada clave e imprimiendo pares clave-valor ordenados, tal como se muestra
a continuación:

```python
contadores = { 'chuck' : 1 , 'annie' : 42, 'jan': 100}
lst = list(contadores.keys())
print(lst)
lst.sort()
for clave in lst:
    print(clave, contadores[clave])
```

Así se muestra la salida:

```
['jan', 'chuck', 'annie']
annie 42
chuck 1
jan 100
```

Primero se ve la lista de claves sin ordenar como la obtuvimos del método `keys`. Después vemos los pares clave-valor en orden desde el bucle `for`.

9.4 Análisis avanzado de texto

En el ejemplo anterior utilizando el archivo *romeo.txt*, hicimos el archivo tan simple como fue posible removiendo los signos de puntuación a mano. El text real tiene muchos signos de puntuación, como se muestra abajo.

```
But, soft! what light through yonder window breaks?
It is the east, and Juliet is the sun.
Arise, fair sun, and kill the envious moon,
Who is already sick and pale with grief,
```

Puesto que la función `split` en Python busca espacios y trata las palabras como piezas separadas por esos espacios, trataríamos a las palabras "soft!" y "soft" como *diferentes* palabras y crearíamos una entrada independiente para cada palabra en el diccionario.

Además, como el archivo tiene letras mayúsculas, trataríamos "who" y "Who" como diferentes palabras con diferentes contadores.

Podemos resolver ambos problemas utilizando los métodos de cadenas `lower`, `punctuation`, y `translate`. El método `translate` es el más sutil de los métodos. Aquí esta la documentación para `translate`:

```python
line.translate(str.maketrans(fromstr, tostr, deletestr))
```

Reemplaza los caracteres en `fromstr` *con el caructer en la misma posición en* `tostr` *y elimina todos los caracteres que están en* `deletestr`*. Los parámetros* `fromstr` *y* `tostr` *pueden ser cadenas vacías y el parámetro* `deletestr` *es opcional.*

No vamos a especificar el valor de `tostr` pero vamos a utilizar el parámetro `deletestr` para eliminar todos los signos de puntuación. Incluso vamos a dejar que Python nos diga la lista de caracteres que considera como "signos de puntuación":

```
>>> import string
>>> string.punctuation
'!"#$%&\'()*+,-./:;<=>?@[\\]^_`{|}~'
```

Los parámetros utilizados por **translate** eran diferentes en Python 2.0.

Hacemos las siguientes modificaciones a nuestro programa:

```python
import string

fname = input('Ingresa el nombre de archivo: ')
try:
    fhand = open(fname)
except:
    print('El archivo no se puede abrir:', fname)
    exit()

counts = dict()
for line in fhand:
    line = line.rstrip()
    line = line.translate(line.maketrans('', '', string.punctuation))
    line = line.lower()
    words = line.split()
    for word in words:
        if word not in counts:
            counts[word] = 1
        else:
            counts[word] += 1

print(counts)

# Código: https://es.py4e.com/code3/count2.py
```

Parte de aprender el "Arte de Python" o "Pensamiento Pythónico" es entender que Python muchas veces tiene funciones internas para muchos problemas de análisis de datos comunes. A través del tiempo, verás suficientes códigos de ejemplo y leerás lo suficiente en la documentación para saber dónde buscar si alguien escribió algo que haga tu trabajo más fácil.

Lo siguiente es una versión reducida de la salida:

```
Ingresa el nombre de archivo: romeo-full.txt
{'swearst': 1, 'all': 6, 'afeard': 1, 'leave': 2, 'these': 2,
'kinsmen': 2, 'what': 11, 'thinkst': 1, 'love': 24, 'cloak': 1,
a': 24, 'orchard': 2, 'light': 5, 'lovers': 2, 'romeo': 40,
'maiden': 1, 'whiteupturned': 1, 'juliet': 32, 'gentleman': 1,
'it': 22, 'leans': 1, 'canst': 1, 'having': 1, ...}
```

Interpretar los datos a través de esta salida es aún difícil, y podemos utilizar Python para darnos exactamente lo que estamos buscando, pero para que sea así, necesitamos aprender acerca de las *tuplas* en Python. Vamos a retomar este ejemplo una vez que aprendamos sobre tuplas.

9.5 Depuración

Conforme trabajes con conjuntos de datos más grandes puede ser complicado depurar imprimiendo y revisando los datos a mano. Aquí hay algunas sugerencias para depurar grandes conjuntos de datos:

Reducir la entrada Si es posible, trata de reducir el tamaño del conjunto de datos. Por ejemplo, si el programa lee un archivo de texto, comienza solamente con las primeras 10 líneas, o con el ejemplo más pequeño que puedas encontrar. Puedes ya sea editar los archivos directamente, o (mejor) modificar el programa para que solamente lea las primeras **n** número de líneas.

Si hay un error, puedes reducir **n** al valor más pequeño que produce el error, y después incrementarlo gradualmente conforme vayas encontrando y corrigiendo errores.

Revisar extractos y tipos En lugar de imprimir y revisar el conjunto de datos completo, considera imprimir extractos de los datos: por ejemplo, el número de elementos en un diccionario o el total de una lista de números.

Una causa común de errores en tiempo de ejecución es un valor que no es el tipo correcto. Para depurar este tipo de error, generalmente es suficiente con imprimir el tipo de un valor.

Escribe auto-verificaciones Algunas veces puedes escribir código para revisar errores automáticamente. Por ejemplo, si estás calculando el promedio de una lista de números, podrías verificar que el resultado no sea más grande que el elemento más grande de la lista o que sea menor que el elemento más pequeño de la lista. Esto es llamado "prueba de sanidad" porque detecta resultados que son "completamente ilógicos".

Otro tipo de prueba compara los resultados de dos diferentes cálculos para ver si son consistentes. Esto es conocido como "prueba de consistencia".

Imprimir una salida ordenada Dar un formato a los mensajes de depuración puede facilitar encontrar un error.

De nuevo, el tiempo que inviertas haciendo una buena estructura puede reducir el tiempo que inviertas en depurar.

9.6 Glosario

bucles anidados Cuando hay uno o más bucles "dentro" de otro bucle. Los bucles internos terminan de ejecutar cada vez que el bucle externo ejecuta una vez.

búsqueda Una operación de diccionario que toma una clave y encuentra su valor correspondiente.

clave Un objeto que aparece en un diccionario como la primera parte de un par clave-valor.

diccionario Una asociación de un conjunto de claves a sus valores correspondientes.

elemento Otro nombre para un par clave-valor.

función hash Una función utilizada por una tabla hash para calcular la localización de una clave.

histograma Un set de contadores.

implementación Una forma de llevar a cabo un cálculo.

par clave-valor La representación de una asociación de una clave a un valor.

tabla hash El algoritmo utilizado para implementar diccionarios en Python.

valor Un objeto que aparece en un diccionario como la segunda parte de un par clave-valor. Esta definición es más específica que nuestro uso previo de la palabra "valor".

9.7 Ejercicios

Ejercicio 2: Escribir un programa que clasifica cada mensaje de correo dependiendo del día de la semana en que se recibió. Para hacer esto busca las líneas que comienzan con "From", después busca por la tercer palabra y mantén un contador para cada uno de los días de la semana. Al final del programa imprime los contenidos de tu diccionario (el orden no importa).

Línea de ejemplo:

```
From stephen.marquard@uct.ac.za Sat Jan  5 09:14:16 2008
```

Ejemplo de ejecución:

```
python dow.py
Ingresa un nombre de archivo: mbox-short.txt
{'Fri': 20, 'Thu': 6, 'Sat': 1}
```

Ejercicio 3: Escribe un programa para leer a través de un historial de correos, construye un histograma utilizando un diccionario para contar cuántos mensajes han llegado de cada dirección de correo electrónico, e imprime el diccionario.

```
Ingresa un nombre de archivo: mbox-short.txt
{'gopal.ramasammycook@gmail.com': 1, 'louis@media.berkeley.edu': 3,
 'cwen@iupui.edu': 5, 'antranig@caret.cam.ac.uk': 1,
 'rjlowe@iupui.edu': 2, 'gsilver@umich.edu': 3,
 'david.horwitz@uct.ac.za': 4, 'wagnermr@iupui.edu': 1,
 'zqian@umich.edu': 4, 'stephen.marquard@uct.ac.za': 2,
 'ray@media.berkeley.edu': 1}
```

Ejercicio 4: Agrega código al programa anterior para determinar quién tiene la mayoría de mensajes en el archivo. Después de que todos los datos hayan sido leídos y el diccionario haya sido creado, mira a través del diccionario utilizando un bucle máximo (ve Capítulo 5: Bucles máximos y mínimos) para encontrar quién tiene la mayoría de mensajes e imprimir cuántos mensajes tiene esa persona.

```
Ingresa un nombre de archivo: mbox-short.txt
cwen@iupui.edu 5

Ingresa un nombre de archivo: mbox.txt
zqian@umich.edu 195
```

Ejercicio 5: Este programa almacena el nombre del dominio (en vez de la dirección) desde donde fue enviado el mensaje en vez de quién envió el mensaje (es decir, la dirección de correo electrónica completa). Al final del programa, imprime el contenido de tu diccionario.

```
python schoolcount.py
Ingresa un nombre de archivo: mbox-short.txt
{'media.berkeley.edu': 4, 'uct.ac.za': 6, 'umich.edu': 7,
'gmail.com': 1, 'caret.cam.ac.uk': 1, 'iupui.edu': 8}
```

Chapter 10

Tuplas

10.1   Las Tuplas son inmutables

Una tupla[1] es una secuencia de valores similar a una lista. Los valores guardados en una tupla pueden ser de cualquier tipo, y son indexados por números enteros. La principal diferencia es que las tuplas son *inmutables*. Las tuplas además son *comparables* y *dispersables* (hashables) de modo que las listas de tuplas se pueden ordenar y también usar tuplas como valores para las claves en diccionarios de Python.

Sintácticamente, una tupla es una lista de valores separados por comas:

```
>>> t = 'a', 'b', 'c', 'd', 'e'
```

Aunque no es necesario, es común encerrar las tuplas entre paréntesis para ayudarnos a identificarlas rápidamente cuando revisemos código de Python:

```
>>> t = ('a', 'b', 'c', 'd', 'e')
```

Para crear una tupla con un solo elemento, es necesario incluir una coma al final:

```
>>> t1 = ('a',)
>>> type(t1)
<type 'tuple'>
```

Sin la coma, Python considera ('a') como una expresión con una cadena entre paréntesis que es evaluada como de tipo cadena (string):

```
>>> t2 = ('a')
>>> type(t2)
<type 'str'>
```

---

[1]Dato curioso: La palabra "tuple" proviene de los nombres dados a secuencias de números de distintas longitudes: simple, doble, triple, cuádruple, quíntuple, séxtuple, séptuple, etc.

Otra forma de construir una tupla es utilizando la función interna `tuple`. Sin
argumentos, ésta crea una tupla vacía:

```
>>> t = tuple()
>>> print(t)
()
```

Si el argumento es una secuencia (cadena, lista, o tupla), el resultado de la llamada
a `tuple` es una tupla con los elementos de la secuencia:

```
>>> t = tuple('altramuces')
>>> print(t)
('a', 'l', 't', 'r', 'a', 'm', 'u', 'c', 'e', 's')
```

Dado que `tuple` es el nombre de un constructor, debería evitarse su uso como
nombre de variable.

La mayoría de los operadores de listas también funcionan en tuplas. El operador
corchete indexa un elemento:

```
>>> t = ('a', 'b', 'c', 'd', 'e')
>>> print(t[0])
'a'
```

Y el operador de rebanado (slice) selecciona un rango de elementos.

```
>>> print(t[1:3])
('b', 'c')
```

Pero si se intenta modificar uno de los elementos de la tupla, se produce un error:

```
>>> t[0] = 'A'
TypeError: object doesn't support item assignment
```

No se puede modificar los elementos de una tupla, pero sí se puede reemplazar una
tupla por otra:

```
>>> t = ('A',) + t[1:]
>>> print(t)
('A', 'b', 'c', 'd', 'e')
```

10.2   Comparación de tuplas

Los operadores de comparación funcionan con tuplas y otras secuencias. Python
comienza comparando el primer elemento de cada secuencia. Si ambos elementos
son iguales, pasa al siguiente elemento y así sucesivamente, hasta que encuentra
elementos diferentes. Los elementos subsecuentes no son considerados (aunque
sean muy grandes).

```
>>> (0, 1, 2) < (0, 3, 4)
True
>>> (0, 1, 2000000) < (0, 3, 4)
True
```

La función **sort** funciona de la misma manera. Ordena inicialmente por el primer elemento, pero en el caso de que ambos elementos sean iguales, ordena por el segundo elemento, y así sucesivamente.

Esta característica se presta a un patrón de diseño llamado *DSU*, que

Decorate (Decora) una secuencia, construyendo una lista de tuplas con uno o más índices ordenados precediendo los elementos de la secuencia,

Sort (Ordena) la lista de tuplas utilizando la función interna **sort**, y

Undecorate (Quita la decoración) extrayendo los elementos ordenados de la secuencia.

Por ejemplo, suponiendo una lista de palabras que se quieren ordenar de la más larga a la más corta:

```
txt = 'Pero qué luz se deja ver allí'
palabras = txt.split()
t = list()
for palabra in palabras:
    t.append((len(palabra), palabra))

t.sort(reverse=True)

res = list()
for longitud, palabra in t:
    res.append(palabra)

print(res)

# Código: https://es.py4e.com/code3/soft.py
```

El primer bucle genera una lista de tuplas, donde cada tupla es una palabra precedida por su longitud.

sort compara el primer elemento (longitud) primero, y solamente considera el segundo elemento para desempatar. El argumento clave **reverse=True** indica a **sort** que debe ir en orden decreciente.

El segundo bucle recorre la lista de tuplas y construye una lista de palabras en orden descendente según la longitud. Las palabras de cuatro letras están ordenadas en orden alfabético *inverso*, así que "deja" aparece antes que "allí" en la siguiente lista.

La salida del programa es la siguiente:

```
['deja', 'allí', 'Pero', 'ver', 'qué', 'luz', 'se']
```

Por supuesto, la línea pierde mucho de su impacto poético cuando se convierte en una lista de Python y se almacena en orden descendente según la longitud de las palabras.

10.3   Asignación de tuplas

Una de las características sintácticas únicas del lenguaje Python es la capacidad de tener una tupla en el lado izquierdo de una sentencia de asignación. Esto permite asignar más de una variable a la vez cuando hay una secuencia del lado izquierdo.

En este ejemplo tenemos una lista de dos elementos (la cual es una secuencia) y asignamos el primer y segundo elementos de la secuencia a las variables x y y en una única sentencia.

```
>>> m = [ 'pásalo', 'bien' ]
>>> x, y = m
>>> x
'pásalo'
>>> y
'bien'
>>>
```

No es magia, Python traduce *aproximadamente* la sintaxis de asignación de la tupla de este modo::[2]

```
>>> m = [ 'pásalo', 'bien' ]
>>> x = m[0]
>>> y = m[1]
>>> x
'pásalo'
>>> y
'bien'
>>>
```

Estilísticamente, cuando se utiliza una tupla en el lado izquierdo de la asignación, se omiten los paréntesis, pero lo que se muestra a continuación es una sintaxis igualmente válida:

```
>>> m = [ 'pásalo', 'bien' ]
>>> (x, y) = m
>>> x
'pásalo'
>>> y
'bien'
>>>
```

---

[2]Python no traduce la sintaxis literalmente. Por ejemplo, si se trata de hacer esto con un diccionario, no va a funcionar como se podría esperar.

Una aplicación particularmente ingeniosa de asignación con tuplas permite *intercambiar* los valores de dos variables en una sola sentencia:

```
>>> a, b = b, a
```

Ambos lados de la sentencia son tuplas, pero el lado izquierdo es una tupla de variables; el lado derecho es una tupla de expresiones. Cada valor en el lado derecho es asignado a su respectiva variable en el lado izquierdo. Todas las expresiones en el lado derecho son evaluadas antes de realizar cualquier asignación.

El número de variables en el lado izquierdo y el número de valores en el lado derecho deben ser iguales:

```
>>> a, b = 1, 2, 3
ValueError: too many values to unpack
```

Generalizando más, el lado derecho puede ser cualquier tipo de secuencia (cadena, lista, o tupla). Por ejemplo, para dividir una dirección de e-mail en nombre de usuario y dominio, se podría escribir:

```
>>> dir = 'monty@python.org'
>>> nombreus, dominio = dir.split('@')
```

El valor de retorno de `split` es una lista con dos elementos; el primer elemento es asignado a `nombreus`, el segundo a `dominio`.

```
>>> print(nombreus)
monty
>>> print(dominio)
python.org
```

10.4   Diccionarios y tuplas

Los diccionarios tienen un método llamado `items` que retorna una lista de tuplas, donde cada tupla es un par clave-valor:

```
>>> d = {'a':10, 'b':1, 'c':22}
>>> t = list(d.items())
>>> print(t)
[('b', 1), ('a', 10), ('c', 22)]
```

Como sería de esperar en un diccionario, los elementos no tienen ningún orden en particular.

Aun así, puesto que la lista de tuplas es una lista, y las tuplas son comparables, ahora se puede ordenar la lista de tuplas. Convertir un diccionario en una lista de tuplas es una forma de obtener el contenido de un diccionario ordenado según sus claves:

```
>>> d = {'a':10, 'b':1, 'c':22}
>>> t = list(d.items())
>>> t
[('b', 1), ('a', 10), ('c', 22)]
>>> t.sort()
>>> t
[('a', 10), ('b', 1), ('c', 22)]
```

La nueva lista está ordenada en orden alfabético ascendente de acuerdo al valor de
sus claves.

10.5   Asignación múltiple con diccionarios

La combinación de `items`, asignación de tuplas, y `for`, produce un buen patrón de
diseño de código para recorrer las claves y valores de un diccionario en un único
bucle:

```
for clave, valor in list(d.items()):
    print(valor, clave)
```

Este bucle tiene dos *variables de iteración*, debido a que `items` retorna una lista
de tuplas y `clave`, `valor` es una asignación en tupla que itera sucesivamente a
través de cada uno de los pares clave-valor del diccionario.

Para cada iteración a través del bucle, tanto `clave` y `valor` van pasando al siguiente
par clave-valor del diccionario (todavía en orden de dispersión).

La salida de este bucle es:

```
10 a
1 b
22 c
```

De nuevo, las claves están en orden de dispersión (es decir, ningún orden en particular).

Si se combinan esas dos técnicas, se puede imprimir el contenido de un diccionario
ordenado por el *valor* almacenado en cada par clave-valor.

Para hacer esto, primero se crea una lista de tuplas donde cada tupla es `(valor,
clave)`. El método `items` dará una lista de tuplas `(clave, valor)`, pero esta vez
se pretende ordenar por valor, no por clave. Una vez que se ha construido la lista
con las tuplas clave-valor, es sencillo ordenar la lista en orden inverso e imprimir
la nueva lista ordenada.

```
>>> d = {'a':10, 'b':1, 'c':22}
>>> l = list()
>>> for clave, valor in d.items() :
...     l.append( (valor, clave) )
...
```

```
>>> l
[(10, 'a'), (1, 'b'), (22, 'c')]
>>> l.sort(reverse=True)
>>> l
[(22, 'c'), (10, 'a'), (1, 'b')]
>>>
```

Al construir cuidadosamente la lista de tuplas para tener el valor como el primer elemento de cada tupla, es posible ordenar la lista de tuplas y obtener el contenido de un diccionario ordenado por valor.

10.6   Las palabras más comunes

Volviendo al ejemplo anterior del texto de *Romeo y Julieta*, Acto 2, Escena 2, podemos mejorar nuestro programa para hacer uso de esta técnica para imprimir las diez palabras más comunes en el texto, como se ve a continuación:

```python
import string
manejador = open('romeo-full.txt')
contadores = dict()
for linea in manejador:
    linea = linea.translate(str.maketrans('', '', string.punctuation))
    linea = linea.lower()
    palabras = linea.split()
    for palabra in palabras:
        if palabra not in contadores:
            contadores[palabra] = 1
        else:
            contadores[palabra] += 1

# Ordenar el diccionario por valor
lst = list()
for clave, valor in list(contadores.items()):
    lst.append((valor, clave))

lst.sort(reverse=True)

for clave, valor in lst[:10]:
    print(clave, valor)

# Código: https://es.py4e.com/code3/count3.py
```

La primera parte del programa, la cual lee un archivo y construye un diccionario que mapea cada palabra con la cantidad de veces que se repite esa palabra en el documento, no ha cambiado. Pero en lugar de imprimir simplemente `contadores` y terminar el programa, ahora construimos una lista de tuplas (`val`, `key`) y luego se ordena la lista en orden inverso.

Puesto que el valor está primero, será utilizado para las comparaciones. Si hay más de una tupla con el mismo valor, se tendrá en cuenta el segundo elemento (la clave), de forma que las tuplas cuyo valor es el mismo serán también ordenadas en orden alfabético según su clave.

Al final escribimos un elegante bucle `for` que hace una iteración con asignación múltiple e imprime las diez palabras más comunes, iterando a través de una parte de la lista (`lst[:10]`).

Ahora la salida finalmente tiene el aspecto que queríamos para nuestro análisis de frecuencia de palabras.

```
61 i
42 and
40 romeo
34 to
34 the
32 thou
32 juliet
30 that
29 my
24 thee
```

El hecho de que este complejo análisis y procesado de datos pueda ser realizado con un programa de Python de 19 líneas fácil de entender, es una razón de por qué Python es una buena elección como lenguaje para explorar información.

10.7   Uso de tuplas como claves en diccionarios

Dado que las tuplas son **dispersables** *(hashable)* y las listas no, si se quiere crear una clave **compuesta** para usar en un diccionario, se debe utilizar una tupla como clave.

Usaríamos por ejemplo una clave compuesta si quisiéramos crear un directorio telefónico que mapea pares appellido, nombre con números telefónicos. Asumiendo que hemos definido las variables **apellido**, **nombre**, y **número**, podríamos escribir una sentencia de asignación de diccionario como sigue:

```
directorio[apellido,nombre] = numero
```

La expresión entre corchetes es una tupla. Podríamos utilizar asignación de tuplas en un bucle `for` para recorrer este diccionario.

```
for apellido, nombre in directorio:
    print(nombre, apellido, directorio[apellido,nombre])
```

Este bucle recorre las claves en **directorio**, las cuales son tuplas. Asigna los elementos de cada tupla a **apellido** y **nombre**, después imprime el nombre y el número telefónico correspondiente.

10.8 Secuencias: cadenas, listas, y tuplas - ¡Dios mío!

Me he enfocado en listas de tuplas, pero casi todos los ejemplos de este capítulo funcionan también con listas de listas, tuplas de tuplas, y tuplas de listas. Para evitar enumerar todas las combinaciones posibles, a veces es más sencillo hablar de secuencias de secuencias.

En muchos contextos, los diferentes tipos de secuencias (cadenas, listas, y tuplas) pueden intercambiarse. Así que, ¿cómo y por qué elegir uno u otro?

Para comenzar con lo más obvio, las cadenas están más limitadas que otras secuencias, debido a que los elementos tienen que ser caracteres. Además, son inmutables. Si necesitas la capacidad de cambiar los caracteres en una cadena (en vez de crear una nueva), quizá prefieras utilizar una lista de caracteres.

Las listas son más comunes que las tuplas, principalmente porque son mutables. Pero hay algunos casos donde es preferible utilizar tuplas:

1. En algunos contextos, como una sentencia return, resulta sintácticamente más simple crear una tupla que una lista. En otros contextos, es posible que prefieras una lista.

2. Si quieres utilizar una secuencia como una clave en un diccionario, debes usar un tipo inmutable como una tupla o una cadena.

3. Si estás pasando una secuencia como argumento de una función, el uso de tuplas reduce la posibilidad de comportamientos inesperados debido a la creación de alias.

Dado que las tuplas son inmutables, no proporcionan métodos como `sort` y `reverse`, que modifican listas ya existentes. Sin embargo, Python proporciona las funciones internas `sorted` y `reversed`, que toman una secuencia como parámetro y devuelven una secuencia nueva con los mismos elementos en un orden diferente.

10.9 Depuración

Las listas, diccionarios y tuplas son conocidas de forma genérica como *estructuras de datos*; en este capítulo estamos comenzando a ver estructuras de datos compuestas, como listas de tuplas, y diccionarios que contienen tuplas como claves y listas como valores. Las estructuras de datos compuestas son útiles, pero también son propensas a lo que yo llamo *errores de modelado*; es decir, errores causados cuando una estructura de datos tiene el tipo, tamaño o composición incorrecto, o quizás al escribir una parte del código se nos olvidó cómo era el modelado de los datos y se introdujo un error. Por ejemplo, si estás esperando una lista con un entero y recibes un entero solamente (no en una lista), no funcionará.

10.10   Glosario

comparable Un tipo en el cual un valor puede ser revisado para ver si es mayor
que, menor que, o igual a otro valor del mismo tipo. Los tipos que son
comparables pueden ser puestos en una lista y ordenados.

estructura de datos Una collección de valores relacionados, normalmente orga-
nizados en listas, diccionarios, tuplas, etc.

DSU Abreviatura de "decorate-sort-undecorate (decorar-ordenar-quitar la decoración)", un patrón de diseño que implica construir una lista de tuplas, or-
denarlas, y extraer parte del resultado.

reunir La operación de tratar una secuencia como una lista de argumentos.

hashable (dispersable) Un tipo que tiene una función de dispersión. Los tipos
inmutables, como enteros, flotantes y cadenas son dispersables (hashables);
los tipos mutables como listas y diccionarios no lo son.

dispersar La operación de tratar una secuencia como una lista de argumentos.

modelado (de una estructura de datos) Un resumen del tipo, tamaño, y
composición de una estructura de datos.

singleton Una lista (u otra secuencia) con un único elemento.

tupla Una secuencia inmutable de elementos.

asignación por tuplas Una asignación con una secuencia en el lado derecho y
una tupla de variables en el izquierdo. El lado derecho es evaluado y luego
sus elementos son asignados a las variables en el lado izquierdo.

10.11   Ejercicios

**Ejercicio 1: Revisa el programa anterior de este modo: Lee y analiza
las líneas "From" y extrae las direcciones de corrco. Cuenta el número
de mensajes de cada persona utilizando un diccionario.**

**Después de que todos los datos hayan sido leídos, imprime la persona con
más envíos, creando una lista de tuplas (contador, email) del diccionario.
Después ordena la lista en orden inverso e imprime la persona que tiene
más envíos.**

```
Línea de ejemplo:
From stephen.marquard@uct.ac.za Sat Jan  5 09:14:16 2008

Ingresa un nombre de archivo: mbox-short.txt
cwen@iupui.edu 5

Ingresa un nombre de archivo: mbox.txt
zqian@umich.edu 195
```

**Ejercicio 2: Este programa cuenta la distribución de la hora del día
para cada uno de los mensajes. Puedes extraer la hora de la línea
"From" buscando la cadena horaria y luego dividiendo la cadena en
partes utilizando el carácter colon. Una vez que hayas acumulado las
cuentas para cada hora, imprime las cuentas, una por línea, ordenadas
por hora tal como se muestra debajo.**

```
python timeofday.py
Ingresa un nombre de archivo: mbox-short.txt
04 3
06 1
07 1
09 2
10 3
11 6
14 1
15 2
16 4
17 2
18 1
19 1
```

Ejercicio 3: Escribe un programa que lee un archivo e imprime las *letras* en order decreciente de frecuencia. El programa debe convertir todas las entradas a minúsculas y contar solamente las letras a-z. El programa no debe contar espacios, dígitos, signos de puntuación, o cualquier cosa que no sean las letras a-z. Encuentra ejemplos de texto en idiomas diferentes, y observa cómo la frecuencia de letras es diferente en cada idioma. Compara tus resultados con las tablas en https://es.wikipedia.org/wiki/Frecuencia_de_aparici%C3%B3n_de_letras.

Chapter 11

Expresiones regulares

Hasta ahora hemos leído archivos, buscando patrones y extrayendo varias secciones de líneas que hemos encontrado interesantes. Hemos usado métodos de cadenas como `split` y `find`, así como rebanado de listas y cadenas para extraer trozos de las líneas.

Esta tarea de buscar y extraer es tan común que Python tiene una librería muy poderosa llamada *expresiones regulares* que maneja varias de estas tareas de manera bastante elegante. La razón por la que no presentamos las expresiones regulares antes se debe a que, aunque son muy poderosas, son un poco más complicadas y toma algo de tiempo acostumbrarse a su sintaxis.

Las expresiones regulares casi son su propio lenguaje de programación en miniatura para buscar y analizar cadenas. De hecho, se han escrito libros enteros sobre las expresiones regulares. En este capítulo, solo cubriremos los aspectos básicos de las expresiones regulares. Para más información al respecto, recomendamos ver:

https://es.wikipedia.org/wiki/Expresi%C3%B3n_regular

https://docs.python.org/library/re.html

Se debe importar la librería de expresiones regulares `re` a tu programa antes de que puedas usarlas. La forma más simple de usar la librería de expresiones regulares es la función `search()` (N. del T.: "search" significa búsqueda). El siguiente programa demuestra una forma muy sencilla de usar esta función.

```
# Búsqueda de líneas que contengan 'From'
import re
man = open('mbox-short.txt')
for linea in man:
    linea = linea.rstrip()
    if re.search('From:', linea):
        print(linea)

# Código: https://es.py4e.com/code3/re01.py
```

Abrimos el archivo, revisamos cada línea, y usamos la expresión regular `search()` para imprimir solo las líneas que contengan la cadena "From". Este programa no toma ventaja del auténtico poder de las expresiones regulares, ya que podríamos simplemente haber usado `line.find()` para lograr el mismo resultado.

El poder de las expresiones regulares se manifiesta cuando agregamos caracteres especiales a la cadena de búsqueda que nos permite controlar de manera más precisa qué líneas calzan con la cadena. Agregar estos caracteres especiales a nuestra expresión regular nos permitirá buscar coincidencias y extraer datos usando unas pocas líneas de código.

Por ejemplo, el signo de intercalación (N. del T.: "caret" en inglés, corresponde al signo ^) se utiliza en expresiones regulares para encontrar "el comienzo" de una lína. Podríamos cambiar nuestro programa para que solo retorne líneas en que tengan "From:" al comienzo, de la siguiente manera:

```
# Búsqueda de líneas que contengan 'From'
import re
man = open('mbox-short.txt')
for linea in man:
    linea = linea.rstrip()
    if re.search('^From:', linea):
        print(linea)

# Código: https://es.py4e.com/code3/re02.py
```

Ahora solo retornará líneas que *comiencen con* la cadena "From:". Este sigue siendo un ejemplo muy sencillo que podríamos haber implementado usando el método `startswith()` de la librería de cadenas. Pero sirve para presentar la idea de que las expresiones regulares contienen caracteres especiales que nos dan mayor control sobre qué coincidencias retornará la expresión regular.

11.1   Coincidencia de caracteres en expresiones regulares

Existen varios caracteres especiales que nos permiten construir expresiones regulares incluso más poderosas. El más común es el punto, que coincide con cualquier carácter.

En el siguiente ejemplo, la expresión regular `F..m:` coincidiría con las cadenas "From:", "Fxxm:", "F12m:", o "F!@m:", ya que los caracteres de punto en la expresión regular coinciden con cualquier carácter.

```
# # Búsqueda de líneas que comiencen con 'F', seguidas de
# 2 caracteres, seguidos de 'm:'
import re
man = open('mbox-short.txt')
for linea in man:
    linea = linea.rstrip()
    if re.search('^F..m:', linea):
        print(linea)

# Código: https://es.py4e.com/code3/re03.py
```

Esto resulta particularmente poderoso cuando se le combina con la habilidad de indicar que un carácter puede repetirse cualquier cantidad de veces usando los caracteres * o + en tu expresión regular. Estos caracteres especiales indican que en lugar de coincidir con un solo carácter en la cadena de búsqueda, coinciden con cero o más caracteres (en el caso del asterisco) o con uno o más caracteres (en el caso del signo de suma).

Podemos reducir más las líneas que coincidan usando un carácter *comodín* en el siguiente ejemplo:

```python
# Búsqueda de líneas que comienzan con From y tienen una arroba
import re
man = open('mbox-short.txt')
for linea in man:
    linea = linea.rstrip()
    if re.search('^From:.+@', linea):
        print(linea)

# Código: https://es.py4e.com/code3/re04.py
```

La cadena `^From:.+@` retornará coincidencias con líneas que empiecen con "From:", seguidas de uno o más caracteres (`.+`), seguidas de un carácter @. Por lo tanto, la siguiente línea coincidirá:

```
From: stephen.marquard@uct.ac.za
```

Puede considerarse que el comodín `.+` se expande para abarcar todos los caracteres entre los signos : y @.

```
From:.+@
```

Conviene considerar que los signos de suma y los asteriscos "empujan". Por ejemplo, la siguiente cadena marcaría una coincidencia con el último signo @, ya que el `.+` "empujan" hacia afuera, como se muestra a continuación:

```
From: stephen marquard@uct.ac.za, csev@umich.edu, and cwen @iupui.edu
```

Es posible indicar a un asterisco o signo de suma que no debe ser tan "ambicioso" agregando otro carácter. Revisa la documentación para obtener información sobre cómo desactivar este comportamiento ambicioso.

11.2 Extrayendo datos usando expresiones regulares

Si queremos extraer datos de una cadena en Python podemos usar el método `findall()` para extraer todas las subcadenas que coincidan con una expresión regular. Usemos el ejemplo de querer extraer cualquier secuencia que parezca una dirección email en cualquier línea, sin importar su formato. Por ejemplo, queremos extraer la dirección email de cada una de las siguientes líneas:

```
From stephen.marquard@uct.ac.za Sat Jan  5 09:14:16 2008
Return-Path: <postmaster@collab.sakaiproject.org>
          for <source@collab.sakaiproject.org>;
Received: (from apache@localhost)
Author: stephen.marquard@uct.ac.za
```

No queremos escribir código para cada tipo de líneas, dividiendo y rebanando de
manera distinta en cada una. El siguiente programa usa `findall()` para encontrar
las líneas que contienen direcciones de email y extraer una o más direcciones de
cada línea.

```python
import re
s = 'Una nota de csev@umich.edu a cwen@iupui.edu sobre una reunión @ 2PM'
lst = re.findall(r'\S+@\S+', s)
print(lst)

# Código: https://es.py4e.com/code3/re05.py
```

El método `findall()` busca en la cadena en el segundo argumento y retorna una
lista de todas las cadenas que parecen ser direcciones de email. Estamos usando
una secuencia de dos caracteres que coincide con un carácter distinto a un espacio
en blanco (\S).

El resultado de la ejecución del programa debiera ser:

```
['csev@umich.edu', 'cwen@iupui.edu']
```

Traduciendo la expresión regular al castellano, estamos buscando subcadenas que
tengan al menos un carácter que no sea un espacio, seguido de una @, seguido de al
menos un carácter que no sea un espacio. La expresión \S+ coincidirá con cuantos
caracteres distintos de un espacio sea posible.

La expresión regular retornaría dos coincidencias (csev@umich.edu y cwen@iupui.edu),
pero no coincidiría con la cadena "@2PM" porque no hay caracteres que no sean
espacios en blanco *antes* del signo @. Podemos usar esta expresión regular en un
programa para leer todas las líneas en un archivo e imprimir cualquier subcadena
que pudiera ser una dirección de email de la siguiente manera:

```python
# Búsqueda de líneas que tengan una arroba entre caracteres
import re
man = open('mbox-short.txt')
for linea in man:
    linea = linea.rstrip()
    x = re.findall(r'\S+@\S+', linea)
    if len(x) > 0:
        print(x)

# Código: https://es.py4e.com/code3/re06.py
```

Con esto, leemos cada línea y luego extraemos las subcadenas que coincidan con
nuestra expresión regular. Dado que `findall()` retorna una lista, simplemente

revisamos si el número de elementos en ésta es mayor a cero e imprimir solo líneas donde encontramos al menos una subcadena que pudiera ser una dirección de email.

Si ejecutamos el programa en *mbox.txt* obtendremos el siguiente resultado:

```
['wagnermr@iupui.edu']
['cwen@iupui.edu']
['<postmaster@collab.sakaiproject.org>']
['<200801032122.m03LMFo4005148@nakamura.uits.iupui.edu>']
['<source@collab.sakaiproject.org>;']
['<source@collab.sakaiproject.org>;']
['<source@collab.sakaiproject.org>;']
['apache@localhost)']
['source@collab.sakaiproject.org;']
```

Algunas de las direcciones tienen caracteres incorrectos como "<" o ";" al comienzo o al final. Declaremos que solo estamos interesados en la parte de la cadena que comience y termine con una letra o un número.

Para lograr esto, usamos otra característica de las expresiones regulares. Los corchetes se usan para indicar un conjunto de caracteres que queremos aceptar como coincidencias. La secuencia \S retornará el conjunto de "caracteres que no sean un espacio en blanco". Ahora seremos un poco más explícitos en cuanto a los caracteres respecto de los cuales buscamos coincidencias.

Esta será nuestra nueva expresión regular:

```
[a-zA-Z0-9]\S*@\S*[a-zA-Z]
```

Esto se está complicando un poco; puedes ver por qué decimos que las expresiones regulares son un lenguaje en sí mismas. Traduciendo esta expresión regular, estamos buscando subcadenas que comiencen con *una* letra minúscula, letra mayúscula, o número "[a-zA-Z0-9]", seguida de cero o más caracteres que no sean un espacio (\S*), seguidos de un signo @, seguido de cero o más caracteres que no sean espacios en blanco (\S*), seguidos por una letra mayúscula o minúscula. Nótese que hemos cambiado de + a * para indicar cero o más caracteres que no sean espacios, ya que [a-zA-Z0-9] implica un carácter distinto de un espacio. Recuerda que el * o + se aplica al carácter inmediatamente a la izquierda del signo de suma o del asterisco.

Si usamos esta expresión en nuestro programas, nuestros datos quedarán mucho más depurados:

```
# Búsqueda de líneas que tengan una arroba entre caracteres
# Los caracteres deben ser una letra o un número
import re
man = open('mbox-short.txt')
for linea in man:
    linea = linea.rstrip()
    x = re.findall(r'[a-zA-Z0-9]\S+@\S+[a-zA-Z]', linea)
    if len(x) > 0:
        print(x)

# Código: https://es.py4e.com/code3/re07.py
```

```
...
['wagnermr@iupui.edu']
['cwen@iupui.edu']
['postmaster@collab.sakaiproject.org']
['200801032122.m03LMFo4005148@nakamura.uits.iupui.edu']
['source@collab.sakaiproject.org']
['source@collab.sakaiproject.org']
['source@collab.sakaiproject.org']
['apache@localhost']
```

Nótese que en las líneas donde aparece `source@collab.sakaiproject.org`, nuestra expresión regular eliminó dos caracteres al final de la cadena (">;"). Esto se debe a que, cuando agregamos `[a-zA-Z]` al final de nuestra expresión regular, estamos determinando que cualquier cadena que la expresión regular encuentre al analizar el texto debe terminar con una letra. Por lo tanto, cuando vea el ">" al final de "sakaiproject.org>;", simplemente se detiene en el último carácter que haya encontrado que coincida con ese criterio (en este caso, la "g" fue la última coincidencia).

Nótese también que el resultado de la ejecución del programa es una lista de Python que tiene una cadena como su único elemento.

11.3   Combinando búsqueda y extracción

Si quisiéramos encontrar los números en las líneas que empiecen con la cadena "X-", como por ejemplo:

```
X-DSPAM-Confidence: 0.8475
X-DSPAM-Probability: 0.0000
```

no queremos cualquier número de coma flotante contenidos en cualquier línea. Solo queremos extraer los números de las líneas que tienen la sintaxis ya mencionada.

Podemos construir la siguiente expresión regular para seleccionar las líneas:

```
^X-.*: [0-9.]+
```

Traduciendo esto, estamos diciendo que queremos líneas que empiecen con `X-`, seguido por cero o más caracteres (`.*`), seguido por un carácter de dos puntos (`:`) y luego un espacio. Después del espacio, buscamos uno o más caracteres que sean, o bien un dígito (0-9), o bien un punto `[0-9.]+`. Nótese que al interior de los corchetes el punto efectivamente corresponde a un punto (es decir, no funciona como comodín entre corchetes).

La siguiente es una expresión bastante comprimida que solo retornará las líneas que nos interesan:

```
# Búsqueda de líneas que comiencen con 'X' seguida de cualquier caracter que
# no sea espacio y ':' seguido de un espacio y cualquier número.
# El número incluye decimales.
```

```python
import re
man = open('mbox-short.txt')
for linea in man:
    linea = linea.rstrip()
    if re.search(r'^X\S*: [0-9.]+', linea):
        print(linea)
```

```
# Código: https://es.py4e.com/code3/re10.py
```

Cuando ejecutamos el programa, vemos que los datos han sido procesados, mostrando solo las líneas que buscamos.

```
X-DSPAM-Confidence: 0.8475
X-DSPAM-Probability: 0.0000
X-DSPAM-Confidence: 0.6178
X-DSPAM-Probability: 0.0000
```

Ahora, debemos resolver el problema de extraer los númueros. Aunque sería bastante sencillo usar **split**, podemos echar mano a otra función de las expresiones regulares para buscar y analizar la línea a la vez.

Los paréntesis son otros caracteres especiales en las expresiones regulares. Al agregar paréntesis a una expresión regular, son ignorados a la hora de hacer coincidir la cadena. Pero cuando se usa **findall()**, los paréntesis indican que, aunque se quiere que toda la expresión coincida, solo interesa extraer una parte de la subcadena que coincida con la expresión regular.

Entonces, hacemos los siguientes cambios a nuestro programa:

```python
# Búsqueda de líneas que comiencen con 'X' seguida de cualquier caracter que
# no sea espacio en blanco y ':' seguido de un espacio y un número.
# El número puede incluir decimales.
# Después imprimir el número si es mayor a cero.
import re
man = open('mbox-short.txt')
for linea in man:
    linea = linea.rstrip()
    x = re.findall(r'^X\S*: ([0-9.]+)', linea)
    if len(x) > 0:
        print(x)
```

```
# Código: https://es.py4e.com/code3/re11.py
```

En lugar de usar **search()**, agregamos paréntesis alredededos de la parte de la expresión regular que representa al número de coma flotante para indicar que solo queremos que **findall()** retorne la parte correspondiente a números de coma flotante de la cadena retornada.

El resultado de este programa es el siguiente:

```
['0.8475']
```

```
['0.0000']
['0.6178']
['0.0000']
['0.6961']
['0.0000']
..
```

Los números siguen estando en una lista y deben ser convertidos de cadenas a números de coma flotante, pero hemos usado las expresiones regulares para buscar y extraer la información que consideramos interesante.

Otro ejemplo de esta técnica: si revisan este archivo, verán una serie de líneas en el formulario:

```
Detalles: http://source.sakaiproject.org/viewsvn/?view=rev&rev=39772
```

Si quisiéramos extraer todos los números de revisión (el número entero al final de esas líneas) usando la misma técnica del ejemplo anterior, podríamos escribir el siguiente programa:

```python
# Búsqueda de líneas que comiencen con 'Details: rev='
# seguido de números y '.'
# Después imprimir el número si es mayor a cero
import re
man = open('mbox-short.txt')
for linea in man:
    linea = linea.rstrip()
    x = re.findall('^Details:.*rev=([0-9.]+)', linea)
    if len(x) > 0:
        print(x)

# Código: https://es.py4e.com/code3/re12.py
```

Traducción de la expresión regular: estamos buscando líneas que empiecen con **Details:**, seguida de cualquier número de caracteres (**.***), seguida de **rev=**, y después de uno o más dígitos. Queremos encontrar líneas que coincidan con toda la expresión pero solo queremos extraer el número entero al final de la línea, por lo que ponemos **[0-9]+** entre paréntesis.

Al ejecutar el programa, obtenemos el siguiente resultado:

```
['39772']
['39771']
['39770']
['39769']
...
```

Recuerda que la expresión **[0-9]+** es "ambiciosa" e intentará formar una cadena de dígitos lo más larga posible antes de extraerlos. Este comportamiento "ambicioso" es la razón por la que obtenemos los cinco dígitos de cada número. La expresiones regular se expande en ambas direcciones hasta que encuentra, o bien un carácter que no sea un dígito, o bien el comienzo o final de una línea.

Ahora podemos usar expresiones regulares para volver a resolver un ejercicio que hicimos antes, en el que nos interesaba la hora de cada email. En su momento, buscamos las líneas:

```
From stephen.marquard@uct.ac.za Sat Jan  5 09:14:16 2008
```

con la intención de extraer la hora del día en cada línea. Antes logramos esto haciendo dos llamadas a `split`. Primero se dividía la línea en palabras y luego tomábamos la quinta palabra y la dividíamos de nuevo en el carácter ":" para obtener los dos caracteres que nos interesaban.

Aunque esta solución funciona, es el resultado de código bastante frágil, que depende de asumir que las líneas tienen el formato adecuado. Si bien puedes agregar chequeos (o un gran bloque de try/except) para asegurarte que el programa no falle al encontrar líneas mal formateadas, esto hará que el programa aumente a 10 o 15 líneas de código, que además serán difíciles de leer.

Podemos lograr el resultado de forma mucho más simple utilizando la siguiente expresión regular:

```
^From .* [0-9][0-9]:
```

La traducción de esta expresión regular sería que estamos buscando líneas que empiecen con `From` (nótese el espacio), seguido de cualquier número de caracteres (`.*`), seguidos de un espacio en blanco, seguido de dos dígitos `[0-9][0-9]`, seguidos de un carácter ":". Esa es la definición de la clase de líneas que buscamos.

Para extraer solo la hora usando `findall()`, agregamos paréntesis alrededor de los dos dígitos, de la siguiente manera:

```
^From .* ([0-9][0-9]):
```

Esto resultará en el siguiente programa:

```python
# Búsqueda de líneas que comienzan con From y un caracter seguido
# de un número de dos dígitos entre 00 y 99 seguido de ':'
# Después imprimir el número si este es mayor a cero
import re
man = open('mbox-short.txt')
for linea in man:
    linea = linea.rstrip()
    x = re.findall('^From .* ([0-9][0-9]):', linea)
    if len(x) > 0: print(x)

# Código: https://es.py4e.com/code3/re13.py
```

Al ejecutar el programa, obtendremos el siguiente resultado:

```
['09']
['18']
['16']
['15']
...
```

11.4   Escapado de Caracteres

Dado que en expresiones regulares usamos caracteres especiales para encontrar el
comienzo o final de una línea o especificar comodines, necesitamos una forma de
indicar que esos caracteres son "normales" y queremos encontrar la coincidencia
con el carácter específico, como un "$" o "^".

Podemos indicar que queremos encontrar la coincidencia con un carácter an-
teponiéndole una barra invertida. Por ejemplo, podemos encontrar cantidades de
dinero utilizando la siguiente expresión regular:

```
import re
x = 'We just received $10.00 for cookies.'
y = re.findall('\$[0-9.]+',x)
```

Dado que antepusimos la barra invertida al signo "$", encuentra una coincidencia
con el signo en la cadena en lugar de con el final de la línea, y el resto de la
expresión regular coincide con uno o más dígitos del carácter "." *Nota:* dentro de
los corchetes, los caracteres no se consideran "especiales". Por tanto, al escribir
[0-9.], efectivamente significa dígitos o un punto. Cuando no está entre corchetes,
el punto es el carácter "comodín" que coincide con cualquier carácter. Cuando está
dentro de corchetes, un punto es un punto.

11.5   Resumen

Aunque solo hemos escarbado la superficie de las expresiones regulares, hemos
aprendido un poco sobre su lenguaje. Son cadenas de búsqueda con caracteres especiales en su interior, los que comunican tus deseos al sistema de expresiones regulares respecto de qué se considera una coincidencia y qué información es extraída
de las cadenas coincidentes. A continuación tenemos algunos de estos caracteres y
secuencias especiales:

^ Coincide con el comienzo de la línea.

$ Coincide con el final de la línea

. Coincide con cualquier carácter (un comodín).

\s Coincide con un espacio en blanco.

\S Coincide con un carácter que no sea un espacio en blanco (el opuesto a \s).

* Se aplica al carácter o caracteres inmediatamente anteriores, indicando que
pueden coincidir cero o más veces.

`*?` Se aplica al carácter o caracteres inmediatamente anteriores, indicando que coinciden cero o más veces en modo "no ambicioso".

`+` Se aplica al carácter o caracteres inmediatamente anteriores, indicando que pueden coincidir una o más veces.

`+?` Se aplica al carácter o caracteres inmediatamente anteriores, indicando que pueden coincidir una o más veces en modo "no ambicioso".

`?` Se aplica al carácter o caracteres inmediatamente anteriores, indicando que puede coincidir cero o una vez.

`??` Se aplica al carácter o caracteres inmediatamente anteriores, indicando que puede coincidir cero o una vez en modo "no ambicioso".

`[aeiou]` Coincide con un solo carácter, siempre que éste se encuentre dentro del conjunto especificado. En este caso, coincidiría con "a", "e", "i", "o", o "u", pero no con otros caracteres.

`[a-z0-9]` Se pueden especificar rangos de caracteres utilizando el signo menos. En este caso, sería un solo carácter que debe ser una letra minúscula o un dígito.

`[^A-Za-z]` Cuando el primer carácter en la notación del conjunto es "^", invierte la lógica. En este ejemplo, habría coincidencia con un solo carácter que *no sea* una letra mayúscula o una letra minúscula.

`( )` Cuando se agregan paréntesis a una expresión regular, son ignorados para propósitos de encontrar coincidencias, pero permiten extraer un subconjunto determinado de la cadena en que se encuentra la coincidencia, en lugar de toda la cadena como cuando se utiliza `findall()`.

`\b` Coincide con una cadena vacía, pero solo al comienzo o al final de una palabra.

`\B` Concide con una cadena vacía, pero no al comienzo o al final de una palabra.

`\d` Coincide con cualquier dígito decimal; equivalente al conjunto [0-9].

`\D` Coincide con cualquier carácter que no sea un dígito; equivalente al conjunto [^0-9].

11.6 Sección adicional para usuarios de Unix / Linux

El soporte para buscar archivos usando expresiones regulares viene incluido en el sistema operativo Unix desde la década de 1960, y está disponible en prácticamente todos los lenguajes de programación de una u otra forma.

De hecho, hay un programa de línea de comandos incluido en Unix llamado *grep* (Generalized Regular Expression Parser// Analizador Generalizado de Expresiones Regulares) que hace prácticamente lo mismo que los ejemplos que hemos dado en este capítulo que utilizan `search()`. Por tanto, si usas un sistema Macintosh o Linux, puedes probar los siguientes comandos en tu ventana de línea de comandos.

```
$ grep '^From:' mbox-short.txt
From: stephen.marquard@uct.ac.za
```

```
From: louis@media.berkeley.edu
From: zqian@umich.edu
From: rjlowe@iupui.edu
```

Esto ordena a **grep** mostrar las líneas que comienzan con la cadena "From:" en el archivo *mbox-short.txt*. Si experimentas un poco con el comando **grep** y lees su documentación, encontrarás algunas sutiles diferencias entre el soporte de expresiones regulares en Python y en **grep**. Por ejemplo, **grep** no reconoce el carácter de no espacio en blanco \S, por lo que deberás usar la notación de conjuntos [^], que es un poco más compleja, y que significa que encontrará una coincidencia con cualquier carácter que no sea un espacio en blanco.

11.7   Depuración

Python incluye una documentación simple y rudimentaria que puede ser de gran ayuda si necesitas revisar para encontrar el nombre exacto de algún método. Esta documentación puede revisarse en el intérprete de Python en modo interactivo.

Para mostrar el sistema de ayuda interactivo, se utiliza el comando **help()**.

```
>>> help()

help> modules
```

Si sabes qué método quieres usar, puedes utilizar el comando **dir()** para encontrar los métodos que contiene el módulo, de la siguiente manera:

```
>>> import re
>>> dir(re)
[.. 'compile', 'copy_reg', 'error', 'escape', 'findall',
'finditer', 'match', 'purge', 'search', 'split', 'sre_compile',
'sre_parse', 'sub', 'subn', 'sys', 'template']
```

También puedes obtener una pequeña porción de la documentación de un método en particular usando el comando dir.

```
>>> help (re.search)
Help on function search in module re:

search(pattern, string, flags=0)
    Scan through string looking for a match to the pattern, returning
    a match object, or None if no match was found.
>>>
```

La documentación incluida no es muy exhaustiva, pero puede ser útil si estás con prisa o no tienes acceso a un navegador o motor de búsqueda.

11.8 Glosario

código frágil Código que funciona cuando los datos se encuentran en un formato específico pero tiene a romperse si éste no se cumple. Lo llamamos "código frágil" porque se rompe con facilidad.

coincidencia ambiciosa La idea de que los caracteres + y * en una expresión regular se expanden hacia afuera para coincidir con la mayor cadena posible.

grep Un comando disponible en la mayoría de los sistemas Unix que busca en archivos de texto, buscando líneas que coincidan con expresiones regulares. El nombre del comando significa "Generalized Regular Expression Parser, o bien"Analizador Generalizado de Expresiones Regulares".

expresión regular Un lenguaje para encontrar cadenas más complejas en una búsqueda. Una expresión regular puede contener caracteres especiales que indiquen que una búsqueda solo coincida al comienzo o al final de una línea, junto con muchas otras capacidades similares.

comodín Un carácter especial que coincide con cualquier carácter. En expresiones regulares, el carácter comodín es el punto.

11.9 Ejercicios

Ejercicio uno: escribe un programa simple que simule la operación del comando grep en Unix. Debe pedir al usuario que ingrese una expresión regular y cuente el número de líneas que coincidan con ésta:

```
$ python grep.py
Ingresa una expresión regular: ^Author
mbox.txt tiene 1798 líneas que coinciden con ^Author

$ python grep.py
Ingresa una expresión regular: ^X-
mbox.txt tiene 14368 líneas que coinciden con ^X-

$ python grep.py
Ingresa una expresión regular: java$
mbox.txt tiene 4175 líneas que coinciden con java$
```

Ejercicio 2: escribe un programa que busque líneas en la forma:

```
New Revision: 39772
```

Extrae el número de cada línea usando una expresión regular y el método findall(). Registra el promedio de esos números e imprímelo.

```
Ingresa nombre de archivo: mbox.txt
38444.0323119

Ingresa nombre de archivo: mbox-short.txt
39756.9259259
```

Chapter 12

Programas en red

Aunque muchos de los ejemplos en este libro se han enfocado en leer archivos y buscar datos en ellos, hay muchas fuentes de información diferentes si se tiene en cuenta el Internet.

En este capítulo fingiremos ser un navegador web y recuperaremos páginas web utilizando el Protocolo de Transporte de Hipertexto (HyperText Transfer Protocol - HTTP). Luego revisaremos los datos de esas páginas web y los analizaremos.

12.1 Protocolo de Transporte de Hipertexto - HTTP

El protocolo de red que hace funcionar la web es en realidad bastante simple, y existe un soporte integrado en Python llamado `sockets`, el cual hace que resulte muy fácil realizar conexiones de red y recuperar datos a través de esas conexiones desde un programa de Python.

Un socket es muy parecido a un archivo, a excepción de que proporciona una conexión de doble sentido entre dos programas. Es posible tanto leer como escribir en un mismo socket. Si se escribe algo en un socket, es enviado a la aplicación que está al otro lado de éste. Si se lee desde el socket, se obtienen los datos que la otra aplicación ha enviado.

Pero si intentas leer un socket cuando el programa que está del otro lado del socket no ha enviado ningún dato, puedes sentarte y esperar. Si los programas en ambos extremos del socket simplemente esperan por datos sin enviar nada, van a esperar por mucho, mucho tiempo, así que una parte importante de los programas que se comunican a través de internet consiste en tener algún tipo de protocolo.

Un protocolo es un conjunto de reglas precisas que determinan quién va primero, qué debe hacer, cuáles son las respuestas siguientes para ese mensaje, quién envía a continuación, etcétera. En cierto sentido las aplicaciones a ambos lados del socket están interpretando un baile y cada una debe estar segura de no pisar los pies de la otra.

Hay muchos documentos que describen estos protocolos de red. El Protocolo de
Transporte de Hipertext está descrito en el siguiente documento:

https://www.w3.org/Protocols/rfc2616/rfc2616.txt

Se trata de un documento largo y complejo de 176 páginas, con un montón de
detalles. Si lo encuentras interesante, siéntete libre de leerlo completo. Pero si
echas un vistazo alrededor de la página 36 del RFC2616, encontrarás la sintaxis
para las peticiones GET. Para pedir un documento a un servidor web, hacemos
una conexión al servidor `www.pr4e.org` en el puerto 80, y luego enviamos una línea
como esta:

```
GET http://data.pr4e.org/romeo.txt HTTP/1.0
```

en la cual el segundo parámetro es la página web que estamos solicitando, y a
continuación enviamos una línea en blanco. El servidor web responderá con una
cabecera que contiene información acerca del documento y una línea en blanco,
seguido por el contenido del documento.

12.2   El navegador web más sencillo del mundo

Quizá la manera más sencilla de demostrar cómo funciona el protocolo HTTP
sea escribir un programa en Python muy sencillo, que realice una conexión a un
servidor web y siga las reglas del protocolo HTTP para solicitar un documento y
mostrar lo que el servidor envía de regreso.

```python
import socket

misock = socket.socket(socket.AF_INET, socket.SOCK_STREAM)
misock.connect(('data.pr4e.org', 80))
cmd = 'GET http://data.pr4e.org/romeo.txt HTTP/1.0\r\n\r\n'.encode()
misock.send(cmd)

while True:
    datos = misock.recv(512)
    if len(datos) < 1:
        break
    print(datos.decode(),end='')

misock.close()

# Código: https://es.py4e.com/code3/socket1.py
```

En primer lugar, el programa realiza una conexión al puerto 80 del servidor
www.py4e.com. Puesto que nuestro programa está jugando el rol de "navegador
web", el protocolo HTTP dice que debemos enviar el comando GET seguido de
una línea en blanco. \r\n representa un salto de línea (end of line, o EOL en
inglés), así que \r\n\r\n significa que no hay nada entre dos secuencias de salto
de línea. Ese es el equivalente de una línea en blanco.

Una vez que enviamos esa línea en blanco, escribimos un bucle que recibe los datos
desde el socket en bloques de 512 caracteres y los imprime en pantalla hasta que

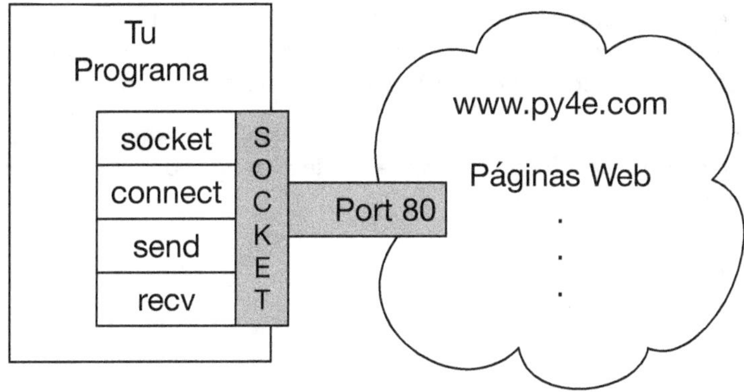

Figure 12.1: Conexión de un socket

no quedan más datos por leer (es decir, la llamada a recv() devuelve una cadena vacía).

El programa produce la salida siguiente:

```
HTTP/1.1 200 OK
Date: Wed, 11 Apr 2018 18:52:55 GMT
Server: Apache/2.4.7 (Ubuntu)
Last-Modified: Sat, 13 May 2017 11:22:22 GMT
ETag: "a7-54f6609245537"
Accept-Ranges: bytes
Content-Length: 167
Cache-Control: max-age=0, no-cache, no-store, must-revalidate
Pragma: no-cache
Expires: Wed, 11 Jan 1984 05:00:00 GMT
Connection: close
Content-Type: text/plain

But soft what light through yonder window breaks
It is the east and Juliet is the sun
Arise fair sun and kill the envious moon
Who is already sick and pale with grief
```

La salida comienza con la cabecera que el servidor envía para describir el documento. Por ejemplo, la cabecera `Content-Type` indica que el documento es un documento de texto sin formato (`text/plain`).

Después de que el servidor nos envía la cabecera, añade una línea en blanco para indicar el final de la cabecera, y después envía los datos reales del archivo *romeo.txt*.

Este ejemplo muestra cómo hacer una conexión de red de bajo nivel con sockets. Los sockets pueden ser usados para comunicarse con un servidor web, con un servidor de correo, o con muchos otros tipos de servidores. Todo lo que se necesita es encontrar el documento que describe el protocolo correspondiente y escribir el código para enviar y recibir los datos de acuerdo a ese protocolo.

Sin embargo, como el protocolo que se usa con más frecuencia es el protocolo web HTTP, Python tiene una librería especial diseñada especialmente para trabajar con éste para recibir documentos y datos a través de la web.

Uno de los requisitos para utilizar el protocolo HTTP es la necesidad de enviar y recibir datos como objetos binarios, en vez de cadenas. En el ejemplo anterior, los métodos `encode()` y `decode()` convierten cadenas en objectos binarios y viceversa.

El siguiente ejemplo utiliza la notación `b''` para especificar que una variable debe ser almacenada como un objeto binario. `encode()` y `b''` son equivalentes.

```
>>> b'Hola mundo'
b'Hola mundo'
>>> 'Hola mundo'.encode()
b'Hola mundo'
```

12.3   Recepción de una imagen mediante HTTP

En el ejemplo anterior, recibimos un archivo de texto sin formato que tenía saltos de línea en su interior, y lo único que hicimos cuando el programa se ejecutó fue copiar los datos a la pantalla. Podemos utilizar un programa similar para recibir una imagen utilizando HTTP. En vez de copiar los datos a la pantalla conforme va funcionando el programa, vamos a guardar los datos en una cadena, remover la cabecera, y después guardar los datos de la imagen en un archivo tal como se muestra a continuación:

```
import socket
import time

SERVIDOR = 'data.pr4e.org'
PUERTO = 80
misock = socket.socket(socket.AF_INET, socket.SOCK_STREAM)
misock.connect((SERVIDOR, PUERTO))
misock.sendall(b'GET http://data.pr4e.org/cover3.jpg HTTP/1.0\r\n\r\n')
contador = 0
imagen = b""

while True:
    datos = misock.recv(5120)
    if len(datos) < 1: break
    #time.sleep(0.25)
    contador = contador + len(datos)
    print(len(datos), contador)
    imagen = imagen + datos

misock.close()

# Búsqueda del final de la cabecera (2 CRLF)
pos = imagen.find(b"\r\n\r\n")
print('Header length', pos)
print(imagen[:pos].decode())

# Ignorar la cabera y guardar los datos de la imagen
imagen = imagen[pos+4:]
```

```
fhand = open("cosa.jpg", "wb")
fhand.write(imagen)
fhand.close()
```

```
# Código: https://es.py4e.com/code3/urljpeg.py
```

Cuando el programa corre, produce la siguiente salida:

```
$ python urljpeg.py
5120 5120
5120 10240
4240 14480
5120 19600
...
5120 214000
3200 217200
5120 222320
5120 227440
3167 230607
Header length 394
HTTP/1.1 200 OK
Date: Fri, 21 Feb 2020 01:45:41 GMT
Server: Apache/2.4.18 (Ubuntu)
Last-Modified: Mon, 15 May 2017 12:27:40 GMT
ETag: "38342-54f8f2e5b6277"
Accept-Ranges: bytes
Content-Length: 230210
Vary: Accept-Encoding
Cache-Control: max-age=0, no-cache, no-store, must-revalidate
Pragma: no-cache
Expires: Wed, 11 Jan 1984 05:00:00 GMT
Connection: close
Content-Type: image/jpeg
```

Puedes observar que para esta url, la cabecera `Content-Type` indica que el cuerpo del documento es una imagen (`image/jpeg`). Una vez que el programa termina, puedes ver los datos de la imagen abriendo el archivo `cosa.jpg` en un visor de imágenes.

Al ejecutar el programa, se puede ver que no se obtienen 5120 caracteres cada vez que llamamos el método `recv()`. Se obtienen tantos caracteres como hayan sido transferidos por el servidor web hacia nosotros a través de la red en el momento de la llamada a `recv()`. En este emeplo, se obtienen al menos 3200 caracteres cada vez que solicitamos hasta 5120 caracteres de datos.

Los resultados pueden variar dependiendo de tu velocidad de internet. Además, observa que en la última llamada a `recv()` obtenemos 3167 bytes, lo cual es el final de la cadena, y en la siguiente llamada a `recv()` obtenemos una cadena de longitud cero que indica que el servidor ya ha llamado `close()` en su lado del socket, y por lo tanto no quedan más datos pendientes por recibir.

Podemos retardar las llamadas sucesivas a `recv()` al descomentar la llamada a `time.sleep()`. De esta forma, esperamos un cuarto de segundo después de cada llamada de modo que el servidor puede "adelantarse" a nosotros y enviarnos más datos antes de que llamemos de nuevo a `recv()`. Con el retraso, esta vez el programa se ejecuta así:

```
$ python urljpeg.py
5120 5120
5120 10240
5120 15360
...
5120 225280
5120 230400
208 230608
Header length 394
HTTP/1.1 200 OK
Date: Fri, 21 Feb 2020 01:57:31 GMT
Server: Apache/2.4.18 (Ubuntu)
Last-Modified: Mon, 15 May 2017 12:27:40 GMT
ETag: "38342-54f8f2e5b6277"
Accept-Ranges: bytes
Content-Length: 230210
Vary: Accept-Encoding
Cache-Control: max-age=0, no-cache, no-store, must-revalidate
Pragma: no-cache
Expires: Wed, 11 Jan 1984 05:00:00 GMT
Connection: close
Content-Type: image/jpeg
```

Ahora todas las llamadas a `recv()`, excepto la primera y la última, nos dan 5120 caracteres cada vez que solicitamos más datos.

Existe un buffer entre el servidor que hace las peticiones `send()` y nuestra aplicación que hace las peticiones `recv()`. Cuando ejecutamos el programa con el retraso activado, en algún momento el servidor podría llenar el buffer del socket y verse forzado a detenerse hasta que nuestro programa empiece a vaciar ese buffer. La detención de la aplicación que envía los datos o de la que los recibe se llama "control de flujo".

12.4   Recepción de páginas web con `urllib`

Aunque podemos enviar y recibir datos manualmente mediante HTTP utilizando la librería socket, existe una forma mucho más simple para realizar esta habitual tarea en Python, utilizando la librería `urllib`.

Utilizando `urllib`, es posible tratar una página web de forma parecida a un archivo. Se puede indicar simplemente qué página web se desea recuperar y `urllib` se encargará de manejar todos los detalles referentes al protocolo HTTP y a la cabecera.

El código equivalente para leer el archivo *romeo.txt* desde la web usando `urllib` es el siguiente:

```
import urllib.request

man_a = urllib.request.urlopen('http://data.pr4e.org/romeo.txt')
```

```
for linea in man_a:
    print(linea.decode().strip())
```

```
# Código: https://es.py4e.com/code3/urllib1.py
```

Una vez que la página web ha sido abierta con `urllib.urlopen`, se puede tratar como un archivo y leer a través de ella utilizando un bucle `for`.

Cuando el programa se ejecuta, en su salida sólo vemos el contenido del archivo. Las cabeceras siguen enviándose, pero el código de `urllib` se encarga de manejarlas y solamente nos devuelve los datos.

```
But soft what light through yonder window breaks
It is the east and Juliet is the sun
Arise fair sun and kill the envious moon
Who is already sick and pale with grief
```

Como ejemplo, podemos escribir un programa para obtener los datos de `romeo.txt` y calcular la frecuencia de cada palabra en el archivo de la forma siguiente:

```
import urllib.request, urllib.parse, urllib.error

man_a = urllib.request.urlopen('http://data.pr4e.org/romeo.txt')

contadores = dict()
for linea in man_a:
    palabras = linea.decode().split()
    for palabra in palabras:
        contadores[palabra] = contadores.get(palabra, 0) + 1

print(contadores)
```

```
# Código: https://es.py4e.com/code3/urlwords.py
```

De nuevo vemos que, una vez abierta la página web, se puede leer como si fuera un archivo local.

12.5   Leyendo archivos binarios con `urllib`

A veces se desea obtener un archivo que no es de texto (o binario) tal como una imagen o un archivo de video. Los datos en esos archivos generalmente no son útiles para ser impresos en pantalla, pero se puede hacer fácilmente una copia de una URL a un archivo local en el disco duro utilizando `urllib`.

El método consiste en abrir la dirección URL y utilizar `read` para descargar todo el contenido del documento en una cadena (`img`) para después escribir esa información a un archivo local, tal como se muestra a continuación:

```python
import urllib.request, urllib.parse, urllib.error

img = urllib.request.urlopen('http://data.pr4e.org/cover3.jpg').read()
man_a = open('portada.jpg', 'wb')
man_a.write(img)
man_a.close()

# Código: https://es.py4e.com/code3/curl1.py
```

Este programa lee todos los datos que recibe de la red y los almacena en la variable `img` en la memoria principal de la computadora. Después, abre el archivo `portada.jpg` y escribe los datos en el disco. El argumento `wb` en la función `open()` abre un archivo binario en modo de escritura solamente. Este programa funcionará siempre y cuando el tamaño del archivo sea menor que el tamaño de la memoria de la computadora.

Aún asi, si es un archivo grande de audio o video, este programa podría fallar o al menos ejecutarse sumamente lento cuando la memoria de la computadora se haya agotado. Para evitar que la memoria se termine, almacenamos los datos en bloques (o buffers) y luego escribimos cada bloque en el disco antes de obtener el siguiente bloque. De esta forma, el programa puede leer archivos de cualquier tamaño sin utilizar toda la memoria disponible en la computadora.

```python
import urllib.request, urllib.parse, urllib.error

img = urllib.request.urlopen('http://data.pr4e.org/cover3.jpg')
man_a = open('portada.jpg', 'wb')
tamano = 0
while True:
    info = img.read(100000)
    if len(info) < 1: break
    tamano = tamano + len(info)
    man_a.write(info)

print(tamano, 'caracteres copiados.')
man_a.close()

# Código: https://es.py4e.com/code3/curl2.py
```

En este ejemplo, leemos solamente 100,000 caracteres a la vez, y después los escribimos al archivo `portada.jpg` antes de obtener los siguientes 100,000 caracteres de datos desde la web.

Este programa se ejecuta como se observa a continuación:

```
python curl2.py
230210 caracteres copiados.
```

12.6 Análisis the HTML y rascado de la web

Uno de los usos más comunes de las capacidades de `urllib` en Python es *rascar* la web. El rascado de la web es cuando escribimos un programa que pretende ser un navegador web y recupera páginas, examinando luego los datos de esas páginas para encontrar ciertos patrones.

Por ejemplo, un motor de búsqueda como Google buscará el código de una página web, extraerá los enlaces a otras paginas y las recuperará, extrayendo los enlaces que haya en ellas y así sucesivamente. Utilizando esta técnica, las *arañas* de Google alcanzan a casi todas las páginas de la web.

Google utiliza también la frecuencia con que las páginas que encuentra enlazan hacia una página concreta para calcular la "importancia" de esa página, y la posición en la que debe aparecer dentro de sus resultados de búsqueda.

12.7 Análisis de HTML mediante expresiones regulares

Una forma sencilla de analizar HTML consiste en utilizar expresiones regulares para hacer búsquedas repetitivas que extraigan subcadenas coincidentes con un patrón en particular.

Aquí tenemos una página web simple:

```
<h1>La Primera Página</h1>
<p>
Si quieres, puedes visitar la
<a href="http://www.dr-chuck.com/page2.htm">
Segunda Página</a>.
</p>
```

Podemos construir una expresión regular bien formada para buscar y extraer los valores de los enlaces del texto anterior, de esta forma:

```
href="http[s]?://.+?"
```

Nuestra expresión regular busca cadenas que comiencen con "href="http://" o "href="https://", seguido de uno o más caracteres (.+?), seguidos por otra comilla doble. El signo de interrogación después de [s]? indica que la coincidencia debe ser hecha en modo "no-codicioso", en vez de en modo "codicioso". Una búsqueda no-codiciosa intenta encontrar la cadena coincidente *más pequeña* posible, mientras que una búsqueda codiciosa intentaría localizar la cadena coincidente *más grande*.

Añadimos paréntesis a nuestra expresión regular para indicar qué parte de la cadena localizada queremos extraer, y obtenemos el siguiente programa:

```
# Búsqueda de valores de enlaces dentro de una URL ingresada
import urllib.request, urllib.parse, urllib.error
```

```python
import re
import ssl

# Ignorar errores de certificado SSL
ctx = ssl.create_default_context()
ctx.check_hostname = False
ctx.verify_mode = ssl.CERT_NONE

url = input('Introduzca - ')
html = urllib.request.urlopen(url).read()
enlaces = re.findall(b'href="(http[s]?://.*?)"', html)
for enlace in enlaces:
    print(enlace.decode())

# Código: https://es.py4e.com/code3/urlregex.py
```

La librería `ssl` permite a nuestro programa acceder a los sitios web que estrictamente requieren HTTPS. El método `read` devuelve código fuente en HTML como un objeto binario en vez de devolver un objeto HTTPResponse. El método de expresiones regulares `findall` nos da una lista de todas las cadenas que coinciden con la expresión regular, devolviendo solamente el texto del enlace entre las comillas dobles.

Cuando corremos el programa e ingresamos una URL, obtenemos lo siguiente:

```
Introduzca - https://docs.python.org
https://docs.python.org/3/index.html
https://www.python.org/
https://devguide.python.org/docquality/#helping-with-documentation
https://docs.python.org/3.9/
https://docs.python.org/3.8/
https://docs.python.org/3.7/
https://docs.python.org/3.6/
https://docs.python.org/3.5/
https://docs.python.org/2.7/
https://www.python.org/doc/versions/
https://www.python.org/dev/peps/
https://wiki.python.org/moin/BeginnersGuide
https://wiki.python.org/moin/PythonBooks
https://www.python.org/doc/av/
https://devguide.python.org/
https://www.python.org/
https://www.python.org/psf/donations/
https://docs.python.org/3/bugs.html
https://www.sphinx-doc.org/
```

Las expresiones regulares funcionan muy bien cuando el HTML está bien formateado y es predecible. Pero dado que ahí afuera hay muchas páginas con HTML "defectuoso", una solución que solo utilice expresiones regulares podría perder algunos enlaces válidos, o bien terminar obteniendo datos erróneos.

Esto se puede resolver utilizando una librería robusta de análisis de HTML.

12.8 Análisis de HTML mediante BeautifulSoup

A pesar de que HTML es parecido a XML[1] y que algunas páginas son construidas cuidadosamente para ser XML, la mayoría del HTML generalmente está incompleto, de modo que puede causar que un analizador de XML rechace una página HTML completa por estar formada inadecuadamente.

Hay varias librerías en Python que pueden ayudarte a analizar HTML y extraer datos de las páginas. Cada una tiene sus fortalezas y debilidades, por lo que puedes elegir una basada en tus necesidades.

Por ejemplo, vamos a analizar una entrada HTML cualquiera y a extraer enlaces utilizando la librería *BeautifulSoup*. BeautifulSoup tolera código HTML bastante defectuoso y aún así te deja extraer los datos que necesitas. Puedes descargar e instalar el código de BeautifulSoup desde:

https://pypi.python.org/pypi/beautifulsoup4

La información acerca de la instalación de BeautifulSoup utilizando la herramienta de Python Package Index (Índice de Paquete de Python) `pip`, disponible en:

https://packaging.python.org/tutorials/installing-packages/

Vamos a utilizar `urllib` para leer la página y después utilizaremos `BeautifulSoup` para extraer los atributos `href` de las etiquetas de anclaje (`a`).

```python
# Para ejecutar este programa descarga BeautifulSoup
# https://pypi.python.org/pypi/beautifulsoup4

# O descarga el archivo
# http://www.py4e.com/code3/bs4.zip
# y descomprimelo en el mismo directorio que este archivo

import urllib.request, urllib.parse, urllib.error
from bs4 import BeautifulSoup
import ssl

# Ignorar errores de certificado SSL
ctx = ssl.create_default_context()
ctx.check_hostname = False
ctx.verify_mode = ssl.CERT_NONE

url = input('Introduzca - ')
html = urllib.request.urlopen(url, context=ctx).read()
sopa = BeautifulSoup(html, 'html.parser')

# Recuperar todas las etiquetas de anclaje
etiquetas = sopa('a')
for etiqueta in etiquetas:
    print(etiqueta.get('href', None))

# Código: https://es.py4e.com/code3/urllinks.py
```

---

[1]El formato XML es descrito en el siguiente capítulo.

El programa solicita una dirección web, luego la abre, lee los datos y se los pasa al analizador BeautifulSoup. Luego, recupera todas las etiquetas de anclaje e imprime en pantalla el atributo `href` de cada una de ellas.

Cuando el programa se ejecuta, produce lo siguiente:

```
Introduzca - https://docs.python.org
genindex.html
py-modindex.html
https://www.python.org/
#
whatsnew/3.8.html
whatsnew/index.html
tutorial/index.html
library/index.html
reference/index.html
using/index.html
howto/index.html
installing/index.html
distributing/index.html
extending/index.html
c-api/index.html
faq/index.html
py-modindex.html
genindex.html
glossary.html
search.html
contents.html
bugs.html
https://devguide.python.org/docquality/#helping-with-documentation
about.html
license.html
copyright.html
download.html
https://docs.python.org/3.9/
https://docs.python.org/3.8/
https://docs.python.org/3.7/
https://docs.python.org/3.6/
https://docs.python.org/3.5/
https://docs.python.org/2.7/
https://www.python.org/doc/versions/
https://www.python.org/dev/peps/
https://wiki.python.org/moin/BeginnersGuide
https://wiki.python.org/moin/PythonBooks
https://www.python.org/doc/av/
https://devguide.python.org/
genindex.html
py-modindex.html
https://www.python.org/
#
copyright.html
https://www.python.org/psf/donations/
https://docs.python.org/3/bugs.html
https://www.sphinx-doc.org/
```

Esta lista es mucho más larga porque algunas de las etiquetas de anclaje son rutas relativas (e.g., tutorial/index.html) o referencias dentro de la página (p. ej., '#') que no incluyen "http://" o "https://", lo cual era un requerimiento en nuestra expresión regular.

También puedes utilizar BeautifulSoup para extraer varias partes de cada etiqueta de este modo:

```python
# Para ejecutar este programa descarga BeautifulSoup
# https://pypi.python.org/pypi/beautifulsoup4

# O descarga el archivo
# http://www.py4e.com/code3/bs4.zip
# y descomprimelo en el mismo directorio que este archivo

from urllib.request import urlopen
from bs4 import BeautifulSoup
import ssl

# Ignorar errores de certificado SSL
ctx = ssl.create_default_context()
ctx.check_hostname = False
ctx.verify_mode = ssl.CERT_NONE

url = input('Introduzca - ')
html = urlopen(url, context=ctx).read()
sopa = BeautifulSoup(html, "html.parser")

# Obtener todas las etiquetas de anclaje
etiquetas = sopa('a')
for etiqueta in etiquetas:
    # Look at the parts of a tag
    print('ETIQUETA:', etiqueta)
    print('URL:', etiqueta.get('href', None))
    print('Contenido:', etiqueta.contents[0])
    print('Atributos:', etiqueta.attrs)

# Código: https://es.py4e.com/code3/urllink2.py
```

```
python urllink2.py
Introduzca - http://www.dr-chuck.com/page1.htm
ETIQUETA: <a href="http://www.dr-chuck.com/page2.htm">
Second Page</a>
URL: http://www.dr-chuck.com/page2.htm
Contenido:
Second Page
Atributos: {'href': 'http://www.dr-chuck.com/page2.htm'}
```

`html.parser` es el analizador de HTML incluido en la librería estándar de Python 3. Para más información acerca de otros analizadores de HTML, lee:

http://www.crummy.com/software/BeautifulSoup/bs4/doc/#installing-a-parser

Estos ejemplo tan sólo muestran un poco de la potencia de BeautifulSoup cuando se trata de analizar HTML.

12.9   Sección extra para usuarios de Unix / Linux

Si tienes una computadora Linux, Unix, o Macintosh, probablemente tienes comandos nativos de tu sistema operativo para obtener tanto archivos de texto plano como archivos binarios utilizando los procolos HTTP o de Transferencia de Archivos (File Transfer - FTP). Uno de esos comandos es `curl`:

```
$ curl -O http://www.py4e.com/cover.jpg
```

El comando `curl` es una abreviación de "copiar URL" y por esa razón los dos ejemplos vistos anteriormente para obtener archivos binarios con `urllib` son astutamente llamados `curl1.py` y `curl2.py` en www.py4e.com/code3 debido a que ellos implementan una funcionalidad similar a la del comando `curl`. Existe también un programa de ejemplo `curl3.py` que realiza la misma tarea de forma un poco más eficiente, en caso de que quieras usar de verdad este diseño en algún programa que estés escribiendo.

Un segundo comando que funciona de forma similar es `wget`:

```
$ wget http://www.py4e.com/cover.jpg
```

Ambos comandos hacen que obtener páginas web y archivos remotos se vuelva una tarea fácil.

12.10   Glosario

BeautifulSoup Una librería de Python para analizar documentos HTML y extraer datos de ellos, que compensa la mayoría de las imperfecciones que los navegadores HTML normalmente ignoran. Puedes descargar el código de BeautifulSoup desde www.crummy.com.

puerto Un número que generalmente indica qué aplicación estás contactando cuando realizas una conexión con un socket en un servidor. Por ejemplo, el tráfico web normalmente usa el puerto 80, mientras que el tráfico del correo electrónico usa el puerto 25.

rascado Cuando un programa simula ser un navegador web y recupera una página web, para luego realizar una búsqueda en su contenido. A menudo los programas siguen los enlaces en una página para encontrar la siguiente, de modo que pueden atravesar una red de páginas o una red social.

rastrear La acción de un motor de búsqueda web que consiste en recuperar una página y luego todas las páginas enlazadas por ella, continuando así sucesivamente hasta que tienen casi todas las páginas de Internet, que usan a continuación para construir su índice de búsqueda.

socket Una conexión de red entre dos aplicaciones, en la cual dichas aplicaciones pueden enviar y recibir datos en ambas direcciones.

12.11 Ejercicios

Ejercicio 1: Cambia el programa del socket `socket1.py` para que le pida al usuario la URL, de modo que pueda leer cualquier página web. Puedes usar `split('/')` para dividir la URL en las partes que la componen, de modo que puedas extraer el nombre del host para la llamada a `connect` del socket. Añade comprobación de errores utilizando `try` y `except` para contemplar la posibilidad de que el usuario introduzca una URL mal formada o inexistente.

Ejercicio 2: Cambia el programa del socket para que cuente el número de caracteres que ha recibido y se detenga, con un texto en pantalla, después de que se hayan mostrado 3000 caracteres. El programa debe recuperar el documento completo y contar el número total de caracteres, mostrando ese total al final del documento.

Ejercicio 3: Utiliza `urllib` para rehacer el ejercicio anterior de modo que (1) reciba el documento de una URL, (2) muestre hasta 3000 caracteres, y (3) cuente la cantidad total de caracteres en el documento. No te preocupes de las cabeceras en este ejercicio, simplemente muesta los primeros 3000 caracteres del contenido del documento.

Ejercicio 4: Cambia el programa `urllinks.py` para extraer y contar las etiquetas de párrafo (p) del documento HTML recuperado y mostrar el total de párrafos como salida del programa. No muestres el texto de los párrafos, sólo cuéntalos. Prueba el programa en varias páginas web pequeñas, y también en otras más grandes.

Ejercicio 5: (Avanzado) Cambia el programa del socket de modo que solamente muestra datos después de que se haya recibido la cabecera y la línea en blanco. Recuerda que `recv` recibe caracteres (saltos de línea incluidos), no líneas.

Chapter 13

Uso de Servicios Web

Una vez que recuperar documentos a través de HTTP y analizarlos usando programas se convirtió en algo sencillo, no se tardó mucho en desarrollar un modelo consistente en la producción de documentos específicamente diseñados para ser consumidos por otros programas (es decir, no únicamente HTML para ser mostrado en un navegador).

Existen dos formatos habituales que se usan para el intercambio de datos a través de la web. El "eXtensible Markup Language" (lenguaje extensible de marcas), o XML, ha sido utilizado durante mucho tiempo, y es el más adecuado para intercambiar datos del tipo documento. Cuando los programas simplemente quieren intercambiar diccionarios, listas u otra información interna, usan "JavaScript Object Notation", o JSON (Notación de Objetos Javascript; consulta www.json.org). Nosotros examinaremos ambos formatos.

13.1   eXtensible Markup Language - XML

XML tiene un aspecto similar a HTML, pero más estructurado. Este es un ejemplo de un documento XML:

```
<person>
  <name>Chuck</name>
  <phone type="intl">
    +1 734 303 4456
  </phone>
  <email hide="yes" />
</person>
```

Cada par de etiquetas de apertura (p. ej., '') y de cierre (p. ej., '') representan un *elemento* o *nodo* con el mismo nombre de la etiqueta (p. ej., 'person'). Cada elemento puede contener texto, atributos (p. ej., 'hide') y otros elementos anidados. Si un elemento XML está vacío (es decir, no tiene contenido), puede representarse con una etiqueta auto-cerrada (p. ej., '').

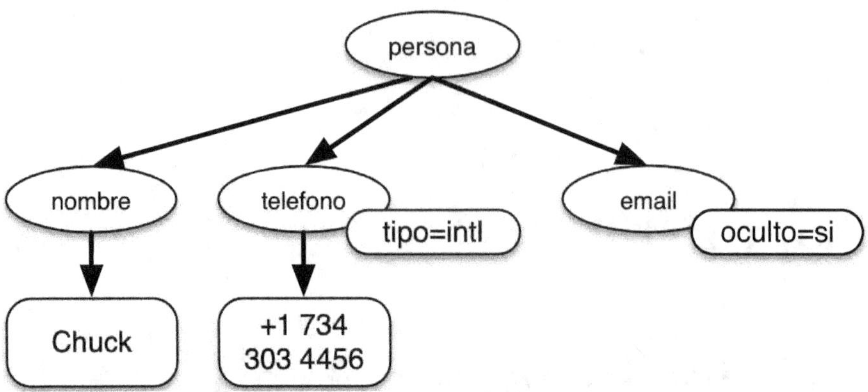

Figure 13.1: A Tree Representation of XML

A menudo resulta útil pensar en un documento XML como en la estructura de un
árbol, donde hay una etiqueta superior (en este caso 'person'), y otras etiquetas
como 'phone' que se muestran como *hijas* de sus nodos *padres*.

13.2   Análisis de XML

He aquí una aplicación sencilla que analiza un archivo XML y extrae algunos
elementos de él:

```python
import xml.etree.ElementTree as ET

datos = '''
<persona>
  <nombre>Chuck</nombre>
  <telefono type="intl">
    +1 734 303 4456
  </telefono>
  <email oculto="si" />
</persona>'''

arbol = ET.fromstring(datos)
print('Nombre:', arbol.find('nombre').text)
print('Atributo:', arbol.find('email').get('oculto'))

# Código: https://es.py4e.com/code3/xml1.py
```

Tanto la triple comilla simple (''''') como la triple comilla doble ('"""') permiten
la creación de cadenas que abarquen varias líneas.

La llamada a 'fromstring' convierte la representación de cadena del XML en un
"árbol" de nodos XML. Una vez tenemos el XML como un árbol, disponemos de
una serie de métodos que podemos llamar para extraer porciones de datos de ese
XML. La función 'find' busca a través del árbol XML y recupera el nodo que
coincide con la etiqueta especificada.

```
Nombre: Chuck
Atributo: si
```

El usar un analizador de XML como 'ElementTree' tiene la ventaja de que, a pesar de que el XML de este ejemplo es bastante sencillo, resulta que hay muchas reglas relativas a la validez del XML, y el uso de 'ElementTree' nos permite extraer datos del XML sin preocuparnos por esas reglas de sintaxis.

13.3   Desplazamiento a través de los nodos

A menudo el XML tiene múltiples nodos y tenemos que escribir un bucle para procesarlos todos. En el programa siguiente, usamos un bucle para recorrer todos los nodos 'usuario':

```python
import xml.etree.ElementTree as ET

datos = '''
<cosa>
  <usuarios>
    <usuario x="2">
      <id>001</id>
      <nombre>Chuck</nombre>
    </usuario>
    <usuario x="7">
      <id>009</id>
      <nombre>Brent</nombre>
    </usuario>
  </usuarios>
</cosa>'''

cosa = ET.fromstring(datos)
lst = cosa.findall('usuarios/usuario')
print('Total de usuarios:', len(lst))

for item in lst:
    print('Nombre', item.find('nombre').text)
    print('Id', item.find('id').text)
    print('Atributo', item.get('x'))

# Código: https://es.py4e.com/code3/xml2.py
```

El método 'findall' devuelve una lista de subárboles que representan las estructuras 'usuario' del árbol XML. A continuación podemos escribir un bucle 'for' que busque en cada uno de los nodos usuario, e imprima el texto de los elementos 'nombre' e 'id', además del atributo 'x' de cada nodo usuario.

```
Contador de usuarios: 2
Nombre Chuck
```

```
Id 001
Atributo 2
Nombre Brent
Id 009
Atributo 7
```

Es importante incluir todos los elementos base en la declaración de 'findall' exceptuando aquel que se encuentra en el nivel superior (p. ej., 'usuarios/usuario'). De
lo contrario, Python no encontrará ninguno de los nodos que buscamos.

```python
import xml.etree.ElementTree as ET

input = '''
<cosa>
  <usuarios>
    <usuario x="2">
      <id>001</id>
      <nombre>Chuck</nombre>
    </usuario>
    <usuario x="7">
      <id>009</id>
      <nombre>Brent</nombre>
    </usuario>
  </usuarios>
</cosa>'''

cosa = ET.fromstring(input)

lst = cosa.findall('usuarios/usuario')
print('Cuenta de usuarios:', len(lst))

lst2 = cosa.findall('usuario')
print('Cuenta de usuarios:', len(lst2))
```

'lst' almacena todos los elementos 'usuario' anidados dentro de su base 'usuarios'.
'lst2' busca los elementos 'usuario' que no se encuentren anidados dentro del elemento de nivel superior 'cosa' donde no hay ninguno.

```
Cuenta de usuarios: 2
Cuenta de usuarios: 0
```

13.4   JavaScript Object Notation - JSON

El formato JSON se inspiró en el formato de objetos y arrays que se usa en el
lenguaje JavaScript. Pero como Python se inventó antes que JavaScript, la sintaxis
usada en Python para los diccionarios y listas influyeron la sintaxis de JSON.
De modo que el formato del JSON es casi idéntico a la combinación de listas y
diccionarios de Python.

He aquí una codificación JSON que es más o menos equivalente al XML del ejemplo anterior:

```
{
  "name" : "Chuck",
  "phone" : {
    "type" : "intl",
    "number" : "+1 734 303 4456"
  },
   "email" : {
     "hide" : "yes"
   }
}
```

Si te fijas, encontrarás ciertas diferencias. Primero, en XML se pueden añadir atributos como "intl" a la etiqueta "phone". En JSON, simplemente tenemos parejas clave-valor. Además, la etiqueta "person" de XML ha desaparecido, reemplazada por un conjunto de llaves exteriores.

En general, las estructuras JSON son más simples que las de XML, debido a que JSON tiene menos capacidades. Pero JSON tiene la ventaja de que mapea *directamente* hacia una combinación de diccionarios y listas. Y, dado que casi todos los lenguajes de programación tienen algo equivalente a los diccionarios y listas de Python, JSON es un formato muy intuitivo para que dos programas que vayan a cooperar intercambien datos.

JSON se está convirtiendo rápidamente en el formato elegido para casi todos los intercambios de datos entre aplicaciones, debido a su relativa simplicidad comparado con XML.

13.5   Análisis de JSON

El JSON se construye anidando diccionarios y listas según se necesite. En este ejemplo, vamos a representar una lista de usuarios en la que cada usuario es un conjunto de parejas clave-valor (es decir, un diccionario). De modo que tendremos una lista de diccionarios.

En el programa siguiente, usaremos la librería integrada 'json' para analizar el JSON y leer los datos. Compáralo cuidadosamente con los datos y código XML equivalentes que usamos antes. El JSON tiene menos detalles, de modo que podemos saber de antemano que vamos a obtener una lista y que la lista es de usuarios y además que cada usuario es un conjunto de parejas clave-valor. El JSON es más conciso (una ventaja), pero también es menos auto-descriptivo (una desventaja).

```
import json

datos = '''
[
  { "id" : "001",
    "x" : "2",
```

```
      "nombre" : "Chuck"
  } ,
  { "id" : "009",
    "x" : "7",
    "nombre" : "Brent"
  }
]'''

info = json.loads(datos)
print('Total de usuarios:', len(info))

for elemento in info:
    print('Nombre', elemento['nombre'])
    print('Id', elemento['id'])
    print('Atributo', elemento['x'])

# Código: https://es.py4e.com/code3/json2.py
```

Si comparas el código que extrae los datos del JSON analizado y el del XML, verás
que lo que obtenemos de 'json.loads()' es una lista de Python que recorreremos con
un bucle for, y cada elemento dentro de esa lista es un diccionario de Python. Una
vez analizado el JSON, podemos usar el operador índice de Python para extraer
los distintos fragmentos de datos de cada usuario. No tenemos que usar la librería
JSON para rebuscar a través del JSON analizado, ya que los datos devueltos son
sencillamente estructuras nativas de Python.

La salida de este programa es exactamente la misma que la de la versión XML
anterior.

```
Total de usuarios: 2
Nombre Chuck
Id 001
Atributo 2
Nombre Brent
Id 009
Atributo 7
```

En general, hay una tendencia en la industria a apartarse del XML y pasar al
JSON para los servicios web. Como el JSON es más sencillo, y se mapea de forma
más directa hacia estructuras de datos nativas que ya tenemos en los lenguajes
de programación, el código de análisis y extracción de datos normalmente es más
sencillo y directo usando JSON. Sin embargo, XML es más auto-descriptivo, y
por eso hay ciertas aplicaciones en las cuales mantiene su ventaja. Por ejemplo,
la mayoría de los procesadores de texto almacenan sus documentos internamente
usando XML en vez de JSON.

13.6   Interfaces de programación de aplicaciones

Ahora tenemos la capacidad de intercambiar datos entre aplicaciones usando el Protocolo de Transporte de Hipertexto (HTTP), y un modo de representar estructuras

de datos complejas para poder enviar y recibir los datos entre esas aplicaciones, a través del eXtensibleMarkup Language (XML) o del JavaScript Object Notation (JSON).

El paso siguiente es empezar a definir y documentar "contratos" entre aplicaciones usando estas técnicas. El nombre habitual para estos contratos entre aplicaciones es *Interfaces de Programación de Aplicaciones* (Application Program Interfaces), o APIs. Cuando se utiliza una API, normalmente un programa crea un conjunto de *servicios* disponibles para que los usen otras aplicaciones y publica las APIs (es decir, las "reglas") que deben ser seguidas para acceder a los servicios proporcionados por el programa.

Cuando comenzamos a construir programas con funcionalidades que incluyen el acceso a servicios proporcionados por otros programas, el enfoque se denomina *Service-Oriented Architecture* (Arquitectura Orientada a Servicios), o SOA. Un enfoque SOA es aquel en el cual nuestra aplicación principal usa los servicios de otras aplicaciones. Un planteamiento no-SOA es aquel en el cual tenemos una única aplicación independiente que contiene todo el código necesario para su implementación.

Podemos encontrar multitud de ejemplos de SOAs cuando utilizamos servicios de la web. Podemos ir a un único sitio web y reservar viajes en avión, hoteles y automóviles, todo ello desde el mismo sitio. Los datos de los hoteles no están almacenados en los equipos de la compañía aérea. En vez de eso, los computadores de la aerolínea contactan con los servicios de los computadores de los hoteles, recuperan los datos de éstos, y se los presentan al usuario. Cuando el usuario acepta realizar una reserva de un hotel usando el sitio web de una aerolínea, ésta utiliza otro servicio web en los sistemas de los hoteles para realizar la reserva real. Y cuando llega el momento de cargar en tu tarjeta de crédito el importe de la transacción completa, hay todavía otros equipos diferentes involucrados en el proceso.

Una Arquitectura Orientada a Servicios tiene muchas ventajas, que incluyen: (1) siempre se mantiene una única copia de los datos (lo cual resulta particularmente importante en ciertas áreas como las reservas hoteleras, donde no queremos duplicar excesivamente la información) y (2) los propietarios de los datos pueden imponer reglas acerca del uso de esos datos. Con estas ventajas, un sistema SOA debe ser diseñado cuidadosamente para tener buen rendimiento y satisfacer las necesidades de los usuarios.

Cuando una aplicación ofrece un conjunto de servicios en su API disponibles a través de la web, los llamamos *servicios web*.

13.7 Seguridad y uso de APIs

Resulta bastante frecuente que se necesite algún tipo de "clave API" para hacer uso de una API comercial. La idea general es que ellos quieren saber quién está usando sus servicios y cuánto los utiliza cada usuario. Tal vez tienen distintos niveles (gratuitos y de pago) de servicios, o una política que limita el número de peticiones que un único usuario puede realizar durante un determinado periodo de tiempo.

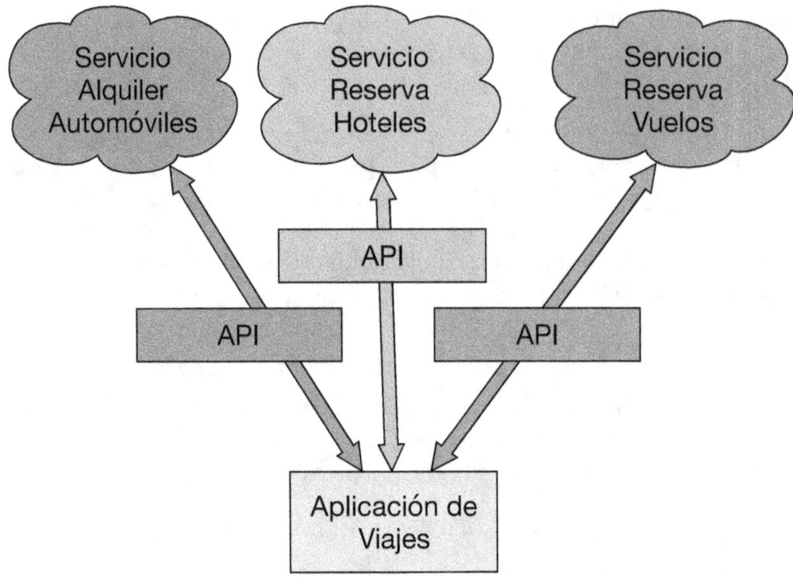

Figure 13.2: Service-oriented architecture

En ocasiones, una vez que tienes tu clave API, tan sólo debes incluirla como parte
de los datos POST, o tal vez como parámetro dentro de la URL que usas para
llamar a la API.

Otras veces, el vendedor quiere aumentar la certeza sobre el origen de las peticiones,
de modo que además espera que envíes mensajes firmados criptográficamente, usando claves compartidas y secretas. Una tecnología muy habitual que se utiliza
para firmar peticiones en Internet se llama *OAuth*. Puedes leer más acerca del
protocolo OAuth en www.oauth.net.

Afortunadamente, hay varias librerías OAuth útiles y gratuitas, de modo que te
puedes ahorrar el tener que escribir una implementación OAuth desde cero leyendo
las especificaciones. Estas librerías tienen distintos niveles de complejidad, así
como variedad de características. El sitio web OAuth tiene información sobre
varias librerías OAuth.

13.8   Glossary

API Application Programming Interface (Interfaz de Programación de Aplicaciones) - Un contrato entre aplicaciones que define las pautas de interacción
   entre los componentes de dos aplicaciones.

ElementTree Una librería interna de Python que se utiliza para analizar datos
   XML.

JSON JavaScript Object Notation (Notación de Objetos JavaScript). Un formato
   que permite el envío de estructuras de datos basadas en la sintaxis de los
   Objetos JavaScript.

SOA Service-Oriented Architecture (Arquitectura Orientada a Servicios). Cuando una aplicación está formada por componentes conectados a través de una red.

XML eXtensible Markup Language (Lenguaje de Marcas eXtensible). Un formato que permite el envío de datos estructurados.

13.9 Aplicación Nº 1: Servicio web de geocodificación de Google

Google tiene un excelente servicio web que nos permite hacer uso de su enorme base de datos de información geográfica. Podemos enviar una cadena de búsqueda geográfica, como "Ann Arbor, MI" a su API de geocodificación y conseguir que Google nos devuelva su mejor suposición sobre donde podría estar nuestra cadena de búsqueda en un mapa, además de los puntos de referencia en los alrededores.

El servicio de geocodificación es gratuito, pero limitado, de modo que no se puede hacer un uso intensivo de esta API en una aplicación comercial. Pero si tienes ciertos datos estadísticos en los cuales un usuario final ha introducido una localización en formato libre en un cuadro de texto, puedes utilizar esta API para limpiar esos datos de forma bastante efectiva.

Cuando se usa una API libre, como la API de geocodificación de Google, se debe ser respetuoso con el uso de los recursos. Si hay demasiada gente que abusa del servicio, Google puede interrumpir o restringir significativamente su uso gratuito.

Puedes leer la documentación online de este servicio, pero es bastante sencillo y puedes incluso probarlo desde un navegador, simplemente tecleando la siguiente URL en él:

http://maps.googleapis.com/maps/api/geocode/json?address=Ann+Arbor%2C+MI

Asegúrate de limpiar la URL y eliminar cualquier espacio de ella antes de pegarla en tu navegador.

La siguiente es una aplicación sencilla que pide al usuario una cadena de búsqueda, llama a la API de geocodificación de Google y extrae información del JSON que nos devuelve.

```python
import urllib.request, urllib.parse, urllib.error
import json
import ssl

clave_api = False
# Si tienes una clave API de Google Places, ingresala aquí
# clave_api = 'AIzaSy___IDByT70'
# https://developers.google.com/maps/documentation/geocoding/intro

if clave_api is False:
    clave_api = 42
```

```
        url_de_servicio = 'http://py4e-data.dr-chuck.net/json?'
else :
        url_de_servicio = 'https://maps.googleapis.com/maps/api/geocode/json?'

# Ignorar errores de certificado SSL
ctx = ssl.create_default_context()
ctx.check_hostname = False
ctx.verify_mode = ssl.CERT_NONE

while True:
    direccion = input('Ingresa una ubicación: ')
    if len(direccion) < 1: break

    parms = dict()
    parms['address'] = direccion
    if clave_api is not False: parms['key'] = clave_api
    url = url_de_servicio + urllib.parse.urlencode(parms)

    print('Recuperando', url)
    uh = urllib.request.urlopen(url, context=ctx)
    datos = uh.read().decode()
    print('Recuperados', len(datos), 'caracteres')

    try:
        js = json.loads(datos)
    except:
        js = None

    if not js or 'status' not in js or js['status'] != 'OK':
        print('==== Error al Recuperar ====')
        print(datos)
        continue

    print(json.dumps(js, indent=4))

    lat = js['results'][0]['geometry']['location']['lat']
    lng = js['results'][0]['geometry']['location']['lng']
    print('lat', lat, 'lng', lng)
    location = js['results'][0]['formatted_address']
    print(location)

# Código: https://es.py4e.com/code3/geojson.py
```

El programa toma la cadena de búsqueda y construye una URL codificándola como parámetro dentro de ella, utilizando luego 'urllib' para recuperar el texto de la API de geocodificación de Google. A diferencia de una página web estática, los datos que obtengamos dependerán de los parámetros que enviemos y de los datos geográficos almacenados en los servidores de Google.

Una vez recuperados los datos JSON, los analizamos con la librería 'json' y revisamos para asegurarnos de que hemos recibido datos válidos. Finalmente, extraemos la información que buscábamos.

La salida del programa es la siguiente (parte del JSON recibido ha sido eliminado):

```
$ python3 geojson.py
Enter location: Ann Arbor, MI
Retrieving http://py4e-data.dr-chuck.net/json?address=Ann+Arbor%2C+MI&key=42
Retrieved 1736 characters

{
    "results": [
        {
            "address_components": [
                {
                    "long_name": "Ann Arbor",
                    "short_name": "Ann Arbor",
                    "types": [
                        "locality",
                        "political"
                    ]
                },
                {
                    "long_name": "Washtenaw County",
                    "short_name": "Washtenaw County",
                    "types": [
                        "administrative_area_level_2",
                        "political"
                    ]
                },
                {
                    "long_name": "Michigan",
                    "short_name": "MI",
                    "types": [
                        "administrative_area_level_1",
                        "political"
                    ]
                },
                {
                    "long_name": "United States",
                    "short_name": "US",
                    "types": [
                        "country",
                        "political"
                    ]
                }
            ],
            "formatted_address": "Ann Arbor, MI, USA",
            "geometry": {
                "bounds": {
                    "northeast": {
                        "lat": 42.3239728,
```

```
                    "lng": -83.6758069
                },
                "southwest": {
                    "lat": 42.222668,
                    "lng": -83.799572
                }
            },
            "location": {
                "lat": 42.2808256,
                "lng": -83.7430378
            },
            "location_type": "APPROXIMATE",
            "viewport": {
                "northeast": {
                    "lat": 42.3239728,
                    "lng": -83.6758069
                },
                "southwest": {
                    "lat": 42.222668,
                    "lng": -83.799572
                }
            }
        },
        "place_id": "ChIJMx9D1A2wPIgR4rXIhkb5Cds",
        "types": [
            "locality",
            "political"
        ]
    }
],
    "status": "OK"
}
lat 42.2808256 lng -83.7430378
Ann Arbor, MI, USA


Enter location:
```

Puedes descargar www.py4e.com/code3/geoxml.py para revisar las variantes JSON
y XML de la API de geocodificación de Google.

Ejercicio 1: Modifica geojson.py **o** geoxml.py **para imprimir en pantalla
el código de país de dos caracteres de los datos recuperados. Añade
comprobación de errores, de modo que tu programa no rastree los datos
si el código del país no está presente. Una vez que lo tengas funcionando,
busca "Océano Atlántico" y asegúrate de que es capaz de gestionar
ubicaciones que no estén dentro de ningún país.**

13.10 Aplicación 2: Twitter

A medida que la API de Twitter se vuelve más valiosa, Twitter pasó de una API pública y abierta a una que requiere el uso de firmas OAuth en cada solicitud.

Para el programa de ejemplo siguiente, descarga los archivos *twurl.py*, *hidden.py*, *oauth.py* y *twitter1.py* desde www.py4e.com/code y ponlos todos en una misma carpeta en tu equipo.

Para usar estos programas debes tener una cuenta de Twitter, y autorizar a tu código Python como aplicación permitida, estableciendo diversos parámetros (key, secret, token y token secret). Luego deberás editar el archivo *hidden.py* y colocar esas cuatro cadenas en las variables apropiadas dentro del archivo:

```python
# Mantener este archivo separado

# https://apps.twitter.com/
# Crear nueva App y obtener las cuatro cadenas

def oauth():
    return {"consumer_key": "h7Lu...Ng",
            "consumer_secret": "dNKenAC3New...mmn7Q",
            "token_key": "10185562-eibxCp9n2...P4GEQQOSGI",
            "token_secret": "H0ycCFemmC4wyf1...qoIpBo"}

# Código: https://es.py4e.com/code3/hidden.py
```

Se puede acceder al servicio web de Twitter mediante una URL como ésta:

https://api.twitter.com/1.1/statuses/user_timeline.json

Pero una vez añadida la información de seguridad, la URL se parecerá más a esto:

```
https://api.twitter.com/1.1/statuses/user_timeline.json?count=2
&oauth_version=1.0&oauth_token=101...SGI&screen_name=drchuck
&oauth_nonce=09239679&oauth_timestamp=1380395644
&oauth_signature=rLK...BoD&oauth_consumer_key=h7Lu...GNg
&oauth_signature_method=HMAC-SHA1
```

Puedes leer la especificación OAuth si quieres saber más acerca del significado de los distintos parámetros que hemos añadido para cumplir con los requerimientos de seguridad de OAuth.

Para los programas que ejecutamos con Twitter, ocultamos toda la complejidad dentro de los archivos *oauth.py* y *twurl.py*. Simplemente ajustamos los parámetros secretos en *hidden.py*, enviamos la URL deseada a la función *twurl.augment()*, y el código de la librería añade todos los parámetros necesarios a la URL.

Este programa recupera la línea de tiempo de un usuario de Twitter concreto y nos la devuelve en formato JSON como una cadena. Vamos a imprimir simplemente los primeros 250 caracteres de esa cadena:

```python
import urllib.request, urllib.parse, urllib.error
import twurl
import ssl

# https://apps.twitter.com/
# Crear App y obtener las cuatro cadenas, luego colocarlas en hidden.py

TWITTER_URL = 'https://api.twitter.com/1.1/statuses/user_timeline.json'

# Ignorar errores de certificado SSL
ctx = ssl.create_default_context()
ctx.check_hostname = False
ctx.verify_mode = ssl.CERT_NONE

while True:
    print('')
    cuenta = input('Ingresa una cuenta de Twitter:')
    if (len(cuenta) < 1): break
    url = twurl.aumentar(TWITTER_URL,
                         {'screen_name': cuenta, 'count': '2'})
    print('Recuperando', url)
    conexion = urllib.request.urlopen(url, context=ctx)
    datos = conexion.read().decode()
    print(datos[:250])
    cabeceras = dict(conexion.getheaders())
    # Imprimir cabeceras
    print('Restantes', cabeceras['x-rate-limit-remaining'])

# Código: https://es.py4e.com/code3/twitter1.py
```

Cuando el programa se ejecuta, produce la salida siguiente:

```
Ingresa una cuenta de Twitter:drchuck
Recuperando https://api.twitter.com/1.1/ ...
[{"created_at":"Sat Sep 28 17:30:25 +0000 2013","
id":384007200990982144,"id_str":"384007200990982144",
"text":"RT @fixpert: See how the Dutch handle traffic
intersections: http:\/\/t.co\/tIiVWtEhj4\n#brilliant",
"source":"web","truncated":false,"in_rep
Restantes 178

Ingresa una cuenta de Twitter:fixpert
Recuperando https://api.twitter.com/1.1/ ...
[{"created_at":"Sat Sep 28 18:03:56 +0000 2013",
"id":384015634108919808,"id_str":"384015634108919808",
"text":"3 months after my freak bocce ball accident,
my wedding ring fits again! :)\n\nhttps:\/\/t.co\/2XmHPx7kgX",
"source":"web","truncated":false,
Restantes 177

Ingresa una cuenta de Twitter:
```

Junto con los datos de la línea del tiempo, Twitter también devuelve metadatos sobre la petición en las cabeceras de respuesta HTTP. Una cabecera en particular, 'x-rate-limit-remaining', nos informa sobre cuántas peticiones podremos hacer antes de que seamos bloqueados por un corto periodo de tiempo. Puedes ver que cada vez que realizamos una petición a la API nuestros intentos restantes van disminuyendo.

En el ejemplo siguiente, recuperamos los amigos de un usuario en Twitter, analizamos el JSON devuelto y extraemos parte de la información sobre esos amigos. Después de analizar el JSON e "imprimirlo bonito", realizamos un volcado completo con un indentado de cuatro caracteres, que nos permite estudiar minuciosamente los datos en caso de que queramos extraer más campos.

```python
import urllib.request, urllib.parse, urllib.error
import twurl
import json
import ssl

# https://apps.twitter.com/
# Crear App y obtener las cuatro cadenas, luego colocarlas en hidden.py

TWITTER_URL = 'https://api.twitter.com/1.1/friends/list.json'

# Ignorar errores de certificado SSL
ctx = ssl.create_default_context()
ctx.check_hostname = False
ctx.verify_mode = ssl.CERT_NONE

while True:
    print('')
    cuenta = input('Ingresa una cuenta de Twitter:')
    if (len(cuenta) < 1): break
    url = twurl.aumentar(TWITTER_URL,
                         {'screen_name': cuenta, 'count': '5'})
    print('Recuperando', url)
    conexion = urllib.request.urlopen(url, context=ctx)
    data = conexion.read().decode()

    js = json.loads(data)
    print(json.dumps(js, indent=2))

    cabeceras = dict(conexion.getheaders())
    print('Restantes', cabeceras['x-rate-limit-remaining'])

    for u in js['users']:
        print(u['screen_name'])
        if 'status' not in u:
            print('   * Estado no encontrado')
            continue
        s = u['status']['text']
        print('   ', s[:50])
```

```
# Código: https://es.py4e.com/code3/twitter2.py
```

Dado que el JSON se transforma en un conjunto de listas y diccionarios de Python anidados, podemos usar una combinación del operador índice junto con bucles 'for' para movernos a través de las estructuras de datos devueltas con muy poco código de Python.

La salida del programa se parece a la siguiente (parte de los datos se han acortado para que quepan en la página):

```
Ingresa una cuenta de Twitter:drchuck
Recuperando https://api.twitter.com/1.1/friends ...
Restantes 14

{
  "next_cursor": 1444171224491980205,
  "users": [
    {
      "id": 662433,
      "followers_count": 28725,
      "status": {
        "text": "@jazzychad I just bought one .__.",
        "created_at": "Fri Sep 20 08:36:34 +0000 2013",
        "retweeted": false,
      },
      "location": "San Francisco, California",
      "screen_name": "leahculver",
      "name": "Leah Culver",
    },
    {
      "id": 40426722,
      "followers_count": 2635,
      "status": {
        "text": "RT @WSJ: Big employers like Google ...",
        "created_at": "Sat Sep 28 19:36:37 +0000 2013",
      },
      "location": "Victoria Canada",
      "screen_name": "_valeriei",
      "name": "Valerie Irvine",
    }
  ],
  "next_cursor_str": "1444171224491980205"
}


leahculver
   @jazzychad I just bought one .__.
_valeriei
   RT @WSJ: Big employers like Google, AT&amp;T are h
ericbollens
   RT @lukew: sneak peek: my LONG take on the good &a
halherzog
```

```
    Learning Objects is 10. We had a cake with the LO,
scweeker
    @DeviceLabDC love it! Now where so I get that "etc
```

Ingresa una cuenta de Twitter:

El último trozo de la salida es donde podemos ver cómo el bucle for lee los cinco "amigos" más nuevos de la cuenta de Twitter *@drchuck* e imprime el estado más reciente de cada uno de ellos. Hay muchos más datos disponibles en el JSON devuelto. Si miras la salida del programa, podrás ver que el "encuentra a los amigos" de una cuenta particular tiene una limitación de usos distinta a la del número de consultas de líneas de tiempo que está permitido realizar durante un periodo de tiempo.

Estas claves de seguridad de la API permiten a Twitter tener la certeza de que sabe quién está usando su API de datos, y a qué nivel. El enfoque de límite de usos nos permite hacer capturas de datos sencillas, pero no crear un producto que extraiga datos de esa API millones de veces al día.

Chapter 14

Programación Orientada a Objetos

14.1 Manejando programas más grandes

Al comienzo de este libro, vimos cuatro patrones básicos de programación que utilizamos para construir programas:

- Código secuencial
- Código condicional (declaraciones `if`)
- Código repetitivo (bucles)
- Almacenar y reutilizar (funciones)

En capítulos posteriores, exploramos las variables simples, así como estructuras de datos de colecciones, tales como listas, tuplas y diccionarios.

A medida que construimos programas, diseñamos estructuras de datos y escribimos código para manipularlas. Hay muchas formas de escribir programas y, a estas alturas, probablemente hayas escrito algunos programas "no muy elegantes" y otros que son "más elegantes". Aunque tus programas aún sean pequeños, estás empezando a ver que al escribir código hay una parte de arte y de consideraciones estéticas.

A medida que los programas crecen hasta abarcar millones de líneas de código, se vuelve cada vez más importante que éste resulte fácil de entender. Si estás trabajando en un programa de un millón de líneas, es imposible mantener todo el programa en tu mente a la vez. Necesitamos maneras de dividir programas grandes en varias piezas más pequeñas para que tengamos que concentrarnos en una sección menor cuando tengamos que resolver un problema, arreglar un bug, o agregar una nueva funcionalidad.

En cierto modo, la programación orientada a objetos es una forma de ordenar tu código de tal manera que puedas enfocarte en 50 líneas de código y entenderlas, e ignorar las otras 999,950 mientras tanto.

14.2   Cómo empezar

Al igual que muchos aspectos de la programación, es necesario aprender los conceptos de la programación orientada a objetos para poder utilizarlos de manera efectiva. Deberías enfocarte en este capítulo como una forma de aprender algunos términos y conceptos y examinar algunos ejemplos sencillos para sentar las bases de tu futuro aprendizaje.

El resultado clave de este capítulo será una comprensión a nivel básico de cómo se construyen los objetos, cómo funcionan y, lo más importante, cómo usar las características de los objetos que nos dan Python y sus librerías.

14.3   Usando objetos

Curiosamente, en el libro hemos estado utilizando objetos todo este tiempo. Python contiene muchos objetos incluidos. He aquí un programa sencillo, cuyas primeras líneas deberían resultarte sumamente simples y familiares.

```python
cosa = list()
cosa.append('python')
cosa.append('chuck')
cosa.sort()
print (cosa[0])
print (cosa.__getitem__(0))
print (list.__getitem__(cosa,0))

# Código: https://es.py4e.com/code3/party1.py
```

En lugar de enfocarnos en el resultado que obtienen estas líneas, enfoquémonos en lo que está pasando desde el punto de vista de la programación orientada a objetos. No te preocupes si los siguientes párrafos no parecen tener sentido la primera vez que los lees, pues no hemos definido todos estos términos aún.

La primera línea *construye* un objeto de tipo `list`, la segunda y tercera líneas *llaman* al *método* `append`, la cuarta línea llama al método `sort()` y la quinta línea *recupera* el elemento en posición 0.

La sexta línea llama al método `__getitem__()` en la lista `cosa` con un parámetro de cero.

```python
print (cosa.__getitem__(0))
```

La séptima línea es una manera incluso más verbosa de obtener el elemento en posición 0 de la lista.

```python
print (list.__getitem__(cosa,0))
```

En este programa, llamamos al método `__getitem__` en la clase `lista` y *pasamos* la lista y el elemento que queremos recuperar de ésta como parámetros.

Las últimas tres líneas del programa son equivalentes, pero es más conveniente simplemente usar corchetes para buscar un elemento en una posición específica dentro de una lista.

Podemos ver las capacidades de un objeto mirando el resultado de la función `dir()`:

```
>>> cosa = list()
>>> dir(cosa)
['__add__', '__class__', '__contains__', '__delattr__',
'__delitem__', '__dir__', '__doc__', '__eq__',
'__format__', '__ge__', '__getattribute__', '__getitem__',
'__gt__', '__hash__', '__iadd__', '__imul__', '__init__',
'__iter__', '__le__', '__len__', '__lt__', '__mul__',
'__ne__', '__new__', '__reduce__', '__reduce_ex__',
'__repr__', '__reversed__', '__rmul__', '__setattr__',
'__setitem__', '__sizeof__', '__str__', '__subclasshook__',
'append', 'clear', 'copy', 'count', 'extend', 'index',
'insert', 'pop', 'remove', 'reverse', 'sort']
>>>
```

El resto de este capítulo estará dedicado a definir estos términos, así que asegúrate de volver a leer los párrafos anteriores una vez que termines de leerlo, para asegurarte de haberlo comprendido correctamente.

14.4   Comenzando con programas

En su forma más básica, un programa toma algún dato de entrada, lo procesa y luego produce un resultado. Nuestro programa de conversión de un elevador muestra una manera muy corta, pero completa, de llevar a cabo estos tres pasos.

```
usf = input('Ingresa el Número de Piso US: ')
wf = int(usf) - 1
print('Número de Piso No-US es',wf)

# Código: https://es.py4e.com/code3/elev.py
```

Si pensamos un poco más sobre este programa, existe un "mundo exterior" y el programa. Es con los datos de entrada y de salida que el programa interactúa con el mundo exterior. Dentro del programa utilizamos tanto el código como los datos para cumplir la tarea que el programa está diseñado para resolver.

Una forma de pensar en la programación orientada a objetos es que separa nuestro programa en varias "zonas". Cada zona contiene algo de código y datos (como un programa) y tiene interacciones bien definidas tanto con el mundo exterior como con las otras zonas del programa.

Si miramos la aplicación de extracción de enlaces en la que usamos la librería BeautifulSoup, podemos ver un programa que fue construido conectando distintos objetos para cumplir una tarea:

Figure 14.1: A Program

```
# Para ejecutar este programa descarga BeautifulSoup
# https://pypi.python.org/pypi/beautifulsoup4

# O descarga el archivo
# http://www.py4e.com/code3/bs4.zip
# y descomprimelo en el mismo directorio que este archivo

import urllib.request, urllib.parse, urllib.error
from bs4 import BeautifulSoup
import ssl

# Ignorar errores de certificado SSL
ctx = ssl.create_default_context()
ctx.check_hostname = False
ctx.verify_mode = ssl.CERT_NONE

url = input('Introduzca - ')
html = urllib.request.urlopen(url, context=ctx).read()
sopa = BeautifulSoup(html, 'html.parser')

# Recuperar todas las etiquetas de anclaje
etiquetas = sopa('a')
for etiqueta in etiquetas:
    print(etiqueta.get('href', None))

# Código: https://es.py4e.com/code3/urllinks.py
```

Convertimos la URL en una cadena y luego pasamos a ésta por `urllib` para
recuperar los datos de la web. La librería `urllib` utiliza la librería `socket` para
llevar a cabo la conexión que recupera los datos. Tomamos la cadena que retorna
`urllib` y se la entregamos a BeautifulSoup para su análisis. BeautifulSoup utiliza
el objeto `html.parser`[1] y retorna un objeto. Luego, llamamos al método `tags()`
en el objeto retornado, lo que retorna un diccionario de etiquetas. Nos desplazamos
por las etiquetas y llamamos el método `get()` por cada etiqueta para imprimir el
atributo `href`.

Podemos hacer un diagrama de este programa y cómo los objetos funcionan en
conjunto.

---

[1] https://docs.python.org/3/library/html.parser.html

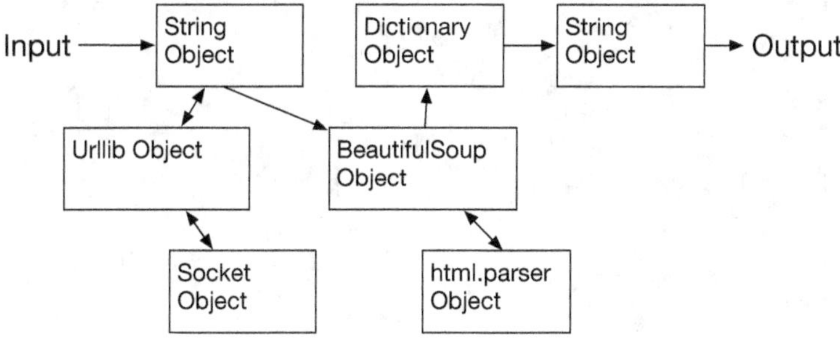

Figure 14.2: A Program as Network of Objects

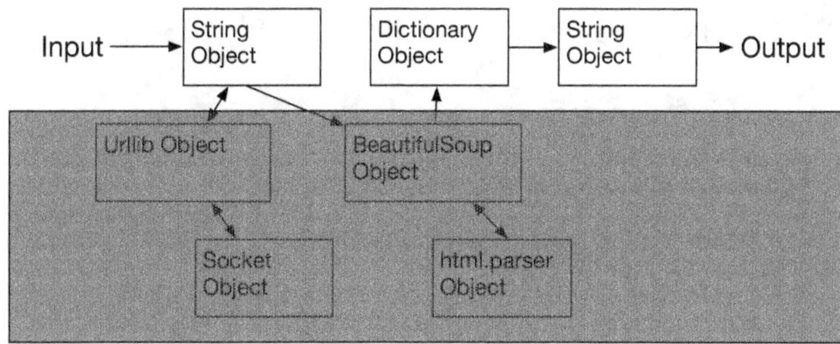

Figure 14.3: Ignoring Detail When Using an Object

Lo importante ahora no es entender perfectamente como funciona este programa, sino que ver cómo construimos una red de objetos que interactúen entre sí y orquestamos el movimiento de información entre esos objetos para crear un programa. También es importante notar que, cuando viste el programa hace varios capítulos, pudiste entender perfectamente cómo funcionaba sin siquiera percatarte de que estaba "orquestando el movimiento de datos entre objetos". Eran solo líneas de código que cumplían una tarea.

14.5 Subdividiendo un problema

Una de las ventajas del enfoque orientado a objetos es que puede ocultar la complejidad de un programa. Por ejemplo, aunque necesitamos saber cómo usar el código de `urllib` y BeautifulSoup, no necesitamos saber cómo funcionan internamente esas librerías. Esto nos permite enfocarnos en la parte del problema que necesitamos resolver e ignorar las otras partes del programa.

Esta capacidad de enfocarnos exclusivamente en la parte del programa que nos preocupa e ignorar el resto también le sirve a los desarrolladores de los objetos que utilizamos. Por ejemplo, los programadores que desarrollan BeautifulSoup no necesitan saber cómo recuperamos nuestra página HTML, qué partes de ésta queremos leer, o qué queremos hacer con los datos que obtengamos de la página web.

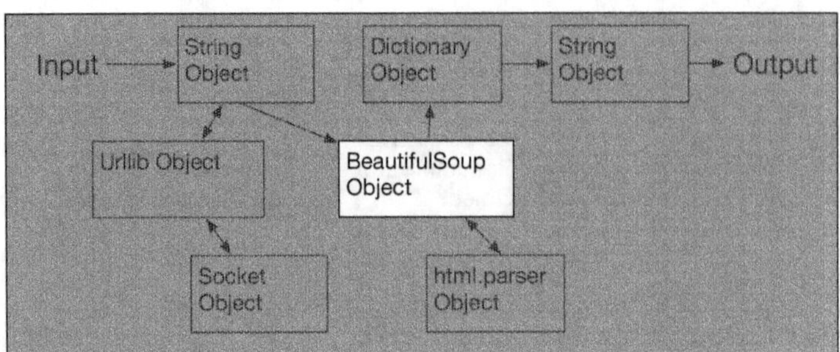

Figure 14.4: Ignoring Detail When Building an Object

14.6   Nuestro primer objeto de Python

En un nivel elemental, un objeto es simplemente un trozo de código más estructuras de datos, más pequeños que un programa completo. Definir una función nos permite almacenar un trozo de código, darle un nombre y luego invocarlo usando el nombre de la función.

Un objeto puede contener varias funciones (a las que llamaremos *métodos*), así como los datos utilizados por esas funciones. Llamamos *atributos* a los datos que son parte del objeto.

Usamos la palabra clave `class` para definir los datos y el código que compondrán cada objeto. La palabra clave class incluye el nombre de la clase y da inicio a un bloque de código indentado en el que incluiremos sus atributos (datos) y métodos (código).

```
class GrupoAnimal:
    x = 0

    def grupo(self) :
        self.x = self.x + 1
        print("Hasta ahora",self.x)

an = GrupoAnimal()
an.grupo()
an.grupo()
an.grupo()
GrupoAnimal.grupo(an)

# Código: https://es.py4e.com/code3/party2.py
```

Cada método parece una función: comienzan con la palabra clave `def` y consisten en un bloque de código indentado. Este objeto tiene un atributo (`x`) y un método (`grupo`). Los métodos tienen un primer parámetro especial al que, por convención, llamamos `self`.

Tal como la palabra clave `def` no causa que el código de una función se ejecute, la palabra clave `class` no crea un objeto. En vez, la palabra clave `class` define una plantilla que indica qué datos y código contendrá cada objeto de tipo `GrupoAnimal`.

Figure 14.5: A Class and Two Objects

La clase es como un molde para galletas y los objetos creados usándola son las galletas[2]. No se le echa el glaseado al molde de las galletas; se le echa glaseado a las galletas mismas, con lo que se puede poner un glaseado distinto en cada galleta.

Si seguimos con este programa de ejemplo, veremos la primera línea ejecutable de código:

```
an = GrupoAnimal()
```

Es aquí que le ordenamos a Python construir (es decir, crear) un *objeto* o *instancia* de la clase `GrupoAnimal`. Se ve como si fuera una llamada de función a la clase misma. Python construye el objeto con los datos y métodos adecuados, asignándolo luego a la variable **an**. En cierto modo, esto es muy similar a la siguiente línea, que hemos estado usando todo este tiempo:

```
counts = dict()
```

Aquí le ordenamos a Python construir un objeto usando la plantilla `dict` (que viene incluida en Python), devolver la instancia del diccionario, y asignarla a la variable `counts`.

Cuando se usa la clase `GrupoAnimal` para construir un objeto, la variable **an** se usa para señalar ese objeto. Usamos **an** para acceder al código y datos de esa instancia específica de la clase `GrupoAnimal`.

Cada objeto o instancia de GrupoAnimal contiene una variable x y un método/función llamado **grupo**. Llamamos al método **grupo** en esta línea:

```
an.grupo()
```

Al llamar al método **grupo**, el primer parámetro (al que por convención llamamos `self`) apunta a la instancia específica del objeto GrupoAnimal desde el que se llama a **grupo**. Dentro del método **grupo**, vemos la siguiente línea:

---

[2]Cookie image copyright CC-BY https://www.flickr.com/photos/dinnerseries/23570475099

```
self.x = self.x + 1
```

Esta sintaxis utiliza el operador de *punto*, con lo que significa 'la x dentro de self'. Cada vez que se llama a `grupo()`, el valor interno de x se incrementa en 1 y se imprime su valor.

La siguiente línea muestra otra manera de llamar al método **grupo** dentro del objeto **an**:

```
GrupoAnimal.grupo(an)
```

En esta variante, accedemos al código desde el interior de la clase y explícitamente pasamos el apuntador del objeto **an** como el primer parámetro (es decir, `self` dentro del método). Se puede pensar en `an.grupo()` como una abreviación de la línea precedente.

Al ejecutar el programa, produce el siguiente resultado:

```
So far 1
So far 2
So far 3
So far 4
```

El objeto es construido, y el método **grupo** es llamado cuatro veces, incrementando e imprimiendo el valor de x dentro del objeto **an**.

14.7   Clases como tipos

Como hemos visto, en Python todas las variables tienen un tipo. Podemos usar la función `dir` incluida en Python para examinar las características de una variable. También podemos usar `type` y `dir` con las clases que creemos.

```
class GrupoAnimal:
   x = 0

   def grupo(self) :
      self.x = self.x + 1
      print("Hasta ahora",self.x)

an = GrupoAnimal()
print ("Type", type(an))
print ("Dir ", dir(an))
print ("Type", type(an.x))
print ("Type", type(an.grupo))

# Código: https://es.py4e.com/code3/party3.py
```

Al ejecutar este programa, produce el siguiente resultado:

```
Type <class '__main__.GrupoAnimal'>
Dir  ['__class__', '__delattr__', ...
'__sizeof__', '__str__', '__subclasshook__',
'__weakref__', 'grupo', 'x']
Type <class 'int'>
Type <class 'method'>
```

Puedes ver que, usando la palabra clave `class`, hemos creado un nuevo tipo. En el resultado de usar `dir`, puedes ver que tanto el atributo de tipo entero `x` como el método `grupo` están disponibles dentro del objeto.

14.8   Ciclo de vida de un objeto

En los ejemplos anteriores, definimos una clase (plantilla), la usamos para crear una instancia de ella (objeto) y luego usamos esa instancia. Al finalizar el programa, todas las variables son descartadas. Normalmente, no nos preocupamos mucho de la creación y destrucción de variables, pero a menudo, cuando nuestros objetos se vuelven más complejos, resulta necesario efectuar algunos pasos dentro del objeto para configurar la construcción de éste y, posiblemente, ordenar cuando el objeto es descartado.

Si queremos que nuestro objeto sea consciente de esos momentos de creación y destrucción, debemos agregarle métodos especialmente nombrados al efecto:

```python
class GrupoAnimal:
    x = 0

    def __init__(self):
      print('Estoy construido')

    def grupo(self) :
      self.x = self.x + 1
      print('Hasta ahora',self.x)

    def __del__(self):
      print('Estoy destruido', self.x)

an = GrupoAnimal()
an.grupo()
an.grupo()
an = 42
print('an contiene',an)

# Código: https://es.py4e.com/code3/party4.py
```

Al ejecutar este programa, produce el siguiente resultado:

```
Estoy construido
Hasta ahora 1
```

```
Hasta ahora 2
Estoy destruido 2
an contiene 42
```

Cuando Python construye el objeto, llama a nuestro método `__init__` para darnos la oportunidad de configurar algunos valores por defecto o iniciales para éste. Cuando Python encuentra la línea:

```
an = 42
```

efectivamente "tira a la basura" el objeto para reutilizar la variable **an**, almacenando el valor 42. Justo en el momento en que nuestro objeto **an** está siendo "destruido" se llama a nuestro código destructor (`__del__`). No podemos evitar que nuestra variable sea destruida, pero podemos efectuar la configuración que resulte necesaria antes de que el objeto deje de existir.

Al desarrollar objetos, es bastante común agregarles un constructor que fije sus valores iniciales. Es relativamente raro necesitar un destructor para un objeto.

14.9   Múltiples instancias

Hasta ahora hemos definido una clase, construido un solo objeto, usado ese objeto, y luego descartado el objeto. Sin embargo, el auténtico potencial de la programación orientada a objetos se manifiesta al construir múltiples instancias de nuestra clase.

Al construir múltiples instancias de nuestra clase, puede que queramos fijar distintos valores iniciales para cada objeto. Podemos pasar datos a los constructores para dar a cada objeto un distinto valor inicial:

```
class GrupoAnimal:
   x = 0
   nombre = ''
   def __init__(self, nom):
     self.nombre = nom
     print(self.nombre,'construido')

   def grupo(self) :
     self.x = self.x + 1
     print(self.nombre,'recuento grupal',self.x)

s = GrupoAnimal('Sally')
j = GrupoAnimal('Jim')

s.grupo()
j.grupo()
s.grupo()

# Código: https://es.py4e.com/code3/party5.py
```

El constructor tiene tanto un parámetro `self`, que apunta a la instancia del objeto, como parámetros adicionales, que se pasan al constructor al momento de construir el objeto:

```
s = GrupoAnimal('Sally')
```

Dentro del constructor, la segunda línea copia el parámetro (`nom`), el que se pasa al atributo `nombre` dentro del objeto.

```
self.nombre = nom
```

El resultado del programa muestra que cada objeto (`s` y `j`) contienen sus propias copias independientes de `x` y `nom`:

```
Sally construido
Jim construido
Sally recuento grupal 1
Jim recuento grupal 1
Sally recuento grupal 2
```

14.10   Herencia

Otra poderosa característica de la programación orientada a objetos es la capacidad de crear una nueva clase extendiendo una clase ya existente. Al extender una clase, llamamos a la clase original la *clase padre* y a la nueva clase *clase hija*.

Por ejemplo, podemos mover a nuestra clase `GrupoAnimal` a su propio archivo. Luego, podemos 'importar' la clase `GrupoAnimal` en un nuevo archivo y extenderla, de la siguiente manera:

```
from party import GrupoAnimal

class GrilloFan(GrupoAnimal):
    puntos = 0
    def seis(self):
        self.puntos = self.puntos + 6
        self.grupo()
        print(self.nombre,"puntos",self.puntos)

s = GrupoAnimal("Sally")
s.grupo()
j = GrilloFan("Jim")
j.grupo()
j.seis()
print(dir(j))

# Código: https://es.py4e.com/code3/party6.py
```

Cuando definimos la clase `GrilloFan`, indicamos que estamos extendiendo la clase `GrupoAnimal`. Esto significa que todas las variables (`x`) y métodos (`grupo`) de la clase `GrupoAnimal` son *heredados* por la clase `GrilloFan`. Por ejemplo, dentro del método `six` en la clase `GrilloFan`, llamamos al método `grupo` de la clase `GrupoAnimal`.

Al ejecutar el programa, creamos `s` y `j` como instancias independientes de `GrupoAnimal` y `GrilloFan`. El objeto `j` tiene características adicionales que van más allá de aquellas que tiene el objeto `s`.

```
Sally construido
Sally recuento grupal 1
Jim construido
Jim recuento grupal 1
Jim recuento grupal 2
Jim puntos 6
['__class__', '__delattr__', ... '__weakref__',
'nombre', 'grupo', 'puntos', 'seis', 'x']
```

En el resultado de llamar a `dir` sobre el objeto `j` (instancia de la clase `GrilloFan`), vemos que tiene los atributos y métodos de la clase padre, además de los atributos y métodos que fueron agregados cuando la extendimos para crear la clase `GrilloFan`.

14.11   Resumen

Esta es una introducción muy superficial a la programación orientada a objetos, enfocada principalmente en la terminología y sintaxis necesarias para definir y usar objetos. Vamos a reseñar rápidamente el código que vimos al comienzo del capítulo. A estas alturas deberías entender completamente lo que está pasando.

```
cosa = list()
cosa.append('python')
cosa.append('chuck')
cosa.sort()
print (cosa[0])
print (cosa.__getitem__(0))
print (list.__getitem__(cosa,0))

# Código: https://es.py4e.com/code3/party1.py
```

La primera línea construye un *objeto* de clase `list`. Cuando Python crea el objeto de clase `list` llama al método *constructor* (llamado `__init__`) para configurar los atributos internos de datos que se utilizarán para almacenar los datos de la lista. Aún no hemos pasado ningún parámetro al *constructor*. When el constructor retorna, usamos la variable `cosa` para apuntar la instancia retornada de la clase `list`.

La segunda y tercera líneas llaman al método `append` con un parámetro para agregar un nuevo objeto al final de la lista actualizando los atributos al interior de `cosa`. Luego, en la cuarta línea, llamamos al método `sort` sin darle ningún parámetro para ordenar los datos dentro del objeto `cosa`.

Luego, imprimimos el primer objeto en la lista usando los corchetes, los que son una abreviatura para llamar el método `__getitem__` dentro de `cosa`. Esto es equivalente a llamado al método `__getitem__` dentro de la *clase* `list` y pasar el objeto `cosa` como primer parámetro y la posición que necesitamos como segundo parámetro.

Al final del programa, el objeto `cosa` es descartado, pero no antes de llamar al método *destructor* (llamado `__del__`) de manera tal que el objeto pueda atar cabos sueltos en caso de resultar necesario.

Estos son los aspectos básicos de la programación orientada a objetos. Hay muchos detalles adicionales sobre cómo usar un enfoque de programación orientada a objetos al desarrollar aplicaciones, así como librerías, las que van más allá del ámbito de este capítulo.[3]

14.12   Glosario

atributo Una variable que es parte de una clase.

clase Una plantilla que puede usarse para construir un objeto. Define los atributos y métodos que formarán a dicho objeto.

clase hija Una nueva clase creada cuando una clase padre es extendida. La clase hija hereda todos los atributos y métodos de la clase padre.

clase padre La clase que está siendo extendida para crear una nueva clase hija. La clase padre aporta todos sus métodos y atributos a la nueva clase hija.

constructor Un método opcional con un nombre especial (`__init__`) que es llamado al momento en que se utiliza una clase para construir un objeto. Normalmente se utiliza para determinar los valores iniciales del objeto.

destructor Un método opcional con un nombre especial (`__del__`) que es llamado justo un momento antes de que un objeto sea destruido. Los destructores rara vez son utilizados.

herencia Cuando creamos una nueva clase (hija) extendiendo una clase existente (padre). La clase hija tiene todos los atributos y métodos de la clase padre, más los atributos y métodos adicionales definidos por la clase hija.

método Una función contenida dentro de una clase y de los objetos construidos desde esa clase. Algunos patrones de diseño orientados a objetos describen este concepto como 'mensaje' en lugar de 'método'.

objeto Una instancia construida de una clase. Un objeto contiene todos los atributos y métodos definidos por la clase. En algunos casos de documentación orientada a objetos se utiliza el término 'instancia' de manera intercambiable con 'objeto'.

---

[3]Si quieres saber donde se encuentra definida la clase `list`, echa un vistazo a (ojalá la URL no cambie) https://github.com/python/cpython/blob/master/Objects/listobject.c - la clase list está escrita en un lenguaje llamado "C". Si ves el código fuente y sientes curiosidad, quizá te convenga buscar algunos cursos sobre Ciencias de la Computación.

Chapter 15

Bases de datos y SQL

15.1   ¿Qué es una base de datos?

Una *base de datos* es un archivo que está organizado para almacenar datos. La mayoría de las bases de datos están organizadas como diccionarios, en el sentido de que realizan asociaciones entre claves y valores. La diferencia más importante es que la base de datos se encuentra en el disco (u otro almacenamiento permanente), de modo que su contenido se conserva después de que el programa finaliza. Gracias a que la base de datos se guarda en almacenamiento permanente, puede almacenar muchos más datos que un diccionario, que está limitado al tamaño de memoria que tenga la computadora.

Como un diccionario, el software de una base de datos está diseñado para conseguir que la inserción y acceso a los datos sean muy rápidos, incluso para grandes cantidades de datos. Este software mantiene su rendimiento mediante la construcción de índices, como datos añadidos a la base de datos que permiten al equipo saltar rápidamente hasta una entrada concreta.

Existen muchos sistemas de bases de datos diferentes, que se utilizan para una amplia variedad de propósitos. Algunos de ellos son: Oracle, MySQL, Microsoft SQL Server, PostgreSQL, y SQLite. En este libro nos enfocaremos en SQLite, ya que se trata de una base de datos muy común y ya viene integrada dentro de Python. SQLite está diseñada para ser *incrustada* dentro de otras aplicaciones, de modo que proporcione soporte para bases de datos dentro de la aplicación. Por ejemplo, el navegador Firefox es uno de los que utilizan la base de datos SQLite internamente, al igual que muchos otros productos.

http://sqlite.org/

SQLite es muy adecuado para ciertos problemas de manipulación de datos que nos encontramos en informática, como en la aplicación de rastreo de Twitter que hemos descrito en el capítulo anterior.

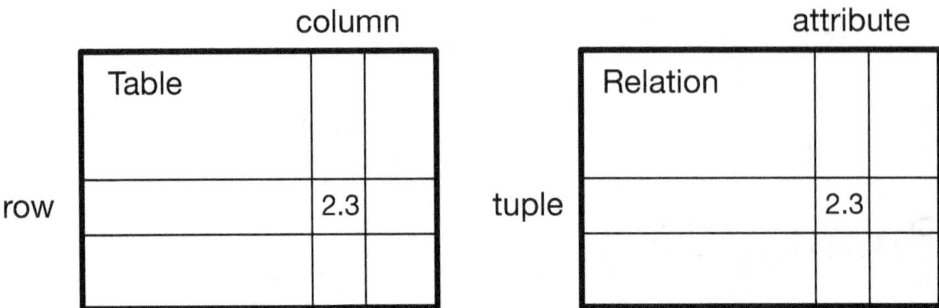

Figure 15.1: Bases de datos relacionales

15.2 Conceptos sobre bases de datos

Cuando se ve por primera vez una base de datos, se parece a una hoja de cálculo con múltiples hojas. Las estructuras de datos primarias en una base de datos son: *tablas, files,* and *columnas.*

En las descripciones técnicas de las bases de datos relacionales, los conceptos de tabla, fila y columna reciben los nombres más formales de *relación, tupla,* y *atributo,* respectivamente. Nosotros utilizaremos los términos menos formales en este capítulo.

15.3 Navegador de bases de datos para SQLite

A pesar de que en este capítulo nos enfocaremos en utilizar Python para trabajar con datos en archivos de bases de datos SQLite, muchas operaciones pueden ser hechas de forma más eficaz usando un programa de software llamado *Database Browser for SQLite,* que se puede descargar gratis desde:

http://sqlitebrowser.org/

Utilizando el navegador se pueden crear tablas, insertar datos, editar datos, o ejecutar consultas SQL sencillas sobre la base de datos.

En cierto modo, el navegador de base de datos es parecido a un editor de texto que trabaja con archivos de texto. Cuando quieres realizar uno o dos cambios en un archivo de texto, lo más sencillo es abrirlo en un editor de texto y realizar los cambios que quieres. Cuando debes realizar muchas modificaciones en el archivo, a menudo habrá que escribir un programa en Python sencillo. El mismo enfoque se puede aplicar al trabajo con bases de datos. Se realizarán las operaciones más sencillas en el gestor de bases de datos, y para otras más complejas será más conveniente usar Python.

15.4   Creación de una tabla en una base de datos

Las bases de datos necesitan una estructura más definida que las listas o diccionarios de Python[1].

Cuando creamos una *tabla*, debemos indicar de antemano a la base de datos los nombres de cada una de las *columnas* de esa tabla y el tipo de dato que se va a almacenar en cada una de ellas. Cuando el software de la base de datos conoce el tipo de dato de cada columna, puede elegir el modo más eficiente de almacenar y buscar en ellas, basándose en el tipo de dato que contendrán.

Puedes revisar los distintos tipos de datos soportados por SQLite en la siguiente dirección:

http://www.sqlite.org/datatypes.html

El tener que definir de antemano una estructura para los datos puede parecer incómodo al principio, pero la recompensa consiste en obtener un acceso rápido a los datos, incluso cuando la base de datos contiene una gran cantidad de ellos.

El código para crear un archivo de base de datos y una tabla llamada `Canciones` con dos columnas en la base de datos es el siguiente:

```
import sqlite3

conn = sqlite3.connect('musica.sqlite')
cur = conn.cursor()

cur.execute('DROP TABLE IF EXISTS Canciones')
cur.execute('CREATE TABLE Canciones (titulo TEXT, reproducciones INTEGER)')

conn.close()

# Código: https://es.py4e.com/code3/db1.py
```

La operación `connect` realiza una conexión con la base de datos almacenada en el archivo `musica.sqlite` en el directorio actual. Si el archivo no existe, se creará uno nuevo. La razón de que se le llame una "conexión" es que a veces la base de datos se almacena en un "servidor de bases de datos", distinto del servidor en el cual está funcionando nuestra aplicación. En nuestros ejemplos, dado que son sencillos, la base de datos será simplemente un archivo local en el mismo directorio en el que está funcionando el código de Python.

Un *cursor* es como un manejador de archivos, y se puede usar para realizar operaciones en los datos almacenados en la base de datos. La llamada a `cursor()` es muy similar conceptualmente a la llamada `open()` cuando se está tratando con archivos de texto.

Una vez que tenemos el cursor, podemos comenzar a ejecutar comandos sobre el contenido de la base de datos, usando el método `execute()`.

---

[1]SQLite en realidad permite cierta flexibilidad respecto al tipo de dato que se almacena en cada columna, pero en este capítulo nosotros vamos a mantener los tipos de datos estrictos, para que los conceptos que aprendamos puedan ser igualmente aplicados a otras bases de datos como MySQL.

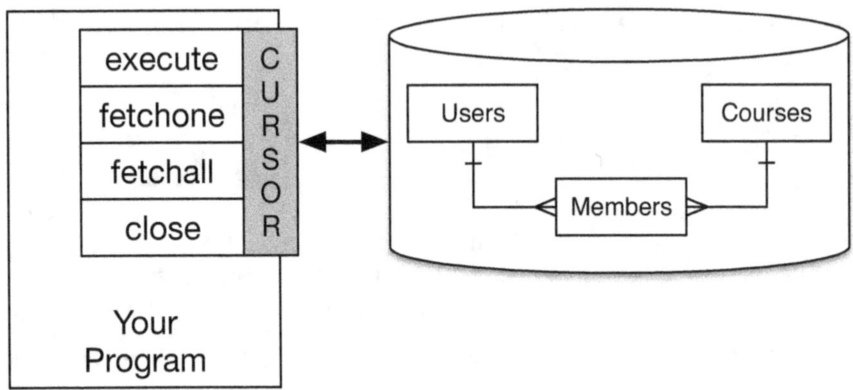

Figure 15.2: Un cursor de bases de datos

Los comandos de las bases de datos se expresan en un lenguaje especial que ha sido estandarizado entre varios proveedores de bases de datos diferentes para permitirnos aprender un único lenguaje para todas ellas. Este lenguaje recibe el nombre de *Lenguaje de Consultas Estructurado* (Structured Query Language), o *SQL*.

https://es.wikipedia.org/wiki/SQL

En nuestro ejemplo, estamos ejecutando dos comandos SQL sobre la base de datos. Por convención, mostraremos las palabras claves de SQL en mayúscula y las partes de los comandos que añadamos nosotros (como los nombres de las tablas y las columnas) irán en minúsculas.

El primer comando SQL elimina la tabla `Canciones` si ya existe. Este planteamiento se utiliza simplemente para permitirnos ejecutar el mismo programa para crear la tabla `Canciones` una y otra vez sin provocar un error. Observa que el comando `DROP TABLE` elimina la tabla y todo su contenido de la base de datos (es decir, aquí no existe la opción "deshacer").

```
cur.execute('DROP TABLE IF EXISTS Canciones ')
```

El segundo comando crea una tabla llamada `Canciones` con una columna de texto llamada `titulo` y una columna de enteros llamada `reproducciones`.

```
cur.execute('CREATE TABLE Canciones (titulo TEXT, reproducciones INTEGER)')
```

Ahora que ya hemos creado la tabla llamada `Canciones`, podemos guardar algunos datos en ella usando la operación de SQL `INSERT`. Empezaremos realizando otra vez una conexión con la base de datos y obteniendo el `cursor`. Luego podemos ejecutar comandos SQL usando ese cursor.

El comando `INSERT` de SQL indica qué tabla se está utilizando y luego define una fila nueva, enumerando los campos que se desean incluir (`titulo`, `reproducciones`) seguidos por los valores (`VALUES`) que queremos colocar en esa fila. Nosotros vamos a especificar los valores como signos de interrogación (`?, ?`) para indicarle que los valores reales serán pasados como una tupla (`'My Way'`, `15`) en el segundo parámetro de la llamada a `execute()`.

Tracks

title	plays
Thunderstruck	20
My Way	15

Figure 15.3: Columnas en una tabla

```
import sqlite3

conn = sqlite3.connect('musica.sqlite')
cur = conn.cursor()

cur.execute('INSERT INTO Canciones (titulo, reproducciones) VALUES (?, ?)',
    ('Thunderstruck', 20))
cur.execute('INSERT INTO Canciones (titulo, reproducciones) VALUES (?, ?)',
    ('My Way', 15))
conn.commit()

print('Canciones:')
cur.execute('SELECT titulo, reproducciones FROM Canciones')
for fila in cur:
    print(fila)

cur.execute('DELETE FROM Canciones WHERE reproducciones < 100')
conn.commit()

cur.close()

# Código: https://es.py4e.com/code3/db2.py
```

Primero insertamos (INSERT) dos filas en la tabla y usamos commit() para forzar a que los datos sean escritos en el archivo de la base de datos.

Después usamos el comando SELECT para recuperar las filas que acabamos de insertar en la tabla. En el comando SELECT, indicamos qué columnas nos gustaría obtener (titulo, reproducciones), y también desde qué tabla queremos recuperar los datos. Después de ejecutar la sentencia SELECT, el cursor se convierte en algo con lo que podemos iterar mediante una sentencia for. Por eficiencia, el cursor no lee todos los datos de la base de datos cuando se ejecuta la sentencia SELECT. En lugar de ello, los datos van siendo leídos a medida que se van pidiendo las filas desde el bucle creado con la sentencia for.

La salida del programa es la siguiente:

```
Canciones:
('Thunderstruck', 20)
('My Way', 15)
```

Nuestro bucle `for` encuentra dos filas, y cada fila es una tupla de Python cuyo primer valor es el `titulo` y el segundo es el número de `reproducciones`.

Nota: Puede que veas cadenas comenzando con `u'` *en otros libros o en Internet. Esto es una indicación en Python 2 que dice que las cadenas son cadenas* Unicode *que son capaces de almacenar caracteres no-latinos. En Python 3, todas las cadenas son del tipo* `Unicode` *por defecto.*

Al final del programa, ejecutamos un comando SQL para borrar (`DELETE`) las files que acabamos de crear, de modo que podamos ejecutar el programa una y otra vez. El comando `DELETE` nos muestra el uso de la cláusula `WHERE`, la cual nos permite expresar un criterio de selección, de modo que podemos pedir a la base de datos que aplique el comando solamente a las filas que cumplan ese criterio. En este ejemplo, el criterio es cumplido por todas las filas, así que vaciamos la tabla para que podamos ejecutar el programa de nuevo repetidamente. Después de que se ha realizado el `DELETE`, llamamos de nuevo a `commit()` para forzar a los datos a ser eliminados de la base de datos.

15.5   Resumen de Lenguaje de Consultas Estructurado

Hasta ahora, hemos estado usando el Lenguaje de Consultas Estructurado (SQL) en nuestros ejemplos de Python y hemos utilizado muchos de los comandos básicos de SQL. En esta sección, nos centraremos en el lenguaje SQL en particular y echaremos un vistazo a su sintaxis.

Debido a que hay muchos proveedores de bases de datos, el Lenguaje de Consultas Estructurado (SQL) está estandarizado, para que podamos comunicarnos de una forma similar con sistemas de bases de datos de múltiples vendedores.

Una base de datos relacional está compuesta por tablas, filas, y columnas. Las columnas tienen generalmente un tipo de datos que puede ser texto, números, o datos de fechas. Cuando se crea una tabla, se indican los nombres y tipos de cada columna:

```
CREATE TABLE Canciones (titulo TEXT, reproducciones INTEGER)
```

Para insertar una fila en una tabla, usamos el comando de SQL `INSERT`:

```
INSERT INTO Canciones (titulo, reproducciones) VALUES ('My Way', 15)
```

La sentencia `INSERT` especifíca el nombre de la tabla, seguido por una lista de los campos/columnas que se quieren establecer en la fila nueva, a continuación la palabra clave `VALUES`, y una lista de los valores correspondientes para cada uno de los campos.

El comando de SQL `SELECT`se utiliza para recuperar filas y columnas desde una base de datos. La sentencia `SELECT` permite especificar qué columnas se quieren recibir, junto con una clausula `WHERE` para indicar qué filas se desean obtener. También permite una clausula opcional, `ORDER BY` para controlar el orden de las files devueltas.

```
SELECT * FROM Canciones WHERE titulo = 'My Way'
```

El uso de * indica que se desea que la base de datos devuelva todas las columnas para cada línea que cumpla la condición de la clausula `WHERE`.

Hay que notar que, a diferencia de lo que ocurre en Python, en SQL la clausula `WHERE` utiliza un único signo igual para indicar una comprobación de igualdad, en lugar de utilizar un signo doble igual. Otras operaciones lógicas que se permiten en una clausula `WHERE` son <, >, <=, >=, !=, así como también `AND` y `OR`, y paréntesis para construir expresiones lógicas.

Se puede solicitar que las columnas devueltas vengan ordenadas por uno de los campos, de este modo:

```
SELECT titulo,reproducciones FROM Canciones ORDER BY titulo
```

Para eliminar una fila, es necesario usar una clausula `WHERE` en una sentencia `DELETE` de SQL. La clausula `WHERE` determina qué filas serán eliminadas:

```
DELETE FROM Canciones WHERE titulo = 'My Way'
```

Es posible actualizar (`UPDATE`) una columna o varias de una o más filas en una tabla usando la secuencia de SQL `UPDATE`, como se muestra a continuación:

```
UPDATE Canciones SET reproducciones = 16 WHERE titulo = 'My Way'
```

La sentencia `UPDATE` específica una tabla, a continuación una lista de campos y valores a cambiar detrás de la palabra clave `SET`, y finalmente una clausula opcional `WHERE` para elegir las filas que van a ser actualizadas. Una única sentencia `UPDATE` cambiará todas las filas que coincidan con la clausula `WHERE`. Si no se ha especificado ninguna clausula `WHERE`, se realizará la actualización (`UPDATE`) de todas las filas de la tabla.

Existen cuatro comandos básicos de SQL (INSERT, SELECT, UPDATE, y DELETE), que nos permiten realizar las cuatro operaciones básicas necesarias para crear y mantener datos.

15.6 Rastreo en Twitter usando una base de datos

En esta sección, crearemos un programa araña sencillo que se moverá a través de cuentas de Twitter y construirá una base de datos de ellas. *Nota: Ten mucho cuidado cuando al ejecutar este programa. Si extraes demasiados datos o ejecutas el programa durante demasiado tiempo pueden terminar cortándote el acceso a Twitter.*

Uno de los problemas de cualquier tipo de programa araña es que se necesita poderlo deener y volver a poner en marcha muchas veces, y no se quieren perder los datos que se hayan recuperado hasta ese momento. No querrás tener que empezar siempre la recuperación de datos desde el principio, de modo que necesitaremos almacenar los datos según los vamos recuperando para que nuestro programa pueda usar esa copia de seguridad y reanudar la recolección de datos desde donde lo dejó la última vez.

Vamos a comenzar por recuperar los amigos de Twitter de una persona y sus estados, moviéndonos a través de la lista de amigos y añadiendo cada uno de ellos a la base de datos para poder recuperarlos en el futuro. Después de haber procesado todos los amigos de esa persona, consultaremos la base de datos y recuperaremos los amigos de uno de esos amigos. Continuaremos haciendo esto una y otra vez, recogiendo cualquier persona "no visitada", recuperando su lista de amigos y añadiendo aquellos que no tengamos ya en nuestra lista para una próxima visita.

También vamos a contar cuántas veces hemos visto un amigo concreto en la base de datos, para tener una idea de su "popularidad".

Estamos almacenando nuestra lista de cuentas de conocidos, si hemos recuperado la cuenta o no, y la popularidad de cada cuenta. Al tener todo ello guardado en una base de datos en nuestro PC, podremos detener y reanudar el programa tantas veces como queramos.

Este programa es un poco complejo. Está basado en el código de un ejercicio anterior del libro que usa la API de Twitter.

Aquí está el código fuente para nuestra aplicación araña de Twitter:

```python
from urllib.request import urlopen
import urllib.error
import twurl
import json
import sqlite3
import ssl

TWITTER_URL = 'https://api.twitter.com/1.1/friends/list.json'

conn = sqlite3.connect('arana.sqlite')
cur = conn.cursor()

cur.execute('''
        CREATE TABLE IF NOT EXISTS Twitter
        (nombre TEXT, recuperado INTEGER, amigos INTEGER)''')

# Ignorar errores de certificado SSL
ctx = ssl.create_default_context()
ctx.check_hostname = False
ctx.verify_mode = ssl.CERT_NONE

while True:
    cuenta = input('Ingresa una cuenta de Twitter, o salir: ')
    if (cuenta == 'salir'): break
    if (len(cuenta) < 1):
        cur.execute('''SELECT nombre FROM Twitter
            WHERE recuperado = 0 LIMIT 1''')
        try:
```

```python
            cuenta = cur.fetchone()[0]
        except:
            print('No se han encontrado cuentas de Twitter por recuperar')
            continue

    url = twurl.aumentar(TWITTER_URL, {'screen_name': cuenta, 'count': '5'})
    print('Recuperando', url)
    conexion = urlopen(url, context=ctx)
    datos = conexion.read().decode()
    cabeceras = dict(conexion.getheaders())

    print('Restante', cabeceras['x-rate-limit-remaining'])
    js = json.loads(datos)
    # Depuración
    # print json.dumps(js, indent=4)

    cur.execute('''UPDATE Twitter
            SET recuperado=1 WHERE nombre = ?''', (cuenta, ))

    contnuevas = 0
    contantiguas = 0
    for u in js['users']:
        amigo = u['screen_name']
        print(amigo)
        cur.execute('SELECT amigos FROM Twitter WHERE nombre = ? LIMIT 1',
                (amigo, ))
        try:
            contador = cur.fetchone()[0]
            cur.execute('UPDATE Twitter SET amigos = ? WHERE nombre = ?',
                    (contador+1, amigo))
            contantiguas = contantiguas + 1
        except:
            cur.execute('''INSERT INTO Twitter (nombre, recuperado, amigos)
                    VALUES (?, 0, 1)''', (amigo, ))
            contnuevas = contnuevas + 1
    print('Cuentas nuevas=', contnuevas, ' ya visitadas=', contantiguas)
    conn.commit()

cur.close()

# Código: https://es.py4e.com/code3/twspider.py
```

Nuestra base de datos está almacenada en el archivo **arana.sqlite** y tiene una tabla llamada **Twitter**. Cada fila en la tabla **Twitter** contiene una columna para el nombre de la cuenta, otra para indicar si hemos recuperado los amigos de esa cuenta, y otra para guardar cuántas veces se ha visto esa cuenta añadida en la lista de amigos de las demás.

En el bucle principal del programa, pedimos al usuario el nombre de una cuenta de Twitter o "salir" para finalizar el programa. Si el usuario introduce una cuenta de Twitter, recuperamos la lista de amigos de ese usuario y sus estados, y añadimos cada amigo a la base de datos, si no estaba ya en ella. Si el amigo ya estaba en la lista, aumentamos en 1 el campo `amigos` en la fila correspondiente de la base de datos.

Si el usuario presiona intro, buscamos en la base de datos la siguiente cuenta de Twitter que no haya sido aún recuperada, recuperamos los amigos de esa cuenta y sus estados, y luego los añadimos a la base de datos o los actualizamos, e incrementamos su contador de `amigos`.

Una vez hemos recuperado la lista de amigos y sus estados, nos movemos a través de los elementos `user` del JSON devuelto y recuperamos el `screen_name` (nombre a mostrar) de cada usuario. Luego usamos la sentencia `SELECT` para comprobar si ya tenemos almacenado ese nombre concreto en la base de datos y si es así recuperamos su contador de amigos (`amigos`).

```python
contnuevas = 0
contantiguas = 0
for u in js['users']:
    amigo = u['screen_name']
    print(amigo)
    cur.execute('SELECT amigos FROM Twitter WHERE nombre = ? LIMIT 1',
                (amigo, ))
    try:
        contador = cur.fetchone()[0]
        cur.execute('UPDATE Twitter SET amigos = ? WHERE nombre = ?',
                    (contador+1, amigo))
        contantiguas = contantiguas + 1
    except:
        cur.execute('''INSERT INTO Twitter (nombre, recuperado, amigos)
                    VALUES (?, 0, 1)''', (amigo, ))
        contnuevas = contnuevas + 1
print('Cuentas nuevas=', contnuevas, ' ya visitadas=', contantiguas)
conn.commit()
```

Una vez que el cursor ejecuta la sentencia `SELECT`, tenemos que recuperar las filas. Podríamos hacerlo con una sentencia `for`, pero dado que sólo estamos recuperando una única fila (`LIMIT 1`), podemos también usar el método `fetchone()` para extraer la primera (y única) fila que da como resultado la operación `SELECT`. Dado que `fetchone()` devuelve la fila como una *tupla* (incluso si sólo contiene un campo), tomamos el primer valor de la tupla mediante [0], para almacenar así dentro de la variable `contador` el valor del contador de amigos actual.

Si esta operación tiene éxito, usamos la sentencia `UPDATE` de SQL con una clausula `WHERE` para añadir 1 a la columa `amigos` de aquella fila que coincida con la cuenta del amigo. Fíjate que hay dos marcadores de posición (es decir, signos de interrogación) en el SQL, y que el segundo parámetro de `execute()` es una tupla de dos elementos que contiene los valores que serán sustituidos por esas interrogaciones dentro de la sentencia SQL.

Si el código en el bloque `try` falla, se deberá probablemente a que ningún registro coincide con lo especificado en la clausula `WHERE nombre = ?` de la setencia SE-LECT. Así que en el bloque `except`, usamos la sentencia de SQL `INSERT` para añadir el nombre a mostrar (`screen_name`) del amigo a la tabla, junto con una indicación de que no lo hemos recuperado aún, y fijamos su contador de amigos a cero.

La primera vez que el programa funciona e introducimos una cuenta de Twitter, mostrará algo similar a esto:

```
Ingresa una cuenta de Twitter, o salir: drchuck
Recuperando http://api.twitter.com/1.1/friends ...
Cuentas nuevas= 20  ya visitadas= 0
Ingresa una cuenta de Twitter, o salir: salir
```

Dado que es la primera vez que ejecutamos el programa, la base de datos está vacía, así que creamos el archivo **arana.sqlite** y añadimos una tabla llamada **Twitter** a la base de datos. A continuación recuperamos algunos amigos y los añadimos a la base de datos, ya que ésta está vacía.

En este punto, tal vez sea conveniente escribir un programa de volcado de datos sencillo, para echar un vistazo a lo que hay dentro del archivo **spider.sqlite**:

```python
import sqlite3

conn = sqlite3.connect('arana.sqlite')
cur = conn.cursor()
cur.execute('SELECT * FROM Twitter')
contador = 0
for fila in cur:
    print(fila)
    contador = contador + 1
print(contador, 'filas.')
cur.close()

# Código: https://es.py4e.com/code3/twdump.py
```

Este programa simplemente abre la base de datos y selecciona todas las columnas de todas las filas de la tabla **Twitter**, luego se mueve a través de las filas e imprime en pantalla su contenido.

Si ejecutamos este programa después de la primera ejecución de nuestra araña de Twitter, la salida que mostrará será similar a esta:

```
('opencontent', 0, 1)
('lhawthorn', 0, 1)
('steve_coppin', 0, 1)
('davidkocher', 0, 1)
('hrheingold', 0, 1)
...
20 filas.
```

Vemos una fila para cada nombre, que aún no hemos recuperado los datos de ninguno de esos nombres, y que todo el mundo en la base de datos tiene un amigo.

En este momento la base de datos muestra la recuperación de los amigos de nuestra primera cuenta de Twitter (*drchuck*). Podemos ejecutar de nuevo el programa y pedirle que recupere los amigos de la siguiente cuenta "sin procesar", simplemente pulsando intro en vez de escribir el nombre de una cuenta:

```
Ingresa una cuenta de Twitter, o salir:
Recuperando http://api.twitter.com/1.1/friends ...
Cuentas nuevas= 18  ya visitadas= 2
Ingresa una cuenta de Twitter, o salir:
Recuperando http://api.twitter.com/1.1/friends ...
Cuentas nuevas= 17  ya visitadas= 3
Ingresa una cuenta de Twitter, o salir: salir
```

Como hemos pulsado intro (es decir, no hemos especificado otra cuenta de Twitter), se ha ejecutado el código siguiente:

```
if ( len(cuenta) < 1 ) :
    cur.execute('SELECT nombre FROM Twitter WHERE recuperado = 0 LIMIT 1')
    try:
        cuenta = cur.fetchone()[0]
    except:
        print('No se han encontrado cuentas de Twitter por recuperar')
        continue
```

Usamos la sentencia de SQL **SELECT** para obtener el nombre del primer usuario (`LIMIT 1`) que aún tiene su valor de "hemos recuperado ya este usuario" a cero. También usamos el patrón `fetchone()[0]` en un bloque try/except para extraer el "nombre a mostrar" (`screen_name`) de los datos recuperados, o bien mostrar un mensaje de error y volver al principio.

Si hemos obtenido con éxito el nombre de una cuenta que aún no había sido procesada, recuperamos sus datos de este modo:

```
url=twurl.augment(TWITTER_URL,{'screen_name': cuenta,'count': '20'})
print('Recuperando', url)
conexion = urllib.urlopen(url)
datos = conexion.read()
js = json.loads(datos)

cur.execute('UPDATE Twitter SET recuperado=1 WHERE nombre = ?',(cuenta, ))
```

Una vez recuperados correctamente los datos, usamos la sentencia **UPDATE** para poner la columna **recuperado** a 1, lo que indica que hemos terminado la extracción de amigos de esa cuenta. Esto impide que recuperemos los mismos datos una y otra vez, y nos permite ir avanzando a través de la red de amigos de Twitter.

Si ejecutamos el programa de amigos y pulsamos intro dos veces para recuperar los amigos del siguiente amigo no visitado, y luego ejecutamos de nuevo el programa de volcado de datos, nos mostrará la salida siguiente:

```
('opencontent', 1, 1)
('lhawthorn', 1, 1)
('steve_coppin', 0, 1)
('davidkocher', 0, 1)
('hrheingold', 0, 1)
...
('cnxorg', 0, 2)
('knoop', 0, 1)
('kthanos', 0, 2)
('LectureTools', 0, 1)
...
55 filas.
```

Podemos ver que se han guardado correctamente las visitas que hemos realizado a `lhawthorn` y `opencontent`. Además, las cuentas `cnxorg` y `kthanos` ya tienen dos seguidores. Puesto que hemos recuperado los amigos de tres personas (`drchuck`, `opencontent`, y `lhawthorn`), la tabla contiene 55 filas de amigos por recuperar.

Cada vez que ejecutamos el programa y pulsamos intro, se elegirá la siguiente cuenta no visitada (es decir, ahora la siguiente cuenta sería `steve_coppin`), recuperará sus amigos, los marcará como recuperados y, para cada uno de los amigos de `steve_coppin`, o bien lo añadirá al final de la base de datos, o bien actualizará su contador de amigos si ya estaba en la base de datos.

Como todos los datos del programa están almacenados en el disco en una base de datos, la actividad de rastreo puede ser suspendida y reanudada tantas veces como se desee, sin que se produzca ninguna pérdida de datos.

15.7 Modelado de datos básico

La potencia real de las bases de datos relacionales se manifiesta cuando se construyen múltiples tablas y se crean enlaces entre ellas. La acción de decidir cómo separar los datos de tu aplicación en múltiples tablas y establecer las relaciones entre esas tablas recibe el nombre de *modelado de datos*. El documento de diseño que muestra las tablas y sus relaciones se llama *modelo de datos*.

El modelado de datos es una habilidad relativamente sofisticada, y en esta sección sólo introduciremos los conceptos más básicos acerca del tema. Para obtener más detalles sobre modelado de datos puedes comenzar con:

http://es.wikipedia.org/wiki/Modelo_relacional

Supongamos que para nuestra aplicación de rastreo de Twitter, en vez de contar los amigos de una persona sin más, queremos mantener una lista de todas las relaciones entre ellos, de modo que podamos encontrar una lista de gente que esté siguiendo la cuenta de una persona concreta.

Dado que todo el mundo puede tener potencialmente muchas cuentas siguiéndole, no podemos añadir simplemente una única columna a nuestra tabla de `Twitter`. De modo que creamos una tabla nueva que realice un seguimiento de parejas de amigos. A continuación se muestra un modo sencillo de hacer una tabla de este tipo:

```
CREATE TABLE Colegas (desde_amigo TEXT, hacia_amigo TEXT)
```

Cada vez que encontremos una persona de las que está siguiendo `drchuck`, insertaremos una fila de esta forma:

```
INSERT INTO Colegas (desde_amigo,hacia_amigo) VALUES ('drchuck', 'lhawthorn')
```

Conforma vayamos procesando los 20 amigos de `drchuck` que nos envía Twitter, insertaremos 20 registros con "drchuck" como primer parámetro, de modo que terminaremos duplicando la cadena un montón de veces en la base de datos.

Esta duplicación de cadenas de datos viola una de las mejores prácticas para la *normalización de bases de datos*, que básicamente consiste en que nunca se debe guardar la misma cadena más de una vez en la base de datos. Si se necesitan los datos varias veces, se debe crear una *clave* numérica para ellos y hacer referencia a los datos reales a través de esa clave.

En términos prácticos, una cadena ocupa un montón de espacio más que un entero, tanto en el disco como en la memoria del equipo, y además necesita más tiempo de procesador para ser comparada y ordenada. Si sólo se tienen unos pocos cientos de entradas, el espacio y el tiempo de procesador no importan demasiado. Pero si se tienen un millón de personas en la base de datos y la posibilidad de 100 millones de enlaces de amigos, es importante ser capaz de revisar los datos tan rápido como sea posible.

Vamos a almacenar nuestras cuentas de Twitter en una tabla llamada `Personas` en vez de hacerlo en la tabla `Twitter` que usamos en el ejemplo anterior. La tabla `Personas` tiene una columna adicional para almacenar la clave numérica asociada con la fila de cada usuario de Twitter. SQLite tiene una característica que permite añadir automáticamente el valor de la clave para cualquier fila que insertemos en la tabla, usando un tipo especial de datos en la columna (`INTEGER PRIMARY KEY`).

Podemos crear la tabla `Personas` con esa columna adicional, `id`, como se muestra a continuación:

```
CREATE TABLE Personas
    (id INTEGER PRIMARY KEY, nombre TEXT UNIQUE, recuperado INTEGER)
```

Hay que notar que ya no necesitamos mantener un contador de amigos en cada columna de la tabla `Personas`. Cuando elegimos `INTEGER PRIMARY KEY` como el tipo de la columa `id`, estamos indicando que queremos que SQLite controle esta columa y asigne automáticamente una clave numérica única para cada fila que insertemos. También añadimos la palabra clave `UNIQUE`, para indicar que no vamos a permitir a SQLite insertar dos filas con el mismo valor de `nombre`.

Ahora, en vez de crear la tabla `Colegas` como hicimos antes, crearemos una tabla llamada `Seguimientos` con dos columnas de tipo entero, `desde_id` y `hacia_id`, y una restricción en la tabla que consistirá en que la *combinación* de `desde_id` y `hacia_id` deberá ser única (es decir, no se podrán insertar filas en la tabla con estos valores duplicados) en nuestra base de datos.

```
CREATE TABLE Seguimientos
    (desde_id INTEGER, hacia_id INTEGER, UNIQUE(desde_id, hacia_id) )
```

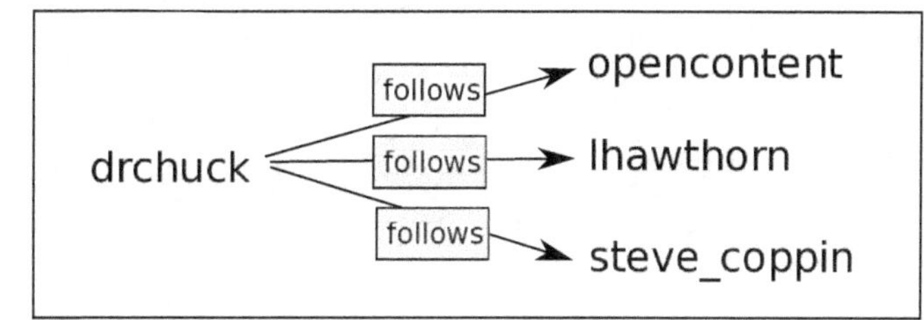

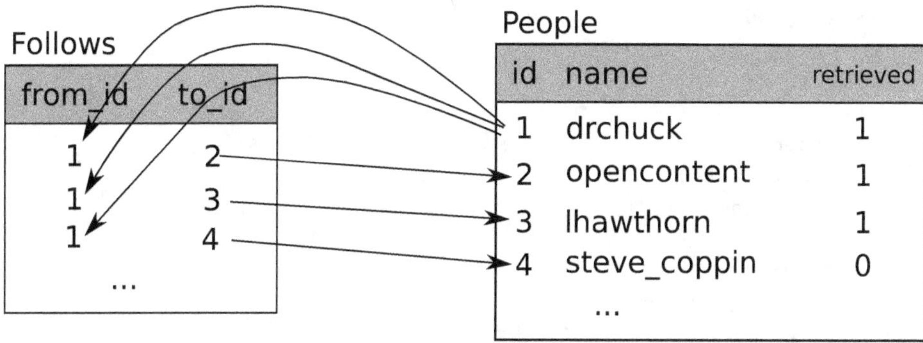

Figure 15.4: Relaciones Entre Tablas

Cuando añadimos la clausula **UNIQUE** a nuestras tablas, estamos comunicando un conjunto de reglas que vamos a exigir a la base de datos que se cumplan cuando se intenten insertar registros. Estamos creando esas reglas porque le convienen a nuestro programa, como veremos dentro de un momento. Ambas reglas impiden que se cometan errores y hacen más sencillo escribir parte de nuestro código.

En esencia, al crear esta tabla **Seguimientos** estamos modelando una "relación", en la cual una persona "sigue" a otra y se representa con un par de números que indican que (a) ambas personas están conectadas y (b) la dirección de la relación.

15.8   Programación con múltiples tablas

Ahora vamos a rehacer de nuevo el programa araña de Twitter usando dos tablas, las claves primarias, y las claves de referencia, como hemos descrito antes. He aquí el código de la nueva versión del programa:

```python
import urllib.request, urllib.parse, urllib.error
import twurl
import json
import sqlite3
import ssl

TWITTER_URL = 'https://api.twitter.com/1.1/friends/list.json'

conn = sqlite3.connect('amigos.sqlite')
cur = conn.cursor()
```

```python
cur.execute('''CREATE TABLE IF NOT EXISTS Personas
    (id INTEGER PRIMARY KEY, nombre TEXT UNIQUE, recuperado INTEGER)''')
cur.execute('''CREATE TABLE IF NOT EXISTS Seguimientos
    (desde_id INTEGER, hacia_id INTEGER, UNIQUE(desde_id, hacia_id))''')

# Ignore SSL certificate errors
ctx = ssl.create_default_context()
ctx.check_hostname = False
ctx.verify_mode = ssl.CERT_NONE


while True:
    cuenta = input('Ingresa una cuenta de Twitter, o salir: ')
    if (cuenta == 'salir'): break
    if (len(cuenta) < 1):
        cur.execute('''SELECT id, nombre FROM Personas
                WHERE recuperado=0 LIMIT 1''')
        try:
            (id, cuenta) = cur.fetchone()
        except:
            print('No se han encontrado cuentas de Twitter sin recuperar')
            continue
    else:
        cur.execute('SELECT id FROM Personas WHERE nombre = ? LIMIT 1',
                (cuenta, ))
        try:
            id = cur.fetchone()[0]
        except:
            cur.execute('''INSERT OR IGNORE INTO Personas
                        (nombre, recuperado) VALUES (?, 0)''', (cuenta, ))
            conn.commit()
            if cur.rowcount != 1:
                print('Error insertando cuenta:', cuenta)
                continue
            id = cur.lastrowid

    url = twurl.aumentar(TWITTER_URL,
            {'screen_name': cuenta, 'count': '100'})
    print('Recuperando cuenta', cuenta)
    try:
        conexion = urllib.request.urlopen(url, context=ctx)
    except Exception as err:
        print('Fallo al recuperar', err)
        break

    datos = conexion.read().decode()
    cabeceras = dict(conexion.getheaders())

    print('Restantes', cabeceras['x-rate-limit-remaining'])

    try:
        js = json.loads(datos)
```

```python
    except:
        print('Fallo al analizar json')
        print(datos)
        break

    # Depuración
    # print(json.dumps(js, indent=4))

    if 'users' not in js:
        print('JSON incorrecto recibido')
        print(json.dumps(js, indent=4))
        continue

    cur.execute('UPDATE Personas SET recuperado=1 WHERE nombre = ?', (cuenta,

    contnuevas = 0
    contantiguas = 0
    for u in js['users']:
        amigo = u['screen_name']
        print(amigo)
        cur.execute('SELECT id FROM Personas WHERE nombre = ? LIMIT 1',
                    (amigo, ))
        try:
            amigo_id = cur.fetchone()[0]
            contantiguas = contantiguas + 1
        except:
            cur.execute('''INSERT OR IGNORE INTO Personas
                (nombre, recuperado) VALUES (?, 0)''', (amigo, ))
            conn.commit()
            if cur.rowcount != 1:
                print('Error inserting account:', amigo)
                continue
            amigo_id = cur.lastrowid
            contnuevas = contnuevas + 1
        cur.execute('''INSERT OR IGNORE INTO Seguimientos
            (desde_1d, hacia_id) VALUES (?, ?)''', (id, amigo_id))
    print('Cuentas nuevas=', contnuevas, ' ya visitadas=', contantiguas)
    print('Restantes', cabeceras['x-rate-limit-remaining'])
    conn.commit()
cur.close()

# Código: https://es.py4e.com/code3/twfriends.py
```

Este programa empieza a resultar un poco complicado, pero ilustra los patrones de
diseño que debemos usar cuando utilizamos claves de enteros para enlazar tablas.
Esos patrones básicos son:

1. Crear tablas con claves primarias y restricciones.

2. Cuando tenemos una clave lógica para una persona (es decir, un nombre de
   cuenta) y necesitamos el valor del **id** de esa persona, dependiento de si esa

persona ya está en la tabla **Personas** o no, tendremos que: (1) buscar la persona en la tabla **Personas** y recuperar el valor de **id** para esa persona, o (2) añadir la persona a la tabla **Personas** y obtener el valor del **id** para la fila recién añadida.

3. Insertar la fila que indica la relación de "seguimiento".

Vamos a explicar todos los puntos de uno en uno.

15.8.1　Restricciones en tablas de bases de datos

Conforme diseñamos la estructura de la tabla, podemos indicar al sistema de la base de datos que queremos aplicar algunas reglas. Estas reglas nos ayudarán a evitar errores y a introducir correctamente los datos en las tablas. Cuando creamos nuestras tablas:

```
cur.execute('''CREATE TABLE IF NOT EXISTS Personas
    (id INTEGER PRIMARY KEY, nombre TEXT UNIQUE, recuperado INTEGER)''')
cur.execute('''CREATE TABLE IF NOT EXISTS Seguimientos
    (desde_id INTEGER, hacia_id INTEGER, UNIQUE(desde_id, hacia_id))''')
```

Estamos indicando que la columna **nombre** de la tabla **Personas** debe ser **UNIQUE** (única). Además indicamos que la combinación de los dos números de cada fila de la tabla **Seguimientos** debe ser también única. Estas restricciones evitan que cometamos errores como añadir la misma relación entre las mismas personas más de una vez.

Después, podemos aprovechar estas restricciones en el código siguiente:

```
cur.execute('''INSERT OR IGNORE INTO Personas (nombre, recuperado)
    VALUES ( ?, 0)''', ( amigo, ) )
```

Aquí añadimos la clausula **OR IGNORE** en la sentencia **INSERT** para indicar que si este **INSERT** en particular causara una violación de la regla "el **nombre** debe ser único", el sistema de la base de datos está autorizado a ignorar el **INSERT**. De esta forma, estamos usando las restricciones de la base de datos como una red de seguridad para asegurarnos de que no hacemos algo incorrecto sin darnos cuenta.

De manera similar, el código siguiente se asegura de que no añadamos exactamente la misma relación de **Seguimiento** dos veces.

```
cur.execute('''INSERT OR IGNORE INTO Seguimientos
    (desde_id, hacia_id) VALUES (?, ?)''', (id, amigo_id) )
```

De nuevo, simplemente estamos indicándole a la base de datos que ignore cualquier intento de **INSERT** si éste viola la restricción de unicidad que hemos especificado para cada fila de **Seguimientos**.

15.8.2   Recuperar y/o insertar un registro

Cuando pedimos al usuario una cuenta de Twitter, si la cuenta ya existe debemos averiguar el valor de su `id`. Si la cuenta no existe aún en la tabla `Personas`, debemos insertar el registro y obtener el valor del `id` de la fila recién insertada.

Éste es un diseño muy habitual y se utiliza dos veces en el programa anterior. Este código muestra cómo se busca el `id` de la cuenta de un amigo, una vez extraído su `screen_name` desde un nodo de `usuario` del JSON recuperado desde Twitter.

Dado que con el tiempo será cada vez más probable que la cuenta ya figure en la base de datos, primero comprobaremos si el registro existe en `Personas`, usando una sentencia `SELECT`.

Si todo sale bien[2] dentro de la sección `try` recuperaremos el registro mediante `fetchone()` y luego extraeremos el primer (y único) elemento de la tupla devuelta, que almacenaremos en `amigo_id`.

Si el `SELECT` falla, el código `fetchone()[0]` también fallará, y el control será transferido a la sección `except`.

```python
amigo = u['screen_name']
cur.execute('SELECT id FROM Personas WHERE nombre = ? LIMIT 1',
    (amigo, ) )
try:
    amigo_id = cur.fetchone()[0]
    contantiguas = contantiguas + 1
except:
    cur.execute('''INSERT OR IGNORE INTO Personas (nombre, recuperado)
        VALUES ( ?, 0)''', ( amigo, ) )
    conn.commit()
    if cur.rowcount != 1 :
        print('Error al insertar cuenta:',amigo)
        continue
    amigo_id = cur.lastrowid
    contnuevas = contnuevas + 1
```

Si terminamos en el código del `except`, eso sólo significa que la fila no se ha encontrado en la table, de modo que debemos insertarla. Usamos `INSERT OR IGNORE` para evitar posibles errores, y luego llamamos a `commit()` para forzar a la base de datos a que se actualice de verdad. Después de que se ha realizado la escritura, podemos comprobar el valor de `cur.rowcount`, para saber cuántas filas se han visto afectadas. Como estamos intentando insertar una única fila, si el número de filas afectadas es distinto de 1, se habría producido un error.

Si el `INSERT` tiene éxito, podemos usar `cur.lastrowid` para averiguar el valor que la base de datos ha asignado a la columna `id` en nuestra fila recién creada.

---

[2]En general, cuando una frase empieza por "si todo va bien", es porque el código del que se habla necesita utilizar try/except.

15.8.3   Almacenar las relaciones entre amigos

Una vez que sabemos el valor de la clave tanto para el usuario de Twitter como para el amigo que hemos extraído del JSON, resulta sencillo insertar ambos números en la tabla de **Seguimientos** con el código siguiente:

```
cur.execute('''INSERT OR IGNORE INTO Seguimientos
    (desde_id, hacia_id) VALUES (?, ?)''', (id, amigo_id) )
```

Nota que dejamos que sea la base de datos quien se ocupe de evitar la "inserción duplicada" de una relación, mediante la creación de una tabla con una restricción de unicidad, de modo que luego en nuestra sentencia **INSERT** tan sólo añadimos o ignoramos.

Aquí está un ejemplo de la ejecución de este programa:

```
Ingresa una cuenta de Twitter, o salir:
No se han encontrado cuentas de Twitter sin recuperar
Ingresa una cuenta de Twitter, o salir: drchuck
Recuperando http://api.twitter.com/1.1/friends ...
Cuentas nuevas= 20  ya visitadas= 0
Ingresa una cuenta de Twitter, o salir:
Recuperando http://api.twitter.com/1.1/friends ...
Cuentas nuevas= 17  ya visitadas= 3
Ingresa una cuenta de Twitter, o salir:
Recuperando http://api.twitter.com/1.1/friends ...
Cuentas nuevas= 17  ya visitadas= 3
Ingresa una cuenta de Twitter, o salir: salir
```

Comenzamos con la cuenta de drchuck y luego dejamos que el programa escoja de forma automática las siguientes dos cuentas para recuperar y añadir a nuestra base de datos.

Las siguientes son las primeras filas de las tablas **Personas** y **Seguimientos** después de terminar la ejecución anterior:

```
Personas:
(1, 'drchuck', 1)
(2, 'opencontent', 1)
(3, 'lhawthorn', 1)
(4, 'steve_coppin', 0)
(5, 'davidkocher', 0)
55 filas.
Seguimientos:
(1, 2)
(1, 3)
(1, 4)
(1, 5)
(1, 6)
60 filas.
```

Puedes ver los campos **id**, **nombre**, **visitado** de la tabla **Personas**, y también los números de ambos extremos de la relación en la tabla **Seguimientos**. En la tabla **Personas**, vemos que las primeras tres personas ya han sido visitadas y que sus datos han sido recuperados. Los datos de la tabla **Seguidores** indican que **drchuck** (usuario 1) es amigo de todas las personas que se muestran en las primeras cinco filas. Esto tiene sentido, ya que los primeros datos que recuperamos y almacenamos fueron los amigos de Twitter de **drchuck**. Si imprimieras más filas de la tabla **Seguimientos** verías también los amigos de los usuarios 2 y 3.

15.9 Tres tipos de claves

Ahora que hemos empezado a construir un modelo de datos, colocando nuestros datos en múltiples tablas enlazadas, y hemos enlazado las filas de esas tablas usando *claves*, debemos fijarnos en cierta terminología acerca de esas claves. Generalmente, en un modelo de base de datos hay tres tipos de claves que se pueden usar.

- Una *clave lógica* es una clave que se podría usar en el "mundo real" para localizar una fila. En nuestro ejemplo de modelado de datos, el campo **nombre** es una clave lógica. Es el nombre que se muestra en pantalla para el usuario y, en efecto, usamos el campo **nombre** varias veces en el programa para localizar la fila correspondiente a un usuario. Comprobarás que a menudo tiene sentido añadir una restricción **UNIQUE** (única) a una clave lógica. Como las claves lógicas son las que usamos para buscar una fila desde el mundo exterior, tendría poco sentido permitir que hubiera múltiples filas con el mismo valor en la tabla.

- Una *clave primaria* es normalmente un número que es asignado automáticamente por la base de datos. En general no tiene ningún significado fuera del programa y sólo se utiliza para enlazar entre sí filas de tablas diferentes. Cuando queremos buscar una fila en una tabla, realizar la búsqueda usando la clave primaria es, normalmente, el modo más rápido de localizarla. Como las claves primarias son números enteros, necesitan muy poco espacio de almacenamiento y pueden ser comparadas y ordenadas muy rápido. En nuestro modelo de datos, el campo **id** es un ejemplo de una clave primaria.

- Una *clave foránea* (forcign key) es normalmente un número que apunta a la clave primaria de una fila asociada en una tabla diferente. Un ejemplo de una clave foránea en nuestro modelo de datos es la columna **desde_id**.

Estamos usando como convención para los nombres el darle siempre al campo de clave primaria el nombre **id** y añadir el sufijo **_id** a cualquier nombre de campo que sea una clave foránea.

15.10 Uso de JOIN para recuperar datos

Ahora que hemos cumplido con las reglas de la normalización de bases de datos y hemos separado los datos en dos tablas, enlazándolas entre sí usando claves primarias y foráneas, necesitaremos ser capaces de construir un **SELECT** que vuelva a juntar los datos esparcidos por las tablas.

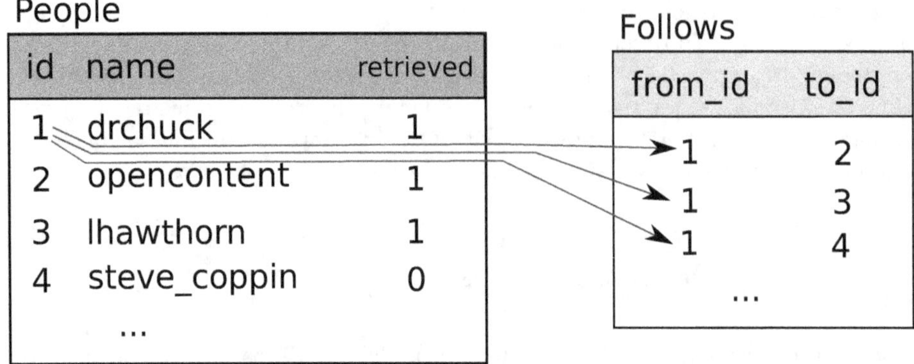

Figure 15.5: Conexión de Tablas Usando JOIN

SQL usa la clausula JOIN para volver a conectar esas tablas. En la clausula JOIN se especifican los campos que se utilizan para reconectar las filas entre las distintas tablas.

A continuación se muestra un ejemplo de un SELECT con una clausula JOIN:

```
SELECT * FROM Seguimientos JOIN Personas
    ON Seguimientos.desde_id = Personas.id WHERE Personas.id = 1
```

La clausula JOIN indica que los campos que estamos seleccionando mezclan las tablas Seguimientos y Personas. La clausula ON indica cómo deben ser unidas las dos tablas: Toma cada fila de Seguimientos y añade una fila de Personas en la cual el campo desde_id en Seguimientos coincide con el valor id en la tabla Personas.

El resultado del JOIN consiste en la creación de una "meta-fila" extra larga, que contendrá tanto los campos de Personas como los campos de la fila de Seguimientos que cumplan la condición. Cuando hay más de una coincidencia entre el campo id de Personas y el desde_id de Seguimientos, JOIN creará una meta-fila para *cada una* de las parejas de filas que coincidan, duplicando los datos si es necesario.

El código siguiente muestra los datos que tendremos en la base de datos después de que el programa multi-tabla araña de Twitter anterior haya sido ejecutado varias veces.

```
import sqlite3
```

```python
conn = sqlite3.connect('amigos.sqlite')
cur = conn.cursor()

cur.execute('SELECT * FROM Personas')
contador = 0
print('Personas:')
for fila in cur:
    if contador < 5: print(fila)
    contador = contador + 1
print(contador, 'filas.')

cur.execute('SELECT * FROM Seguimientos')
contador = 0
print('Seguimientos:')
for fila in cur:
    if contador < 5: print(fila)
    contador = contador + 1
print(contador, 'filas.')

cur.execute('''SELECT * FROM Seguimientos JOIN Personas
            ON Seguimientos.hacia_id = Personas.id
            WHERE Seguimientos.desde_id = 2''')
contador = 0
print('Conexiones para id=2:')
for fila in cur:
    if contador < 5: print(fila)
    contador = contador + 1
print(contador, 'filas.')

cur.close()

# Código: https://es.py4c.com/code3/twjoin.py
```

En este programa, en primer lugar volcamos el contenido de las tablas **Personas** y
Seguimientos y a continuación mostramos un subconjunto de datos de las tablas
unidas entre sí.

Aquí tenemos la salida del programa:

```
python twjoin.py
Personas:
(1, 'drchuck', 1)
(2, 'opencontent', 1)
(3, 'lhawthorn', 1)
(4, 'steve_coppin', 0)
(5, 'davidkocher', 0)
55 filas.
Seguimientos:
(1, 2)
(1, 3)
(1, 4)
(1, 5)
```

```
(1, 6)
60 filas.
Conexiones para id=2:
(2, 1, 1, 'drchuck', 1)
(2, 28, 28, 'cnxorg', 0)
(2, 30, 30, 'kthanos', 0)
(2, 102, 102, 'SomethingGirl', 0)
(2, 103, 103, 'ja_Pac', 0)
20 filas.
```

Se pueden ver las columnas de las tablas `Personas` y `Seguimientos`, seguidos del último conjunto de filas, que es el resultado del `SELECT` con la clausula `JOIN`.

En el último select, buscamos las cuentas que sean amigas de "opencontent" (es decir, de `Personas.id=2`).

En cada una de las "meta-filas" del último select, las primeras dos columnas pertenecen a la tabla `Seguimientos`, mientras que las columnas tres a cinco pertenecen a la tabla `Personas`. Se puede observar también cómo la segunda columna (`Seguimientos.hacia_id`) coincide con la tercera (`Personas.id`) en cada una de las "meta-filas" unidas.

15.11   Resumen

En este capítulo se han tratado un montón de temas para darte una visión de de lo necesario para utilizar una base de datos en Python. Es más complicado escribir el código para usar una base de datos que almacene los datos que utilizar diccionarios de Python o archivos planos, de modo que existen pocas razones para usar una base de datos, a menos que tu aplicación necesite de verdad las capacidades que proporciona. Las situaciones en las cuales una base de datos pueden resultar bastante útil son: (1) cuanto tu aplicación necesita realizar muchos cambios pequeños de forma aleatoria en un conjunto de datos grandes, (2) cuando tienes tantos datos que no caben en un diccionario y necesitas localizar información con frecuencia, o (3) cuando tienes un proceso que va a funcionar durante mucho tiempo, y necesitas poder detenerlo y volverlo a poner en marcha, conservando los datos entre ejecuciones.

Una base de datos con una simple tabla puede resultar suficiente para cubrir las necesidades de muchas aplicaciones, pero la mayoría de los problemas necesitarán varias tablas y enlaces/relaciones entre filas de tablas diferentes. Cuando empieces a crear enlaces entre tablas, es importante realizar un diseño meditado y seguir las reglas de normalización de bases de datos, para conseguir el mejor uso de sus capacidades. Como la motivación principal para usar una base de datos suele ser el tener grandes cantidades de datos con las que tratar, resulta importante modelar los datos de forma eficiente, para que tu programa funcione tan rápidamente como sea posible.

15.12 Depuración

Un planteamiento habitual, cuando se está desarrollando un programa en Python que conecta con una base de datos SQLite, será ejecutar primero el programa y revisar luego los resultados usando el navegador de bases de datos de SQLite (Database Browser for SQLite). El navegador te permite revisar cuidadosamente los datos, para comprobar si tu programa está funcionando correctamente.

Debes tener cuidado, ya que SQLite se encarga de evitar que dos programas puedan cambiar los mismos datos a la vez. Por ejemplo, si abres una base de datos en el navegador y realizas un cambio en la base de datos, pero no has pulsado aún el botón "guardar" del navegador, éste "bloqueará" el archivo de la base de datos y evitará que cualquier otro programa acceda a dicho fichero. Concretamente, en ese caso tu programa de Python no será capaz de acceder al archivo, ya que éste se encontrará bloqueado.

De modo que la solución pasa por asegurarse de cerrar la ventana del navegador de la base de datos, o bien usar el menú *Archivo* para cerrar la base de datos abierta en el navegador antes de intentar acceder a ella desde Python, para evitar encontrarse con el problema de que el código de Python falle debido a que la base de datos está bloqueada.

15.13 Glosario

atributo Uno de los valores dentro de una tupla. Más comúnmente llamada "columa" o "campo".

cursor Un cursor permite ejecutar comandos SQL en una base de datos y recuperar los datos de ella. Un cursor es similar a un socket en conexiones de red o a un manejar de archivos.

clave foránea Una clave numérica que apunta a la clave primaria de una fila en otra tabla. Las claves foráneas establecen relaciones entre filas almacenadas en tablas diferentes.

clave lógica Una clave que el "mundo exterior" utiliza para localizar una fila concreta. Por ejemplo, en una tabla de cuentas de usuario, la dirección de e-mail de una persona sería un buen candidato a utilizar como clave lógica para los datos de ese usuario.

clave primaria Una clave numérica asignada a cada fila, que es utilizada para referirnos a esa fila concreta de esa tabla desde otra tabla distinta. A menudo la base de datos se configura para asignar las claves primarias de forma automática, según se van insertando filas.

índice Datos adicionales que el software de la base de datos mantiene como filas e inserta en una tabla para conseguir que las búsquedas sean muy rápidas.

navegador de base de datos Un programa que permite conectar directamente con una base de datos y manipularla, sin tener que escribir código para ello.

normalización Diseño de un modelado de datos de forma que no haya datos duplicados. Se almacena cada elemento de los datos en un lugar concreto de la base de datos y se referencia desde otros sitios usando una clave foránea.

relación Un área dentro de una base de datos que contiene tuplas y atributos. Se le conoce más habitualmente como "tabla".

restricción Cuando le pedimos a una base de datos que imponga una regla a un campo de una fila en una tabla. Una restricción habitual consiste en especificar que no pueda haber valores repetidos en un campo concreto (es decir, que todos los valores deban ser únicos).

tupla Una entrada única en una base de datos, que es un conjunto de atributos. Se le conoce más habitualmente como "fila".

Chapter 16

Visualización de datos

Hasta el momento, hemos estado aprendiendo el lenguaje de Python y hemos aprendido cómo usar Python, la red y las bases de datos para manipular datos.

En este capítulo, echaremos un vistazo a tres aplicaciones completas que usan todos estos elementos para gestionar y visualizar datos. Puedes usar estas aplicaciones como código de ejemplo que sirva de punto de partida para resolver problemas del mundo real.

Cada aplicación es un archivo ZIP que puedes descargar, extraer en tu equipo y ejecutar.

16.1   Mapa de Google a partir de datos geocodificados

En este proyecto usaremos la API de geocodificación de Google para limpiar varias ubicaciones geográficas de nombres de universidades introducidas por los usuarios, y luego colocaremos los datos en un mapa de Google.

Para comenzar, descarga la aplicación desde:

www.py4e.com/code3/geodata.zip

El primer problema a resolver es que la API libre de geocodificación de Google tiene como límite de uso un cierto número de peticiones diarias. Si tienes un montón de datos, necesitarás detener y reanudar el proceso de búsqueda varias veces. Por tanto, dividiremos el problema en dos fases.

En la primera fase, tomaremos como entrada los datos "de reconocimiento" del archivo *where.data* y los leeremos una línea a la vez, recuperando la información de geocodificación desde Google y almacenándola en una base de datos *geodata.sqlite*. Antes de usar la API de geocodificación para cada ubicación introducida por el usuario, verificaremos si ya tenemos los datos para esa entrada concreta. La base de datos funcionará así como una "caché" local de datos de geocodificación, para asegurarnos de que nunca solicitamos a Google los mismos datos dos veces.

Figure 16.1: Un Mapa de Google

Puedes reiniciar el proceso en cualquier momento eliminando el archivo *geo-data.sqlite*.

Ejecuta el programa *geoload.py*. Este programa leerá las líneas de entrada desde *where.data* y para cada línea verificará si ya está en la base de datos. Si no disponemos de datos para esa ubicación, llamará a la API de geocodificación para recuperarlos y los almacenará en la base de datos.

Aquí tenemos un ejemplo de ejecución cuando ya disponemos de información almacenada en la base de datos:

```
Found in database   Northeastern University
Found in database   University of Hong Kong, ...
Found in database   Technion
Found in database   Viswakarma Institute, Pune, India
Found in database   UMD
Found in database   Tufts University

Resolving Monash University
Retrieving http://maps.googleapis.com/maps/api/
    geocode/json?address=Monash+University
Retrieved 2063 characters {    "results" : [
{'status': 'OK', 'results': ... }

Resolving Kokshetau Institute of Economics and Management
Retrieving http://maps.googleapis.com/maps/api/
    geocode/json?address=Kokshetau+Inst ...
Retrieved 1749 characters {    "results" : [
```

```
{'status': 'OK', 'results': ... }
...
```

Las primeras cinco ubicaciones ya están en la base de datos y por eso las omitimos. El programa explora hasta que encuentra ubicaciones nuevas y entonces comienza a recuperarlas.

El programa *geoload.py* puede ser detenido en cualquier momento, y dispone de un contador que puedes usar para limitar el número de llamadas a la API de geolocalización en cada ejecución. Dado que el archivo *where.data* solo tiene unos pocos cientos de elementos, no deberías llegar al límite diario de usos, pero si tienes más datos pueden ser necesarias varias ejecuciones del programa durante varios días para tener todos los datos de entrada geolocalizados en nuestra base de datos.

Una vez que tienes parte de los datos cargados en *geodata.sqlite*, se pueden visualizar usando el programa *geodump.py*. Este programa lee la base de datos y escribe el arhivo *where.js* con la ubicación, latitud y longitud en forma de código ejecutable de JavaScript.

Una ejecución del programa *geodump.py* sería la siguiente:

```
Northeastern University, ... Boston, MA 02115, USA 42.3396998 -71.08975
Bradley University, 1501 ... Peoria, IL 61625, USA 40.6963857 -89.6160811
...
Technion, Viazman 87, Kesalsaba, 32000, Israel 32.7775 35.0216667
Monash University Clayton ... VIC 3800, Australia -37.9152113 145.134682
Kokshetau, Kazakhstan 53.2833333 69.3833333
...
12 records written to where.js
Open where.html to view the data in a browser
```

El archivo *where.html* consiste en HTML y JavaScript para mostrar un mapa de Google. Lee los datos más actuales de *where.js* para obtener los datos que se mostrarán. He aquí el formato del archivo *where.js*:

```
myData = [
[42.3396998,-71.08975, 'Northeastern Uni ... Boston, MA 02115'],
[40.6963857,-89.6160811, 'Bradley University, ... Peoria, IL 61625, USA'],
[32.7775,35.0216667, 'Technion, Viazman 87, Kesalsaba, 32000, Israel'],
    ...
];
```

Se trata de una variable JavaScript que contiene una lista de listas. La sintaxis de las listas de constantes en JavaScript es muy similar a las de Python, de modo que debería resultarte familiar.

Simplemente abre *where.html* en un navegador para ver las ubicaciones. Puedes mantener el ratón sobre cada marca del mapa para ver la ubicación que la API de geocodificación ha devuelto para la entrada que el usuario introdujo. Si no puedes ver ningún dato cuando abras el archivo *where.html*, puede que debas revisar JavaScript o la consola de desarrollador de tu navegador.

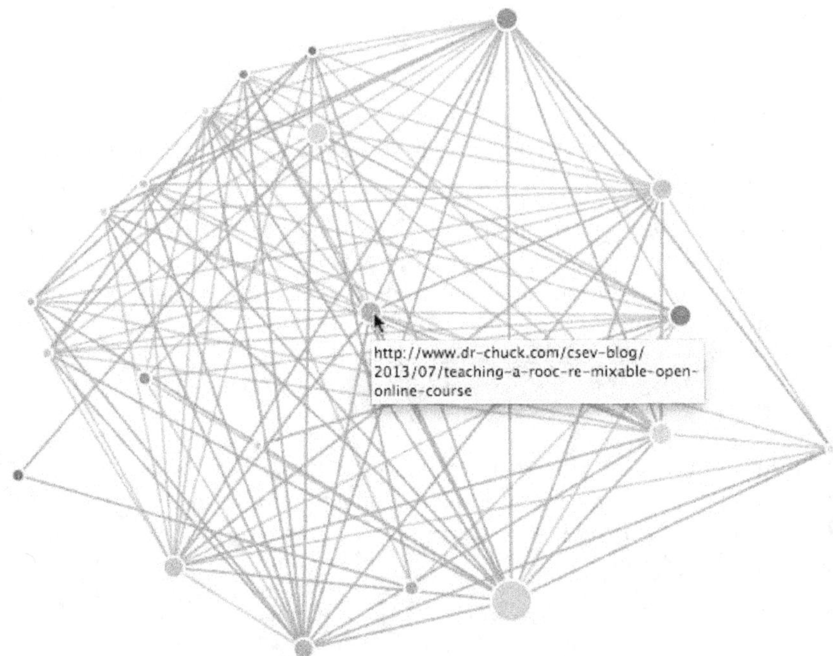

Figure 16.2: Una clasificación de Páginas

16.2   Visualización de redes e interconexiones

En esta aplicación, realizaremos algunas de las funciones de un motor de búsqueda.
Primero rastrearemos una pequeña parte de la web y ejecutaremos una versión
simplificada del algoritmo de clasificación que usa Google para determinar qué
páginas se encuentran más conectadas. Luego, visualizaremos la clasificación de
las páginas y conectividad de nuestro pequeño rincón de la web. Usaremos la
librería de visualización de JavaScript D3 http://d3js.org/ para generar la imagen
de salida.

Puedes descargar y extraer esta aplicación desde:

www.py4e.com/code3/pagerank.zip

El primer programa (*spider.py*) rastrea un sitio web y envía una serie de páginas
a la base de datos (*spider.sqlite*), guardando los enlaces entre páginas. Puedes
reiniciar el proceso en cualquier momento eliminando el fichero *spider.sqlite* y ejecutando de nuevo *spider.py*.

```
Enter web url or enter: http://www.dr-chuck.com/
['http://www.dr-chuck.com']
How many pages:2
1 http://www.dr-chuck.com/ 12
2 http://www.dr-chuck.com/csev-blog/ 57
How many pages:
```

En esta ejecución de ejemplo, le pedimos que rastree un sitio web y que recupere
dos páginas. Si reinicias el programa y le pides que rastree más páginas, no volverá

a revisar aquellas que ya estén en la base de datos. En cada reinicio elegirá una
página al azar no rastreada aún y comenzará allí. De modo que cada ejecución
sucesiva de *spider.py* irá añadiendo páginas nuevas.

```
Enter web url or enter: http://www.dr-chuck.com/
['http://www.dr-chuck.com']
How many pages:3
3 http://www.dr-chuck.com/csev-blog 57
4 http://www.dr-chuck.com/dr-chuck/resume/speaking.htm 1
5 http://www.dr-chuck.com/dr-chuck/resume/index.htm 13
How many pages:
```

Se pueden tener múltiples puntos de partida en la misma base de datos —dentro
del programa, éstos son llamados "webs". La araña elige entre todos los enlaces no
visitados de las páginas existentes uno al azar como siguiente página a rastrear.

Si quieres ver el contenido del archivo *spider.sqlite*, puedes ejecutar *spdump.py*, que
mostrará algo como esto:

```
(5, None, 1.0, 3, 'http://www.dr-chuck.com/csev-blog')
(3, None, 1.0, 4, 'http://www.dr-chuck.com/dr-chuck/resume/speaking.htm')
(1, None, 1.0, 2, 'http://www.dr-chuck.com/csev-blog/')
(1, None, 1.0, 5, 'http://www.dr-chuck.com/dr-chuck/resume/index.htm')
4 rows.
```

Esto muestra el número de enlaces hacia la página, la clasificación antigua de la
página, la clasificación nueva, el id de la página, y la url de la página. El programa
spdump.py sólo muestra aquellas páginas que tienen al menos un enlace hacia ella.

Una vez que tienes unas cuantas páginas en la base de datos, puedes ejecutar el
clasificador sobre ellas, usando el programa *sprank.py*. Simplemente debes indicarle
cuántas iteraciones del clasificador de páginas debe realizar.

```
How many iterations:2
1 0.546848992536
2 0.226714939664
[(1, 0.559), (2, 0.659), (3, 0.985), (4, 2.135), (5, 0.659)]
```

Puedes volcar en pantalla el contenido de la base de datos de nuevo para ver que
la clasificación de páginas ha sido actualizada:

```
(5, 1.0, 0.985, 3, 'http://www.dr-chuck.com/csev-blog')
(3, 1.0, 2.135, 4, 'http://www.dr-chuck.com/dr-chuck/resume/speaking.htm')
(1, 1.0, 0.659, 2, 'http://www.dr-chuck.com/csev-blog/')
(1, 1.0, 0.659, 5, 'http://www.dr-chuck.com/dr-chuck/resume/index.htm')
4 rows.
```

Puedes ejecutar *sprank.py* tantas veces como quieras, y simplemente irá refinando
la clasificación de páginas cada vez más. Puedes incluso ejecutar *sprank.py* varias
veces, luego ir a la araña *spider.py* a recuperar unas cuantas páginas más y después
ejecutar de nuevo *sprank.py* para actualizar los valores de clasificación. Un motor

de búsqueda normalmente ejecuta ambos programas (el rastreador y el clasificador) de forma constante.

Si quieres reiniciar los cálculos de clasificación de páginas sin tener que rastrear de nuevo las páginas web, puedes usar *spreset.py* y después reiniciar *sprank.py*.

```
How many iterations:50
1 0.546848992536
2 0.226714939664
3 0.0659516187242
4 0.0244199333
5 0.0102096489546
6 0.00610244329379
...
42 0.000109076928206
43 9.91987599002e-05
44 9.02151706798e-05
45 8.20451504471e-05
46 7.46150183837e-05
47 6.7857770908e-05
48 6.17124694224e-05
49 5.61236959327e-05
50 5.10410499467e-05
[(512, 0.0296), (1, 12.79), (2, 28.93), (3, 6.808), (4, 13.46)]
```

En cada iteración del algoritmo de clasificación de páginas se muestra el cambio medio en la clasificación de cada página. La red al principio está bastante desequilibrada, de modo que los valores de clasificación para cada página cambiarán mucho entre iteraciones. Pero después de unas cuantas iteraciones, la clasificación de páginas converge. Deberías ejecutar *prank.py* durante el tiempo suficiente para que los valores de clasificación converjan.

Si quieres visualizar las páginas mejor clasificadas, ejecuta *spjson.py* para leer la base de datos y escribir el ranking de las páginas más enlazadas en formato JSON, que puede ser visualizado en un navegador web.

```
Creating JSON output on spider.json...
How many nodes? 30
Open force.html in a browser to view the visualization
```

You can view this data by opening the file *force.html* in your web browser. This shows an automatic layout of the nodes and links. You can click and drag any node and you can also double-click on a node to find the URL that is represented by the node.

Si vuelves a ejecutar las otras utilidades, ejecuta de nuevo *spjson.py* y pulsa actualizar en el navegador para obtener los datos actualizados desde *spider.json*.

16.3 Visualización de datos de correo

Si has llegado hasta este punto del libro, ya debes de estar bastante familiarizado con nuestros ficheros de datos *mbox-short.txt* y *mbox.txt*. Ahora es el momento de llevar nuestro análisis de datos de correo electrónico al siguiente nivel.

Figure 16.3: Una Nube de Palabras desde la Lista de Desarrolladores de Sakai

En el mundo real, a veces se tienen que descargar datos de correo desde los servidores. Eso podría llevar bastante tiempo y los datos podrían tener inconsistencias, estar llenos de errores, y necesitar un montón de limpieza y ajustes. En esta sección, trabajaremos con la aplicación más compleja que hemos visto hasta ahora, que descarga casi un gigabyte de datos y los visualiza.

Puedes descargar la aplicación desde:

www.py4e.com/code3/gmane.zip

Utilizaremos los datos de un servicio de archivo de listas de correo electrónico libre, llamado www.gmane.org. Este servicio es muy popular en proyectos de código abierto, debido a que proporciona un buen almacenaje con capacidad de búsqueda de su actividad de correo. También tienen una política muy liberal respecto al acceso a los datos a través de su API. No tienen límites de acceso, pero te piden que no sobrecargues su servicio y descargues sólo aquellos datos que necesites. Puedes leer los términos y condiciones de gmane en su página:

http://gmane.org/export.php

Es muy importante que hagas uso de los datos de gname.org con responsabilidad, añadiendo retrasos en tu acceso a sus servicios y extendiendo la realización de los procesos de larga duración a periodos de tiempo lo suficientemente largos. No abuses de este servicio libre y lo estropees para los demás.

Al usar este software para rastrear los datos de correo de Sakai, se generó casi un gigabyte de datos, requiriendo una cantidad considerable de ejecuciones durante varios días. El archivo *README.txt* del ZIP anterior contiene instrucciones sobre cómo descargar una copia pre-rastreada del archivo *content.sqlite* con la mayor parte del contenido de los correos de Sakai, de modo que no tengas que rastrear durante cinco días sólo para hacer funcionar los programas. Aunque descargues el contenido pre-rastreado, deberías ejecutar el proceso de rastreo para recuperar los mensajes más recientes.

El primer paso es rastrear el repositorio gmane. La URL base se puede modificar en *gmane.py*, y por defecto apunta a la lista de desarrolladores de Sakai. Puedes rastrear otro repositorio cambiando la url base. Asegúrate de borrar el fichero *content.sqlite* si realizas el cambio de url.

El archivo *gmane.py* opera como una araña caché responsable, que funciona despacio y recupera un mensaje de correo por segundo para evitar ser bloqueado por gmane. Almacena todos sus datos en una base de datos y puede ser interrumpido y reanudado tantas veces como sean necesarias. Puede llevar muchas horas descargar todos los datos. De modo que quizá debas reanudarlo varias veces.

He aquí una ejecución de *mane.py* recuperando los últimos cinco mensajes de la lista de desarrolladores de Sakai:

```
How many messages:10
http://download.gmane.org/gmane.comp.cms.sakai.devel/51410/51411 9460
    nealcaidin@sakaifoundation.org 2013-04-05 re: [building ...
http://download.gmane.org/gmane.comp.cms.sakai.devel/51411/51412 3379
    samuelgutierrezjimenez@gmail.com 2013-04-06 re: [building ...
http://download.gmane.org/gmane.comp.cms.sakai.devel/51412/51413 9903
    da1@vt.edu 2013-04-05 [building sakai] melete 2.9 oracle ...
http://download.gmane.org/gmane.comp.cms.sakai.devel/51413/51414 349265
    m.shedid@elraed-it.com 2013-04-07 [building sakai] ...
http://download.gmane.org/gmane.comp.cms.sakai.devel/51414/51415 3481
    samuelgutierrezjimenez@gmail.com 2013-04-07 re: ...
http://download.gmane.org/gmane.comp.cms.sakai.devel/51415/51416 0

Does not start with From
```

El programa revisa *content.sqlite* desde el principio hasta que encuentra un número de mensaje que aún no ha sido rastreado y comienza a partir de ahí. Continúa rastreando hasta que ha recuperado el número deseado de mensajes o hasta que llega a una página que no contiene un mensaje adecuadamente formateado.

A veces gmane.org no encuentra un mensaje. Tal vez los administradores lo borraron, o quizás simplemente se perdió. Si tu araña se detiene, y parece que se atasca en un mensaje que no puede localizar, entra en SQLite Manager, añade una fila con el id perdido y los demás campos en blanco y reinicia *gmane.py*. Así se desbloqueará el proceso de rastreo y podrá continuar. Esos mensajes vacíos serán ignorados en la siguiente fase del proceso.

Algo bueno es que una vez que has rastreado todos los mensajes y los tienes en *content.sqlite*, puedes ejecutar *gmane.py* otra vez para obtener los mensajes nuevos según van siendo enviados a la lista.

Los datos en *content.sqlite* están guardados en bruto, con un modelado de datos ineficiente y sin comprimir. Esto se ha hecho así intencionadamente, para permitirte echar un vistazo en *content.sqlite* usando SQLite Manager y depurar problemas con el proceso de rastreo. Sería mala idea ejecutar consultas sobre esta base de datos, ya que puede resultar bastante lenta.

El segundo proceso consiste en ejecutar el programa *gmodel.py*. Este programa lee los datos en bruto de *content.sqlite* y produce una versión limpia y bien modelada de los datos, que envía al fichero *index.sqlite*. Este fichero es mucho más pequeño (puede ser 10 veces menor) que *content.sqlite*, porque también comprime la cabecera y el texto del cuerpo.

Cada vez que *gmodel.py* se ejecuta, borra y reconstruye *index.sqlite*. Esto permite ajustar sus parámetros y editar las tablas de asignación de *content.sqlite* para ajustar el proceso de limpieza de datos. Esto es un ejemplo de ejecución de *gmodel.py*. El programa imprime una línea en pantalla cada vez que son procesados 250 mensajes de correo para que puedas ver su evolución, ya que puede quedarse funcionando durante un buen rato mientras procesa alrededor de un Gigabyte de datos de correo.

```
Loaded allsenders 1588 and mapping 28 dns mapping 1
1 2005-12-08T23:34:30-06:00 ggolden22@mac.com
251 2005-12-22T10:03:20-08:00 tpamsler@ucdavis.edu
501 2006-01-12T11:17:34-05:00 lance@indiana.edu
751 2006-01-24T11:13:28-08:00 vrajgopalan@ucmerced.edu
...
```

The *gmodel.py* program handles a number of data cleaning tasks.

Los nombres de dominio son truncados a dos niveles para .com, .org, .edu y .net. Otros nombres de dominio son truncados a tres niveles. De modo que si.umich.edu se transforma en umich.edu, y caret.cam.ac.uk queda como cam.ac.uk. Las direcciones de correo electrónico también son transformadas a minúsculas, y algunas de las direcciones de @gmane.org, como la siguiente

```
arwhyte-63aXycvo3TyHXe+LvDLADg@public.gmane.org
```

son convertidas en direcciones reales, cuando esa dirección de correo real existe en otra parte del cuerpo del mensaje.

En la base de datos *mapping.sqlite* existen dos tablas que te permiten asignar tanto nombres de dominios como direcciones de correo individuales que van cambiando a lo largo del tiempo de existencia de la lista de correo. Por ejemplo, Steve Githens ha usado las direcciones de correo siguientes, según iba cambiando de trabajo a lo largo de la existencia de la lista de desarrolladores de Sakai:

```
s-githens@northwestern.edu
sgithens@cam.ac.uk
swgithen@mtu.edu
```

Podemos añadir dos entradas en la tabla de asignación (Mapping) de *mapping.sqlite*, de modo que gmodel.py enlazará las tres direcciones en una:

```
s-githens@northwestern.edu ->  swgithen@mtu.edu
sgithens@cam.ac.uk -> swgithen@mtu.edu
```

Puedes crear entradas similares en la tabla DNSMapping si hay múltiples nombres DNS que quieres asignar a una única DNS. En los datos de Sakai se ha realizado la siguiente asignación:

```
iupui.edu -> indiana.edu
```

de modo que todas las cuentas de los distintos campus de las Universidades de Indiana son monitoreadas juntas.

Puedes volver a ejecutar *gmodel.py* una y otra vez mientras vas mirando los datos, y añadir asignaciones para hacer que los datos queden más y más limpios. Cuando lo hayas hecho, tendrás una bonita versión indexada del correo en *index.sqlite*. Éste es el archivo que usaremos para analizar los datos. Con ese archivo, el análisis de datos se realizará muy rápidamente.

El primer y más sencillo análisis de datos consistirá en determinar "¿Quién ha enviado más correos?", y "¿Qué organización ha enviado más correos?". Esto se realizará usando *gbasic.py*:

```
How many to dump? 5
Loaded messages= 51330 subjects= 25033 senders= 1584

Top 5 Email list participants
steve.swinsburg@gmail.com 2657
azeckoski@unicon.net 1742
ieb@tfd.co.uk 1591
csev@umich.edu 1304
david.horwitz@uct.ac.za 1184

Top 5 Email list organizations
gmail.com 7339
umich.edu 6243
uct.ac.za 2451
indiana.edu 2258
unicon.net 2055
```

Fíjate cómo *gbasic.py* funciona mucho más rápido que *gmane.py*, e incluso que *gmodel.py*. Todos trabajan con los mismos datos, pero *gbasic.py* está usando los datos comprimidos y normalizados de *index.sqlite*. Si tienes un montón de datos que gestionar, un proceso multipaso como el que se realiza en esta aplicación puede ser más largo de desarrollar, pero te ahorrará un montón de tiempo cuando realmente comiences a explorar y visualizar los datos.

Puedes generar una vista sencilla con la frecuencia de cada palabra en las líneas de título, usando el archivo *gword.py*:

```
Range of counts: 33229 129
Output written to gword.js
```

Esto genera el archivo *gword.js*, que puedes visualizar utilizando *gword.htm* para producir una nube de palabras similar a la del comienzo de esta sección.

gline.py genera también una segunda vista. En este caso cuenta la participación en forma de correos de las organizaciones a lo largo del tiempo.

```
Loaded messages= 51330 subjects= 25033 senders= 1584
Top 10 Oranizations
```

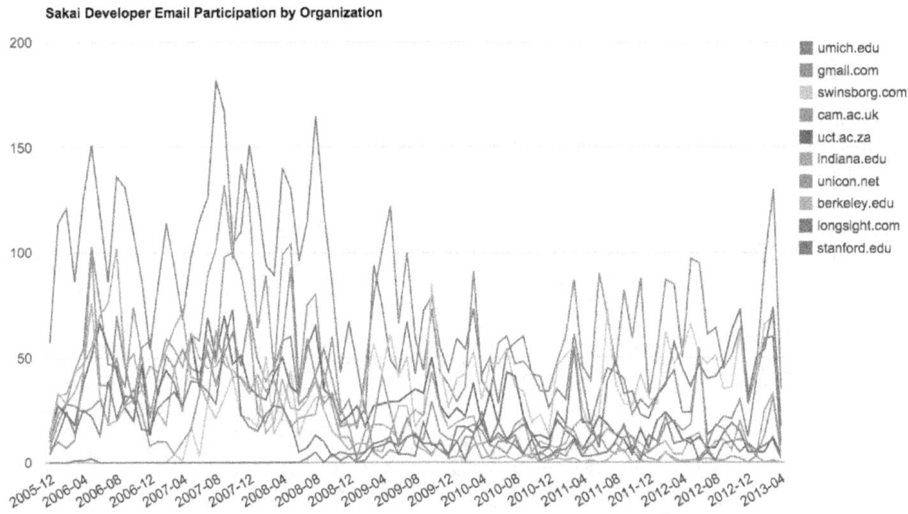

Figure 16.4: Actividad de Correo de Sakai por Organización

```
['gmail.com', 'umich.edu', 'uct.ac.za', 'indiana.edu',
'unicon.net', 'tfd.co.uk', 'berkeley.edu', 'longsight.com',
'stanford.edu', 'ox.ac.uk']
Output written to gline.js
```

Su resultado es guardado en *gline.js*, que se puede visualizar usando *gline.htm*.

Esta aplicación es relativamente compleja y sofisticada, y dispone de características para realizar recuperación de datos reales, limpieza y visualización.

Appendix A

Colaboraciones

A.1 Contributor List for Python para todos

Juan Carlos Perez Castellanos, Juan Dougnac, Daniel Merino Echeverría, Jaime Bermeo Ramírez, and Fernando Tardío.

A.2 Contributor List for Python for Everybody

Elliott Hauser, Stephen Catto, Sue Blumenberg, Tamara Brunnock, Mihaela Mack, Chris Kolosiwsky, Dustin Farley, Jens Leerssen, Naveen KT, Mirza Ibrahimovic, Naveen (@togarnk), Zhou Fangyi, Alistair Walsh, Erica Brody, Jih-Sheng Huang, Louis Luangkesorn, and Michael Fudge

You can see contribution details at:

https://github.com/csev/py4e/graphs/contributors   https://github.com/csev-cs/py4e/graphs/contributors

A.3 Lista de colaboradores de "Python para Informáticos"

Bruce Shields for copy editing early drafts, Sarah Hegge, Steven Cherry, Sarah Kathleen Barbarow, Andrea Parker, Radaphat Chongthammakun, Megan Hixon, Kirby Urner, Sarah Kathleen Barbrow, Katie Kujala, Noah Botimer, Emily Alinder, Mark Thompson-Kular, James Perry, Eric Hofer, Eytan Adar, Peter Robinson, Deborah J. Nelson, Jonathan C. Anthony, Eden Rassette, Jeannette Schroeder, Justin Feezell, Chuanqi Li, Gerald Gordinier, Gavin Thomas Strassel, Ryan Clement, Alissa Talley, Caitlin Holman, Yong-Mi Kim, Karen Stover, Cherie Edmonds, Maria Seiferle, Romer Kristi D. Aranas (RK), Grant Boyer, and Hedemarrie Dussan.

A.4   Prefacio para "Think Python"

La extraña historia de "Think Python"

(Allen B. Downey)

En Enero de 1999, estaba preparándome para enseñar una clase de introducción a la programación en Java. Había impartido el curso tres veces y me estaba frustrando. La tasa de fracaso en la clase era demasiado alta e, incluso aquellos estudiantes que aprobaban, lo hacían con un nivel general de conocimientos demasiado bajo.

Me di cuenta de que uno de los problemas eran los libros. Eran demasiado grandes, con demasiados detalles innecesarios de Java, y sin suficiente orientación de alto nivel sobre cómo programar. Y todos ellos sufrían el mismo efecto trampilla: comenzaban siendo muy fáciles, avanzaban poco a poco, y en algún lugar alrededor del Capítulo 5 el suelo desaparecía. Los estudiantes recibían demasiado material nuevo demasiado rápido, y yo tenía que pasar el resto del semestre recogiendo los pedazos.

Dos semanas antes del primer día de clase, decidí escribir mi propio libro. Mis objetivos eran:

- Hacerlo breve. Para los estudiantes es mejor leer 10 páginas que no tener que leer 50.

- Ser cuidadoso con el vocabulario. Intenté minimizar la jerga y definir cada término al usarlo la primera vez.

- Construir poco a poco. Para evitar las trampillas, tomé los temas más difíciles y los dividí en una serie de pasos más pequeños.

- Enfocarlo a la programación, no al lenguaje de programación. Incluí el subconjunto de Java mínimo imprescindible y excluí el resto.

Necesitaba un título, de modo que elegí caprichosamente *How to Think Like a Computer Scientist* (Cómo pensar como un informático).

Mi primera versión era tosca, pero funcionaba. Los estudiantes la leían, y comprendían lo suficiente como para que pudiera emplear el tiempo de clase en tratar los temas difíciles, los temas interesantes y (lo más importante) dejar a los estudiantes practicar.

Publiqué el libro bajo Licencia de Documentación Libre GNU (`GNU Free Documentation License`), que permite a los usuarios copiar, modificar y distribuir el libro.

Lo que sucedió después es la parte divertida. Jeff Elkner, un profesor de escuela secundaria de Virginia, adoptó mi libro y lo tradujo para Python. Me envió una copia de su traducción, y tuve la inusual experiencia de aprender Python leyendo mi propio libro.

Jeff y yo revisamos el libro, incorporamos un caso práctico realizado por Chriss Meyers, y en 2001 publicamos *How to Think Like a Computer Scientist: Learning with Python* (Cómo pensar como un informático: Aprendiendo con Python), también bajo Licencia de Documentación Libre GNU (`GNU Free Documentation License`). Publiqué el libro como `Green Tea Press` y comencé a vender copias en papel a través de Amazon.com y librerías universitarias. Hay otros libros de `Green Tea Press` disponibles en greenteapress.com.

En 2003, comencé a impartir clases en el Olin College y tuve que enseñar Python por primera vez. El contraste con Java fue notable. Los estudiantes se tenían que esforzar menos, aprendían más, trabajaban en proyectos más interesantes, y en general se divertían mucho más.

Durante los últimos cinco años he continuado desarrollando el libro, corrigiendo errores, mejorando algunos de los ejemplos y añadiendo material, especialmente ejercicios. En 2008 empecé a trabajar en una revisión general—al mismo tiempo, se puso en contacto conmigo un editor de la Cambridge University Press interesado en publicar la siguiente edición. ¡Qué oportuno!

Espero que disfrutes con este libro, y que te ayude a aprender a programar y a pensar, al menos un poquito, como un informático.

Agradecimientos por "Think Python"

(Allen B. Downey)

Lo primero y más importante, mi agradecimiento a Jeff Elkner por haber traducido mi libro de Java a Python, ya que eso fue lo que hizo comenzar este proyecto y me introdujo en el que se ha convertido en mi lenguaje de programación favorito.

Quiero dar las gracias también a Chris Meyers, que ha contribuído en varias secciones de *How to Think Like a Computer Scientist*.

Y agradezco a la `Free Software Foundation` (Fundación de Software Libre) por haber desarrollado la `GNU Free Documentation License`, que ha ayudado a que mi colaboración con Jeff y Chris fuera posible.

Tambien quiero agradecer a los editores de Lulu que trabajaron en *How to Think Like a Computer Scientist*.

Doy las gracias a todos los estudiantes que trabajaron con las primeras versiones de este libro y a todos los colaboradores (listados en un Apéndice) que han enviado correcciones y sugerencias.

Y quiero dar las gracias a mi mujer, Lisa, por su trabajo en este libro, en `Green Tea Press`, y por todo lo demás, también.

Allen B. Downey
Needham MA
Allen Downey es un Profesor Asociado de Informática en el `Franklin W. Olin College of Engineering`.

A.5 Lista de colaboradores de "Think Python"

(Allen B. Downey)

Más de 100 lectores perspicaces y atentos me han enviado sugerencias y correcciones a lo largo de los últimos años. Su contribución y entusiasmo por este proyecto han resultado de gran ayuda.

Para conocer los detalles sobre la naturaleza de cada una de las contribuciones de estas personas, mira en el texto de "Think Python".

Lloyd Hugh Allen, Yvon Boulianne, Fred Bremmer, Jonah Cohen, Michael Conlon, Benoit Girard, Courtney Gleason and Katherine Smith, Lee Harr, James Kaylin, David Kershaw, Eddie Lam, Man-Yong Lee, David Mayo, Chris McAloon, Matthew J. Moelter, Simon Dicon Montford, John Ouzts, Kevin Parks, David Pool, Michael Schmitt, Robin Shaw, Paul Sleigh, Craig T. Snydal, Ian Thomas, Keith Verheyden, Peter Winstanley, Chris Wrobel, Moshe Zadka, Christoph Zwerschke, James Mayer, Hayden McAfee, Angel Arnal, Tauhidul Hoque and Lex Berezhny, Dr. Michele Alzetta, Andy Mitchell, Kalin Harvey, Christopher P. Smith, David Hutchins, Gregor Lingl, Julie Peters, Florin Oprina, D. J. Webre, Ken, Ivo Wever, Curtis Yanko, Ben Logan, Jason Armstrong, Louis Cordier, Brian Cain, Rob Black, Jean-Philippe Rey at Ecole Centrale Paris, Jason Mader at George Washington University made a number Jan Gundtofte-Bruun, Abel David and Alexis Dinno, Charles Thayer, Roger Sperberg, Sam Bull, Andrew Cheung, C. Corey Capel, Alessandra, Wim Champagne, Douglas Wright, Jared Spindor, Lin Peiheng, Ray Hagtvedt, Torsten Hübsch, Inga Petuhhov, Arne Babenhauserheide, Mark E. Casida, Scott Tyler, Gordon Shephard, Andrew Turner, Adam Hobart, Daryl Hammond and Sarah Zimmerman, George Sass, Brian Bingham, Leah Engelbert-Fenton, Joe Funke, Chao-chao Chen, Jeff Paine, Lubos Pintes, Gregg Lind and Abigail Heithoff, Max Hailperin, Chotipat Pornavalai, Stanislaw Antol, Eric Pashman, Miguel Azevedo, Jianhua Liu, Nick King, Martin Zuther, Adam Zimmerman, Ratnakar Tiwari, Anurag Goel, Kelli Kratzer, Mark Griffiths, Roydan Ongie, Patryk Wolowiec, Mark Chonofsky, Russell Coleman, Wei Huang, Karen Barber, Nam Nguyen, Stéphane Morin, Fernando Tardío, y Paul Stoop.

Appendix B

Detalles del Copyright

Este trabajo está distribuido bajo una licencia

`Attribution-NonCommercial-ShareAlike 3.0 Unported License.`

Esa licencia está disponible en

creativecommons.org/licenses/by-nc-sa/3.0/.

Hubiéramos preferido publicar el libro bajo la licencia CC-BY-SA, que es menos restrictiva. Pero, por desgracia, existen unas pocas organizaciones sin escrúpulos que buscan y encuentran libros con licencias libres y luego los publican y venden copias virtualmente idénticas de esos libros en un servició de impresión bajo demanda, como Lulu o CreateSpace. CreateSpace ha añadido (afortunadamente) una norma que da preferencia a los deseos del titular real del copyright sobre un titular sin derechos que pretenda publicar un trabajo con licencia libre. Por desgracia, existen muchos servicios de impresión bajo demanda y muy pocos tienen unas normas tan consideradas como CreateSpace.

Con pesar, he añadido el elemento NC a la licencia de este libro para poder recurrir en caso de que alguien intente clonar el libro y venderlo comercialmente. Por desgracia, al añadir NC se limitan otros usos de este material que sí me gustaría permitir. De modo que he añadido esta sección del documento para describir aquellas situaciones específicas de uso del material de este libro que algunos podrían considerar comerciales y para las cuales doy mi permiso por adelantado.

- Si imprimes un número limitado de copias de todo o parte de este libro para usar en un curso (es decir, como material para el curso), entonces tienes concedida licencia CC-BY para usar este material para ese propósito.

- Si eres profesor de una universidad, traduces este libro a un idioma distinto del inglés y lo utilizas para enseñar, puedes contactar conmigo y te concederé una licencia CC-BY-SA para estos materiales, con respecto a la publicación de tu traducción. En particular, tendrás permiso para vender comercialmente el libro traducido resultante.

Si estás interesado en traducir el libro, puedes ponerte en contacto conmigo para asegurarnos de que tienes todos los materiales relacionados con el curso, para que puedas traducirlos también.

Por supuesto, estás invitado a ponerte en contacto conmigo y pedirme permiso si estas clausulas no son suficientes. En cualquier caso, el permiso para reutilizar y remezclar este material está concedido siempre que se produzca un claro valor añadido o beneficio para los estudiantes o profesores que se unan como resultado del nuevo trabajo.

Charles Severance
www.dr-chuck.com
Ann Arbor, MI, USA
9 de Septiembre de 2013

Index